编委会

主编
谢伦浩

副主编
曹丽姿　楼　斌　林昆山　任　帅

编委
谢　欣　白　杨　李　艳　尹素伟
陆圆圆　陈　铎　李　卓　肖　韶
陈宣瑄　徐喆璐

普通高等教育"十四五"规划教材

播音与主持艺术专业核心教材

礼仪主持艺术教程

[第二版]

谢伦浩 ◉ 主编

LIYI ZHUCHI YISHU
JIAOCHENG [DI-ER BAN]

中国传媒大学出版社·北京

谢伦浩，湖南大学新闻与传播学院播音与主持系副教授，硕士研究生导师，普通话水平测试国家级测试员，全国汉语口语研究会会员，湖南省大众语言艺术研究会常务副会长，湖南省播音主持专业职称评委，全国齐越朗诵艺术节评委，全国"新时代好少年"活动评委，长期担任播音主持省联考评委以及全国13所高校播音主持专业主考官，曾长期担任湖南大学播音与主持系主任。出版《播音主持艺考：即兴评述》《播音主持艺考：模拟主持》《播音主持自备稿件朗诵（第二版）》等著作50多部，发表学术论文30多篇。

目录

1	前言
1	**第一章 礼仪主持艺术概述**
2	第一节 礼仪主持艺术的性质与特点
7	第二节 礼仪主持艺术的类型与功能
11	第三节 礼仪主持艺术的主体与客体
19	**第二章 礼仪主持语言艺术**
19	第一节 礼仪主持语言艺术概述
40	第二节 礼仪主持幽默艺术
57	第三节 礼仪主持应变策略
67	第四节 礼仪主持思维技巧
74	第五节 礼仪主持文稿备案
84	**第三章 礼仪主持副语言艺术**
84	第一节 礼仪主持副语言艺术概述
90	第二节 礼仪主持体态语言
94	第三节 礼仪主持服饰语言
101	第四节 礼仪主持化妆造型语言
109	第五节 礼仪主持类语言
115	**第四章 舞台活动主持**
115	第一节 文艺晚会主持
120	第二节 纪念晚会主持
125	第三节 公益晚会主持
129	第四节 广场活动主持
133	第五节 赛事活动主持

138	**第五章**	**仪式庆典主持**
138	第一节	签约仪式主持
143	第二节	开业仪式主持
150	第三节	剪彩仪式主持
154	第四节	交接仪式主持
159	第五节	庆祝典礼主持
166	第六节	颁奖活动主持
170	**第六章**	**婚丧祝寿主持**
170	第一节	婚礼主持
178	第二节	葬礼主持
184	第三节	寿礼主持
189	第四节	祭祀活动主持
192	**第七章**	**舞会宴会主持**
192	第一节	交谊舞会主持
194	第二节	正式宴会主持
198	第三节	慈善宴会主持
202	第四节	招待会主持
207	**第八章**	**会议聚会主持**
207	第一节	展览会主持
211	第二节	发布会主持
217	第三节	洽谈会主持
220	第四节	报告会与观摩会主持
223	第五节	其他类型会议主持
227	**参考文献**	
229	**后　记**	
231	**第二版后记**	

前　言

　　礼仪主持是相对广播电视节目主持而言应用于舞台活动、仪式庆典、婚丧祝寿、舞会宴会、会议聚会等场境的主持艺术形式,又称场境主持,属于人际传播模式。与大众传播模式的广播电视节目主持相比,礼仪主持更具大众性、普及性、应用性。随着人际传播的多维普及、社交礼仪的立体展示,礼仪主持已成为社会呼唤、业界渴求、学者关注的一个新课题。为了满足社会发展、服务交际需求,我们编写此书,希望能抛砖引玉,为礼仪主持学科体系的建构添砖加瓦。这是写作本书的宏观动因。

　　从微观层面讲,编写本书,旨在为相关专业学生、广大读者提供一本体系完整的学习、应用教材,以便更好地指导礼仪主持课程教学与实践活动,使学生在具备一定礼仪主持理论知识的同时,习得礼仪主持语言与副语言技巧,掌握不同样态礼仪主持的方法与程式,从而在工作实践中灵活运用礼仪主持知识、提升礼仪主持素质。

　　本书写作力求体现如下特点:

　　首先,理论体系的完整性。全书共八章,第一章廓清了礼仪主持艺术的性质特点、类型功能、形成发展、主体客体等基本理论。第二章与第三章阐释了礼仪主持语言的幽默艺术、应变策略、思维技巧、文稿备案和作为副语言的体态语言、服饰语言、化妆造型语言、类语言的运用技巧。第四章至第八章按照礼仪主持活动的性质、目的、用途与场境等综合特点,将礼仪主持分为五大类型:舞台活动主持、仪式庆典主持、婚丧祝寿主持、舞会宴会主持、会议聚会主持,详细解说了不同礼仪主持类型的基本特点与主持程序。全书以"理论—技巧—应用"的主体框架,为读者搭建一个完备系统的理论体系。

其次，技巧方法的应用性。作为礼仪主持教程与实践指导文本，无论是宏观的、普适性策略，还是微观的、个性化技巧，都注重其应用性与可操作性。相关章节设有知识链接，便于读者全面把握相关知识与前沿信息。

最后，典型案例的生动性。本书围绕理论体系与技巧方法导入不同角度、不同主体、不同形式、不同时段的案例近百个，材料尽量贴近时代、贴近生活，具有丰富的人文韵味，平易而不乏文采，活泼而富有哲理，选稿既有范围的广度，又有个案的深度。力求做到举例生动、典型，使读者不仅能强化对知识技巧的理解，也能获取全面的人文信息、人生哲理。

使用本书建议注意以下几点：

第一，课程性质定位。该课程曾以不同名称在高校播音主持相关专业开设，例如晚会主持艺术、场境主持艺术、活动主持艺术、非节目主持艺术等，命名角度不一、侧重点各不相同，但总觉得都不太合适。我在设置湖南大学播音系课程体系时，曾与张颂先生、白谦诚先生、彭菊华先生讨论过，觉得以应用主持艺术与礼仪主持艺术命名更为合适，最后确定为礼仪主持。这是因为国家就业培训技术指导中心有对礼仪主持人专门的职业资格认定与职业等级培训，这样定性更为权威与规范。该课程以专业技能课定位，建议开设在大学三年级或四年级，这样，学生已经掌握了主持的基本知识、习得了主持的相关技巧、具备了主持人的综合素养，学习礼仪主持课程会得心应手、游刃有余。课时以32节为佳，配备一定的训练课时量即可。

第二，教学精讲多练。礼仪主持课程教学要做到理论联系实践、精讲多练。礼仪主持是一门实践性很强的课程，实践训练非常重要，但需要强调的是不能忽视与轻视理论的学习。礼仪主持艺术的相关理论对主持人认识水平、综合分析能力与整体驾驭能力的提升，具有十分重要的意义。我们强调理论指导实践、实践强化理论，教学时精当讲解、精确分析，认真训练、立体实践。

第三，实践环节立体。礼仪主持教学要建立全面的实践环节、立体的实习平台，可以设置课程教学实践和社会活动实践两大体系。前者紧随课堂教学以课堂训练、教学汇报方式进行，后者让学生走向社会、进入礼仪场境，邀请专业人士现场指导、言传身教、因材施教。让学生在礼仪实践中得到潜移默化的熏陶，掌握礼仪主持的技巧，全面提高礼仪主持的素养与能力。

第一章
礼仪主持艺术概述

近年来,随着广播电视和电脑网络的普及,大众传播方式迅速更新,社会交往模式也随之变化。主持人日益受到关注,主持人的地位越来越高,影响力也越来越大,由过去简单的报幕员成为节目中不可或缺的重要角色,有些已经成为明星、名嘴。

播音主持艺术的不断发展,已成为中国高等教育发展的一大特色和亮点。20世纪80年代,播音本科专业从新闻系中分离出来成为独立的学科,随着广播电视事业的不断发展,播音主持学科不断完善,中国传媒大学于1999年设立广播电视语言博士试验点,开启了专科—本科—硕士—博士四级完备的播音主持学科建设的新篇章。随着时代的发展,播音主持艺术观念逐渐开放,电子信息技术的革新为播音创作发展提供了有力支持,播音员主持人的素质的提升,促进了播音主持艺术学科的进一步发展。进入21世纪,我国现代化建设不断发展,需要更多播音主持工作者以敏锐的新闻洞察力、专业的技能,传达国民心声,为建设社会主义现代化添砖加瓦。

近年,全国高教系统中开办播音与主持专业的院校已成规模,每年招生人数都很稳定。以中国传媒大学的播音与主持艺术专业为代表的播音主持专业教育教学经过了初创期、成型期、成熟期,已迈入新的发展期。同时,播音主持庞大的实践与理论从业队伍也使其产业化初具端倪。20余年来,节目主持人的队伍迅速壮大。可以说,当今,广播电视主持艺术从教育教学、人才培养、学科体系、社会市场、工作业态等方面都已趋于成熟。

除了广播电视节目主持之外,在生活、工作中,我们经常会遇到这样的主持活动:生日宴会主持、婚礼主持、公司会议主持、文艺活动主持等。遗憾的是,这些生活礼仪、人际交往等需求量大的礼仪主持艺术被关注太少,生存状态欠佳,没有建构理论体系、学科专业,没有制定工作规范和从业标准。因此,礼仪主持艺术的应用与研究应该成为社会呼唤、学者关注、业界渴求的一个新课题。

其实，与广播电视节目主持相比，礼仪主持更大众化、普及化，更具有应用性、实用性、可操作性，不仅专业的主持人需要学习，业余的爱好者也可以学习。

本书旨在让广大读者在学习礼仪主持理论知识的同时，在主持工作的实践中灵活地运用这些知识，从而提高自身的礼仪主持能力和素质。本章主要探讨礼仪主持艺术的性质与特点、类型与功能、形成与发展、主体与客体。

第一节　礼仪主持艺术的性质与特点

主持人是传播者，所采用的传播方式主要有两种：大众传播和人际传播。大体上看，广播电视节目主持属于大众传播，礼仪主持则属于人际传播。

一、礼仪主持艺术的性质

在大众传播中，广播电视节目主持人发挥着越来越大的作用，是频道与栏目的形象、联系受众的桥梁。

在生活、工作中，人际传播是最主要的一种传播方式。除了个体对个体的交流之外，我们还会参加各种类型的活动。在这些活动中，主持人不可或缺。与广播电视节目主持艺术相比，礼仪主持艺术有自身的定位与特点。

（一）礼仪主持艺术的界定

主持人有广义和狭义的区别。从广义上来看，主持人泛指在各种节目、活动、项目，甚至是部门中负责掌管或处理具体事宜的人，包括我们熟悉的媒体主持人（如广播电视节目主持人和网络媒体节目主持人）、各种场境活动的主持人（如仪式庆典、婚丧祝寿、舞会宴会、会议聚会、舞台活动主持人）、某些项目的主持人（如学术课题、报刊专栏、工程项目主持人）、某些部门的主持人（如寺院住持、公司部门主持人），等等。从狭义上看，主持人的范围相对要小一些，主要包括广播电视节目主持人和场境活动主持人。

本书所讲的礼仪主持艺术是相对于广播电视节目主持艺术而言，适应诸如仪式庆典、婚丧祝寿、舞会宴会、会议聚会、舞台活动等场境的主持艺术。因此，礼仪主持艺术又称场境主持艺术，是一种人际传播模式。

（二）礼仪主持人的角色定位

"节目主持人"这个词最早是由美国哥伦比亚广播公司编导唐·休伊特于1952年提出的,用英文 Anchor 表述。Anchor 的本义是"锚:危险时可以依靠的人",表示在关键时刻具有强劲支撑力的物或人。由此产生的引申义是:接力赛跑中跑最后一棒的运动员,也就是跑得最快、最具有冲刺力的人。后来主要指新闻报道主持人。① 后来,在美国相继出现了很多其他对应词语表示节目主持人,"新闻节目主持人"称作 Anchorman,"新闻现场主持人"称作 Commentator,"谈话主持人"称作 Talk-master,"热线主持人"称作 Hot-Liner,"气象主持人"称作 Weather girl\Weather man,等等。② 这些词语的内涵和外延都有所不同。

我国的广播电视节目主持人从20世纪80年代诞生至今,有其准确的内涵与外延定位,在英文中有两个不同的对应词:一是 Anchor,即新闻节目主持人或新闻主播;另一个是 Host,即专栏节目主持人。③ 下面是国内具有代表性的主要观点:

俞虹在《节目主持人通论》一书中认为:"节目主持人是在广播电视中,以个体行为出现,代表着群体观念,用有声语言、形态来操作和把握节目进程,直接进行大众传播活动的人。"④

陆锡初在《节目主持人概论》一书中认为:"节目主持人是指以'我'的身份在广播电视中组织、驾驭、掌握节目过程,与受众平等交流的大众传播者。"⑤

应天常在《节目主持语用学》一书中认为:"节目主持人是在大众传播活动的特定节目情境中,以真实的个人身份和交谈性言语行为,通过直接、平等的人际交流方式主导、推动并完成节目进程、体现节目意图的人。"⑥

以上有关节目主持人的界定都具有一定的代表性,是对广播电视节目主持人较科学的阐释与定位,对我们如何正确理解礼仪节目主持人的内涵,对礼仪节目主持人进行科学的界定,提供了重要的理论依据和有益的借鉴。

礼仪主持是人类在长期的社会实践活动中逐渐形成的一种主持样态,其主体主持人可以定位为:在不同的场地和环境里(比如晚会、宴会、舞会、会议、聚会、仪式、庆典、婚丧祝寿等),为了活动的需要,以真实个人身份出现,代表着某个单位、群体或个

---

① 俞虹.节目主持人通论[M].北京:中国广播电视出版社,2004:3.
② 应天常.节目主持人通论[M].武汉:武汉大学出版社,2007:29.
③ 陆锡初.节目主持人概论[M].北京:中国广播电视出版社,2006:30.
④ 俞虹.节目主持人通论[M].北京:中国广播电视出版社,2004:7.
⑤ 陆锡初.节目主持人概论[M].北京:中国广播电视出版社,2006:33.
⑥ 应天常.节目主持语用学[M].北京:北京广播学院出版社,2003:54.

人,运用有声语言以及副语言来组织、主导活动的进行,并掌握着活动的流程、内容与节奏的人。

在礼仪主持活动中,主持人的角色定位主要表现为:

1. 信息的传播者

在礼仪主持活动中,主持人是信息的传播者。因为,受众参与活动一般是为了获取信息,主持人应该在活动的过程中主动介绍或者通过与受众的交流使受众获取他们需要的信息。同时,任何活动都会有主题、目的,而活动的主办方一般都希望通过本次活动向受众传播他们希望受众获得的信息,主持人就是最主要的传播者。在礼仪主持活动中,主持人不仅仅是一个"传声筒",除了要向受众传播主办方希望受众获得的信息外,还要结合现场受众的反应,通过与受众的交流,向他们传播其他有必要了解的信息。

2. 情感的沟通者

在礼仪主持活动中,主持人是主办方与受众之间有效的情感沟通者。一场活动的最终效果很大程度上取决于主办方与受众的沟通效果。沟通效果好,则举办活动的初衷得以实现,甚至超出主办方的预期目标;沟通效果不好,则活动的效果也大打折扣,甚至完全违背了初衷。所以,主持人要成为主办方与受众之间沟通的桥梁。

主持人要善于和受众沟通,沟通能力的强弱是主持人主持素质高低的重要表现。沟通能力强,则主持人与受众之间可以顺畅交流;沟通能力弱,则主持人与受众的交流会步步受阻。善于沟通的主持人会赢得受众的信任,拉近与受众之间的距离。

3. 现场的主导者

在礼仪主持活动中,主持人是活动现场的引导者。主持人既要主导活动现场的流程与内容,又要引导活动现场的节奏与进程。

(1)主导活动现场的流程与内容

在活动开始前,主持人要事先熟悉活动的流程与内容,熟悉整个活动的步骤以及每一步骤的具体内容。在活动开始后,主持人要始终主导活动的流程与内容,这是保证活动有序进行、活动任务按质按量完成的一个重要因素。

(2)引导活动现场的节奏与进程

每一场活动会有不同的环节,而每一个环节的时间和内容在活动开始前都有一定的计划。但是在活动的具体实施过程中,可能会出现"计划赶不上变化"的情形,这时就需要主持人及时地引导活动现场的节奏与进程,保障每一环节以及整体活动的完成。

4.活动的服务者

在礼仪主持活动中,主持人是活动的服务者。主持人是主办方的服务者,更是受众的服务者。

(1)主办方的服务者

主持人既然是一种职业,就会有管理机构或者是领导机构。在各种活动中,主办方就是主持人的管理机构,主持人应该服从主办方的管理,认真完成主办方要求的工作和任务。所以说,主持人是主办方的服务者。

(2)受众的服务者

主持人是主办方的服务者,而主办方组织活动的目的又是服务受众,所以,主持人既是主办方的服务者又是受众的服务者,这两者并不冲突。归根结底,主持人最主要的服务对象还是受众,受众的满意就是主持人的追求。

二、礼仪主持艺术的特点

礼仪主持是区别于广播电视节目主持的一种场境主持,具有应用性、实用性、适用性、可操作性等特征。

(一)传播方式和依托场境

礼仪主持艺术与广播电视节目主持艺术最大的不同在于,它是一种人际传播、小众传播,它不需要通过广播、电视等媒介,而是直接在相应的场地和环境里和受众面对面交流、传递信息,达到活动的目的。

礼仪主持艺术与广播电视节目主持艺术依托的场境也有区别,礼仪主持可以在生活、工作中的不同场地和环境进行,而广播电视节目主持大部分在录音棚、演播厅进行。

(二)主办方和从业人员、从业标准

礼仪主持活动的主办方可以是政府、单位,可以是某些群体,也可以是个人。而目前,广播电视节目的主办方是各级广播、电视机构。广播电视节目主持人有着严格的工作规范和从业标准,主持人一般都是专业人员,要经过长期的训练与学习。而在目前的礼仪主持活动中,主持人队伍参差不齐,没有明确的从业标准和统一的规范。主持人可以是专业的主持人,也可以是业余的爱好者,甚至有些活动的主持人就是主办方的领导或其他工作人员。

(三)主持人的社会地位和影响

在传媒业高速发展的时代,广播电视等媒体在传播信息、引导舆论、服务百姓生活等方面的作用无可替代。在我国,电台和电视台是在党和国家领导下,政府部门主要的宣传机构。与礼仪活动主持主体相比,广播电视节目主持主体更具有官方性、权威性,社会地位更高。而礼仪活动的主办方更多的还是某些单位、群体、个人。

广播电视节目主持是一种大众传播,覆盖面广、社会影响大、受众众多。而礼仪主持是一种小众传播、人际传播,从覆盖面、社会影响、受众人数来看,都不能与广播电视节目主持相提并论。所以,两种主持人的社会地位和影响都不同。

(四)目的更明确、交流更有针对性

一般来说,举办礼仪活动是为了生活、工作上的某件事情,整个主持活动必须紧紧围绕这一主题,主持的成败就是看是否实现目的。而广播电视主持更注重节目的文化色彩和艺术追求,有时主题、目的是不确定的。

同时,在礼仪主持活动中,主持人与受众是面对面交流的,而且受众是特定的,所以,礼仪主持的交流更有针对性。而广播电视主持面对的受众是未知的,我们不知道坐在收音机、电视机前的受众的年龄、职业、性别、文化背景等。

(五)语言更生活化、口语化

由于口语的易逝性特点,礼仪主持一般来说多采用通俗易懂、生活常态化的语言,让受众听得清、听得懂、记得住。而广播电视节目主持要追求"对不对、准不准、美不美"的三维空间,不能"口语至上",语言表达形式取决于表达的内容和情感。相对于礼仪主持来说,广播电视节目主持不能过于"下里巴人"。

同时,根据礼仪主持的不同类型,一些活动主持要掌握专业术语,主持人必须对行业有一定的了解,例如我们常见的一些工作会议、商业领域的产品推介和营销活动主持等。有的公司会专门挑选语言表达能力比较强的员工进行主持人技巧的培训,因为他们更了解公司,主持会更职业化,活动的效果会更好。

（六）对处理突发状况的能力要求更高

目前，广播电视节目主持艺术发展相对成熟，有一些如提词器等辅助的技术手段。广播电视节目目前主要都是录制的，现场有导播、导演等，直播也有播出的延时措施，出现突发状况或主持人出现失误时，可以重录或是直接剪掉不合适的部分内容。而礼仪主持则是属于"一遍过"，没有提词，没有延时，也没有导播提示，这对主持人既是一种挑战，也是一种锻炼。所以，礼仪活动主持人要有很强的应变能力和处理突发状况的能力。

第二节　礼仪主持艺术的类型与功能

礼仪主持艺术的发展和我们的生活息息相关，它随着时代的进步和社会的发展而趋于完善和丰富，种类和方式越来越多样化。

在各种礼仪主持活动中，主办方有公有私，有合作举办也有独立举办，主持的内容五花八门，主持的目的不尽相同，主持的场地多种多样，主持的样式多姿多彩，主持人的身份各不相同，主持活动的受众也形形色色，这使得礼仪主持活动类型繁多、样式丰富多彩。了解主持的分类可以促进礼仪主持艺术理论的深化，有助于我们更好地进行理论研究，同时对主持艺术的实践活动具有重要的指导意义。

一、礼仪主持艺术的类型

一般来说，从活动的性质、目的、用途、场地、环境等综合考虑，可以将礼仪主持大致分为五大类：第一，舞台活动类，包含文艺汇演主持、纪念晚会主持、公益晚会主持、广场活动主持、赛事活动主持等；第二，仪式庆典类，包含签约仪式主持、开业仪式主持、剪彩仪式主持、交接仪式主持、庆祝典礼主持、颁奖活动主持等；第三，婚丧祝寿类，包含婚礼主持、丧礼主持、寿礼主持、祭祀仪式主持等；第四，舞会宴会类，包含交谊舞会主持、正式宴会主持、慈善宴会主持、招待会主持等；第五，会议聚会类，包含展览会主持、发布会主持、洽谈会主持、报告会与观摩会主持、其他常见会议主持等（如图1-1）。

```
                              ┌ 文艺汇演主持
                              │ 纪念晚会主持
                   舞台活动类 ─┤ 公益晚会主持
                              │ 广场活动主持
                              └ 赛事活动主持

                              ┌ 签约仪式主持
                              │ 开业仪式主持
                   仪式庆典类 ─┤ 剪彩仪式主持
                              │ 交接仪式主持
                              │ 庆祝典礼主持
                              └ 颁奖活动主持

     礼仪主持 ─┤              ┌ 婚礼主持
                              │ 丧礼主持
                   婚丧祝寿类 ─┤ 寿礼主持
                              └ 祭祀仪式主持

                              ┌ 交谊舞会主持
                   舞会宴会类 ─┤ 正式宴会主持
                              │ 慈善宴会主持
                              └ 招待会主持

                              ┌ 展览会主持
                              │ 发布会主持
                   会议聚会类 ─┤ 洽谈会主持
                              │ 报告会与观摩会主持
                              └ 其他常见会议主持
```

图 1-1　礼仪主持分类

二、礼仪主持艺术的功能

在现代社会，主持艺术具有重要的作用和意义，它影响着我们工作、生活的各个领域，甚至改变了人们的生活、交流方式。礼仪主持艺术的类型丰富多样，不同类型的主持发挥着不同的作用。

（一）舞台活动类主持的功能

舞台活动类主持是最常见的一种主持样式，也是比较传统的一种主持样式。

1. 串联衔接舞台活动的内容

这是主持人在节目中最基本的作用，这种串联衔接式的主持，在原来"报幕"的基础上，有了更多发挥和表现的空间。比如对活动背景情况的介绍、对活动内容的介绍和评论等。

2. 引导舞台活动的发展

在串联衔接舞台活动内容的基础上，在既定的方案下引导活动发展，尤其是广场活动或赛事类活动等。比如，向参与活动的人提问，与他们交流等。

3. 组织舞台活动的内容

在舞台活动类主持中，活动虽然有预案，但是还有极大的不可预测性。需要主持人现场把握，随机应变，根据现场情况临时组织舞台活动的内容。

(二) 仪式庆典类主持的功能

在现代社会，随着经济的繁荣，各种大型活动五花八门，仪式和庆典是众多活动中比较常见的形式。仪式庆典类活动包括签约仪式、开业仪式、剪彩仪式、交接仪式、庆祝典礼活动、颁奖活动等。

1. 主办方的形象代言人

在仪式庆典活动中，主持人就是仪式庆典活动主办方的形象代言人。对于一个公司而言，形象至关重要，所以很多大型的商业庆典活动都会请来明星、政要做主持人或嘉宾，这既是给公司做广告，也是活动规格高的一种体现。素质高的主持人能够给仪式庆典类活动增添光彩，而素质较低的主持人就会使活动黯然无光，甚至会严重影响主办方的形象。

2. 仪式的执行人

主持人是仪式的执行人，一次仪式庆典类活动的成功与否，与其具体程序的执行顺利与否有着必然的关系。在整个活动过程中，主持人不应出现任何纰漏，万一出现失误，就需要采取补救措施。

3. 活动气氛的营造者

庆典活动需要营造红火、热闹、欢愉、喜悦的气氛，只有这样，庆典的宗旨——塑造本单位的形象、显示本单位的实力、扩大本单位的影响，才能够真正得以贯彻落实。在庆典活动中，主持人要始终注重营造这种氛围。

（三）婚丧祝寿类主持的功能

中华民族是一个有着悠久文明历史的民族，有着大量的文化传统，婚丧祝寿就是其中一种。

1. 使仪式更正式

婚礼、丧礼、寿礼，是中国传统礼仪中比较隆重的大礼。婚礼是指男女二人成年后结为夫妻时的一种庆祝仪式，丧礼指人死后由亲人举办的一种哀悼仪式，寿礼一般指晚辈为一定年纪的长辈举行的庆祝仪式。优秀的主持人能使仪式更为正式、隆重。

2. 传递情感更方便

受邀参加婚丧祝寿活动的一般都是组织者的亲人或朋友，这种活动人情味儿非常浓厚。婚礼和寿礼都是喜庆的事情，整个活动喜气洋洋，组织者和受邀嘉宾都会有喜悦之情需要表达；而丧礼的整个氛围则是庄重、悲伤的，组织者和嘉宾的悲痛之情往往难以用言语来表达。主持人就是这种喜悦或悲痛的情感的传递者，有了主持人，组织者和嘉宾之间的情感交流会更通畅，活动的效果也会更好。

3. 引导完成相应的程式

婚丧祝寿活动由来已久，相关礼仪非常多，而且都有一定的礼节规范和程序。由于大部分人并不了解相应的礼节和知识，需要一个熟悉仪式流程和注意事项的人来引导完成。过去这样的活动一般都需要专门的司仪，现在我们把这种司仪统称为主持人。

（四）舞会宴会类主持的功能

1. 是组织者或主办方与嘉宾之间的桥梁

舞会和宴会都会有一个组织者或者主办方，这个组织者或主办方可以是个人，也可以是单位或群体。在舞会宴会类活动中，主持人是组织者或主办方的代表，是组织方与嘉宾之间的桥梁。

2. 能有效地实现组织者或主办方的目的

宴会舞会都是交际活动，活动的组织者有一定目的和主旨。主持人既要充分了解组织者的意图，又要在活动过程中有效实现这个意图。

(五)会议聚会类主持的功能

1. 使会议或聚会进入程序

首先,主持人要介绍到会的领导、嘉宾以及其他的与会人员。其次,主持人要介绍会议的主题、流程、时间等,让与会人员一目了然、心中有数,这样能提高会议的效率。

2. 推进会议或聚会进程

在会议或聚会活动中,主持人要使会议或聚会顺利进行,控制好时间、氛围,推进会议或聚会进程。当与会者观点冲突、意见相悖,甚至出现剑拔弩张的情形时,主持人还是"调解员""调度员",要善于巧妙地运用主持人的身份处理好这些问题。

3. 结束会议或聚会

会议或聚会不能虎头蛇尾,要有始有终。主持人要在结束时总结本次会议或聚会的成果、成绩,指出不足、提出期望。

第三节　礼仪主持艺术的主体与客体

主持艺术尤其是广播电视主持艺术,是一门年轻的艺术。礼仪主持艺术虽然起源很早,但是目前还没有形成一个完整的理论体系,这需要我们去不断地总结和摸索。

彭吉象在《艺术学概论》中说:"马克思的艺术生产理论告诉我们,应当把艺术创作—艺术作品—艺术鉴赏作为艺术生产的全过程来进行研究,把这三个独立的环节作为一个完整的艺术系统来进行综合的、全面的研究。"[1]

在礼仪主持艺术中,主持人进行"艺术创作",主持人是礼仪主持艺术的主体,是现场的主导者、信息的传播者、情感的沟通者、活动的服务者;"艺术作品"就是活动的全过程;受众进行"艺术鉴赏",受众是礼仪主持艺术的客体,是活动的参与者、鉴赏者、被服务者。

---

[1] 彭吉象.艺术学概论[M].北京:北京大学出版社,2006:275.

一、礼仪主持艺术的主体

(一)主体样式

由于活动主题、内容、场境等的不同,主持人的样式也会多种多样,没有固定的一成不变的模式。从总体来看,根据参与主持的人数,我们可以把主体样式分为以下三类。

1. 单人主持

这种样式多用于婚丧祝寿类主持、商务庆典类主持和会议聚会类主持。这种主持样式有利于主持人掌控场面。在一些主持活动中会出现主持人之间抢话、配合不默契等问题,单人主持可以避免这些问题。从主持效果来看,从活动的开始到结束,主持人始终贯穿其中,主持风格统一。从主持的准备工作来看,单人主持省去了主持人之间配合协调这一环节,有效节约了时间。从主持费用来看,单人主持可以节约一部分的开支。但是单人主持也有一些不足的地方,一是主持形式较为单调,尤其是一些大型的活动。二是主持人的工作量较大,如果主持活动比较复杂,一个人的力量有时是不够的,容易出现纰漏,而双人或群体主持能够避免这样的问题。

2. 双人主持

这种样式多用于舞台活动主持和宴会舞会主持,双人主持又有男男主持、女女主持、男女搭配主持三种形式,其中男女搭配主持是最为常见的一种形式。这种主持样式使主持人之间可以面对面交流,更符合人际传播的特点。主持人之间的交流,可以碰撞出智慧火花。两人分工协作,可以起到一种平衡的作用,既避免了一人主持时的单调,又能发挥整体优势,两人取长补短。当其中一人忘词或出现一些突发状况时,另一人可以帮忙救场。但要注意的是,两个主持人之间一定要配合默契,在主持中要顾及对方,要以合作的心态,把两人当成一个整体,要有"一荣俱荣、一损俱损"的意识。互相拆台、互相抢话,只会让彼此陷入僵局,使主持无法进行。

3. 群体主持

这种主持样式多用于舞台活动类主持和综艺电视节目主持。观众最熟悉的中央电视台每年一次的春节联欢晚会,湖南卫视的两档王牌娱乐节目《快乐大本营》《天天向上》,采用的就是这种群体主持样式。这种主持样式能使受众感受到主持人的不同个性和风格,让主持更生动。虽然有多人,但是会以一两个主持人为主。群体主持有时会分散受众的注意力,影响主持效果。如果群体主持配合不好,易出现杂乱无章甚至失控的局面。

(二) 主体素质

"台上一分钟,台下十年功",艺术能够给人美的享受,但是艺术创作的过程却是艰辛的。要成为一名好的主持人,就要努力提高自己的综合素质。

1. 高尚的道德品格

在艺术行当里,有一句俗话叫"学艺先学做人",如果连人都做不好,何谈主持?何谈艺术呢? 主持人,首先要"主持"好自己。所以,主持人必须是一个思想健全、品德高尚、品位高雅、热爱生活、具有一定人格魅力的人。如果我们能够以严格的标准来要求自己,那么我们必定能够成为一名合格的礼仪主持人。

2. 深厚的文化底蕴

主持人不仅是文化艺术的传播者,还是文化艺术的建设者和创造者,需要深厚的文化底蕴。一个文化素质不高的人,不可能成为一个合格的主持人。文化素质高的主持人,语言表达准确、生动,分析问题条分缕析、鞭辟入里,使听众产生"听君一席话,胜读十年书"的感觉。而一个文化底蕴浅的主持人,必然会开口露怯、言语不周、底气不足,"以其昏昏,使人昭昭"。当然,我们这里讲的文化是广义的,并不等于狭义的知识。

3. 丰富的艺术修养

有的人认为"主持无艺术",不应该成为一门学科,认为主持就是说话,国外根本没有主持艺术这一说,其实这种观点是错误的。有这样一个故事:曾国藩率湘军讨伐太平天国,初期战事失利,最开始在给皇帝写的报告中提到战况是"屡战屡败",后来改为"屡败屡战"。"屡战屡败"是"衰尾道人",而"屡败屡战"是越挫越勇的人。同样的几个字,换一下顺序,就有截然不同的效果,所以说话是有艺术的,而且是非常有学问的艺术。

媒体事业日益发展,对主持人的要求也越来越高,古代对文人骚客(包括名门闺秀)的要求是"琴、棋、书、画"样样精通,相声演员讲究"说、学、逗、唱"四门功课,戏曲演员提倡"唱、念、做、打"并重,戏剧影视演员要求"声、台、形、表"全面发展,而主持人则要成为一个"杂家"。

主持是一门艺术,主持人必须具备一定的艺术修养。我们常说,艺术用形象来反映现实,但比现实更具有典型性;艺术来源于生活,但又高于生活。作为一名主持人,除了要学会说话的艺术,还应该具备一定的音乐、舞蹈等艺术修养,做不到能歌善舞、能文能武,至少也应该风度翩翩、气质优雅。

4. 良好的心理素质

主持人的心理素质包括很多,如一般心理学中所涉及的感觉、知觉、表象、注意、记忆、思维、情绪、情感、性格、气质等。主持人必备的心理素质主要有以下几点。

(1)自信心

自信心是个体对自己认识活动的后果抱有成功把握的一种预测反应。一个人如果在许多事情上都保持自信,就会强化自信心理,成为一个自信心较强的人。反之,如果一个人长期缺乏自信,老是优柔寡断,久而久之就会成为一个胆小怕事、谨小慎微、举棋不定的人。

自信心会对主持活动产生至关重要的影响。面对受众,自信心强的主持人通常热情果断、镇定自若,主持水平正常发挥或超常发挥;缺乏自信心的主持人自卑胆怯、顾虑重重,甚至惊慌失措、语无伦次、窘态百出,影响表达效果,甚至导致主持活动的失败。

(2)自控力

在主持活动的过程中,有时可能会出现各种意料不到的情况。如在某些公众场合主持,可能会出现受众喝倒彩、吹口哨、提前离场等情况。遇到类似情况时,主持人要有处变不惊的大将风度,采取有效对策及时控制好局面,不要轻易地责怪受众,要在尊重受众的同时循循善诱,以宽厚之心和冷静的态度妥善处理好各种意外情况,千万不能急躁。

自控力是主持人合理地控制自己的情绪、情感和意志所具有的良好的心理适应能力。一般来说,主持人的自控力表现在两个方面:一是在实践中能通过有效的自我控制顺利地完成主持活动,克服各种不利因素;二是善于在主持时抑制消极情绪和冲动行为,用良好的自控力使自己达到预定的目的,获得理想的效果。

(3)观察力和记忆力

主持人要处处留心积累学问。平时要能从普通的生活中观察思考,获取典型材料,通过分析和判断,从中发现规律性的东西。在主持活动的现场要充分运用各种感官,从嘉宾及受众的表情、动作中观察其情绪反应、情感趋向、理论素质、文化教养、合作态度等,并迅速作出判断,采取相应的措施。

看到那些优秀的主持人引经据典、出口成章,很多初学者会有一种自叹不如的感觉。要想成为一名优秀的主持人,就要有丰富的知识、充分的材料,而这些都要靠平时的记忆去积累。因此,我们平时要注意培养较好的记忆力,博览群书,通过记忆储存大量的材料。

(4)想象力和表达欲

想象力有如"点金术",有了它就可"思接千载、视通万里"。一名优秀的主持人要有充分的好奇心和探究力,这样才会思维活跃、语言生动。

欲望是人所共有的心理现象,是人们的思想行为所共有的内驱力。主持人在整个活动中起着主导的作用,如果没有强烈的表达欲,活动就会出现冷场,甚至导致主持活动的最终目的无法实现。

5. 深厚的语言功力

孔子说过:"工欲善其事,必先利其器。"对于主持人来说,这个"器"是语言。灵动的语言表达能力对于一名主持人来说尤为重要,它要求主持人语言要规范、准确、生动。

(1)规范的语言表达

规范是语言表达最基本的要求,这里的规范主要有两层意思:语音的规范和语法的规范。中国是一个多民族国家,地域辽阔、历史悠久,形成了丰富多彩的语言文化。作为一名主持人,必须掌握语音标准、语法规范的普通话。

(2)准确的语言表达

主持人是文化艺术的传播者,语言规范是最基本的职业要求。主持人除了要说得"对"之外,还要说得"准",要能准确地表达自己的所思所想,否则就会前言不搭后语,废话连篇、漏洞百出、词不达意。俗话说祸从口出,出现不准确的语言表达,问题轻微的会造成受众的反感;问题严重时,主持人甚至要负法律责任。

(3)生动的语言表达

除了规范、准确之外,主持人的语言还要生动,要把话说得"美""动听"。如果说语言是否规范、准确是衡量主持人合格与否的标准的话,语言是否生动则是衡量主持人优秀与否的重要标准。

6. 敏捷的思辨能力

一个成功的主持人能快速思考、准确判断,巧妙地调整自己的表达方式,能处变不惊、随机应变、灵巧变通,这就要求主持人要有机敏的思辨能力,或者说主持人要有独特的思维能力和机智的应变能力。

独特的思维能力是指主持人对事情要有自己的独到见解,不能人云亦云。机智的应变能力是指主持人要能够从容处理突发状况,淡然地应对自己的失误。

在《我是歌手》第三季总决赛直播比赛过程中,歌手孙楠在没有和任何人商量的情况下,临时决定退赛,这让在场的所有人都慌了手脚。湖南卫视主持人汪涵挽救了"黑色七分钟"。他没有张口就质问"楠哥,你为什么要退赛",也没有挽留"楠哥,你继续唱吧",而是说"我虽然不同意楠哥的一些观点,但是我誓死捍卫您说话的权利",并用自己的一番言论挽回尴尬局面,堪称主持人救场的经典范例。

选手突然退赛是意外之事,需要主持人的超常思维与即兴应对,汪涵在轻松和愉快的氛围中化解了这个尴尬,让观众在笑声中感受到了主持人的智慧与幽默。

二、礼仪主持艺术的客体

与其他信息传播活动一样,礼仪主持传播主要由信源(事实)、传播主体(主持人)、信息(节目内容)、传播渠道(传播媒介)、传播客体(受众)和传播效果等多个要素构成,其核心是节目主体向节目客体传播信息。

客体即受众,是礼仪活动主持的接受者和服务对象,是礼仪创作活动的出发点和归宿,是主持人传播活动的积极互动者和检验监督者。在参与礼仪主持的过程中,受众不是被动的接受者,而是积极、主动的信息寻求者。受众总是根据自己的需要、兴趣、价值观念等因素去寻求、选择和理解信息。受众在主动寻求信息的过程中,不是兼收并蓄,而是有选择地接触、注意、理解、记忆。选择的标准包含社会因素和受众个人因素。受众的信息取向,对传播过程与效果有很大的制约作用。①

研究礼仪主持艺术的客体,可以从主持人对受众的要求、受众对主持人的要求以及主持人与受众的关系等角度来分析。

(一)主持人对受众的要求

礼仪主持活动和广播电视主持活动的受众不同。虽然广播电视节目在前期的策划中会考虑受众的因素和需求,有的节目甚至就是针对某一特殊受众群体而播出的,但是在正式播出后,受众是未知的,会出现很多的不确定性,因为我们没办法控制人们的思想和喜好,而且众口难调。而礼仪活动主持人在活动开始前已经知晓受众的身份,甚至更多详细的信息,尤其是一些重要的受众,所以,在策划活动时,我们就会考虑受众的因素而量身定做。在礼仪主持活动中,主持人对受众的具体要求如下。

---

① 赵玉明,王福顺.中外广播电视百科全书[M].北京:中国广播电视出版社,1995:13.

1. 提前熟悉活动内容

正是由于礼仪主持活动的性质与广播电视节目的性质不同，每一个受众都与我们的活动有密切的关系，我们的受众不仅要听、要看，而且还要想、要参与。所以，这就要求受众在参加活动前要了解、熟悉活动的具体内容，并做好相关的准备工作，尤其是宴会舞会类、会议聚会类、仪式庆典类、婚丧祝寿类活动。有时活动的主办方也会提前告知受众，应该准备什么材料或了解什么内容，甚至对服装都有一定的要求。

2. 遵守活动注意事项

大部分礼仪主持活动都是"小众传播"，活动的空间、场地、环境是固定的，需要受众在活动现场保持安静。例如关闭手机或调静音，禁止随意走动，禁止交头接耳等，这既是对主持人和嘉宾的尊重，同时也是活动顺利进行的必要条件。

3. 积极参与活动全程

在各种类型的活动中，受众和主持人一样都是整个活动的一部分，不可或缺。只有受众认真、积极、主动地参与，活动才能顺利进行，活动效果才会更加明显。

(二) 受众对主持人的要求

主持人是为活动主办方服务的，而活动主办方又是为受众服务的。所以归根结底，主持人应该服务于受众，重视受众的心理需求。

受众心理可分为共性心理、特性心理和逆反心理等。当前，我国受众的共同心理主要表现为：求新求快，求真求实，求知求教，求富求强，求治求安，等等。受众心理活动规律大体表现为：喜新厌旧，喜真厌假，喜活厌死，喜短厌长，喜奇厌平，喜实厌空，喜近厌远，喜正厌偏，喜导厌训，喜优厌劣，等等。[①]

从礼仪主持的创作活动规律和受众的心理需求看，主持人应该考虑受众的如下需求。

1. 受众需要专业的主持人

这里所说的"专业"范围很广，包括主持人的形象气质、政治素养、职业道德、业务素养、学识修养、语言表达能力等。在参加一些活动时，我们有时会听到受众这样评价主持人："这个主持人实在太糟糕了，我去主持都会比他好。"主持人要严格要求自己，以平和的心态接受受众的监督、批评，在各种主持活动中渐渐成长起来、成熟起来、专

---

① 赵玉明,王福顺.中外广播电视百科全书[M].北京:中国广播电视出版社,1995:14.

业起来。

2. 受众需要被重视

从换位思考的角度来看,要想获得别人的尊重,首先要学会尊重别人。主持人希望得到受众的重视,反过来,受众也需要被主持人重视。一个肯定的眼神、一个善意的微笑、一句温馨的话语,都是主持人对受众的肯定、重视。一个成功、有魅力的主持人,肯定是一个重视受众如同重视自己的人。

3. 受众需要更多的参与机会

一个活动的成功,不仅仅因为有优秀的主持人,更因为有积极参与的受众。受众渴望更多的机会参与活动,成为活动的主角,只有参与进来了,受众才会关心活动。而主持人在与受众互动的过程中,也就达到了活动目的。

(三)主持人与受众的关系

主持人与受众的关系即礼仪主持艺术主体与客体的关系。

1. 两者相互依赖、相互依存

在各种活动中,主持人传递信息,受众接收信息。在这种关系中,传递者和接受者相互依赖、相互依存,没有传递就无所谓接受,没有接受也就无所谓传递。因此,主持人和受众是相互依赖、相互依存的。

2. 两者相互包容、相互促进

在各种活动中,众口难调,主持人和受众的需求是不可能完全一致的,有时就会出现受众对主持人不满意、主持人对受众不理解的情况。受众的批评和意见能让主持人得到进步,从而更好地为受众服务,传递更多有用的信息,所以两者应相互包容、相互促进。

总之,主持人和受众是礼仪主持艺术的主体与客体,两者互相作用、互相影响,缺一不可。作为主体的主持人,要重视受众,了解受众所需、所喜,以"活到老,学到老"的心态,做一名"学习型"的主持人,更好地为受众服务。

第二章
礼仪主持语言艺术

在礼仪主持艺术中,主持人以有声语言为主要工具在不同活动现场进行个性化传播。有声语言是指用语音表达或接受思想和感情的、以说和听为形式的口头语言,是人们在社会交往中传递信息、交流思想和感情的一种语言形式。在传情达意的过程中,它是最直接、最普遍、最常用的基本语体。同时,主持人也主要通过有声语言彰显个人魅力、个性风格、思维特征。

主持人的有声语言具备四种属性:第一是物理属性,主要表现为音高、音长、音强、音色这四个语音要素,通过语音的高低、强弱、长短可以表现出声音抑扬顿挫的特征。第二是生理属性,语音是人的发音体振动引起周围的空气或其他介质振动而形成的声波。第三是心理属性,语言信息的传递过程是通过编码—发送—传输—接收—解码来实现的,在这个过程中处处体现着主持人的心理活动。第四是社会属性,主持人的语言受到政治、经济、社会等多方面的影响,同时受到活动性质、主办方要求等具体因素的限制。

第一节 礼仪主持语言艺术概述

主持人对语言的驾驭能力直接关系到主持活动的传播效果,所以礼仪活动主持人学习和掌握礼仪主持的语言特征、语用原则、语用技巧和表达程序是十分必要的。

一、礼仪主持的语言特征

(一)准确规范

主持人的语言具有很强的影响力和号召力,因此,准确规范是主持人语言运用的第一要义,是一切特点之前提。准确指说话符合事实,运用词语恰如其分,即通过恰当妥善的语言形式正确地表达活动内容。主要包括三个方面:第一,指有声语言要合乎我国的语言规范,即语言交际约定俗成的标准,主要包括发音准确、吐字清晰、用语规范、用词准确,符合语法与修辞原则;第二,要合乎我国的政治规范,广播电视是党和政府的喉舌,因此,语言表达的准确规范既是对主持人自身行为和所从事的事业负责,又代表了主持人的政治素养和使命职责;第三,要合乎全人类共同的逻辑规范,语言运用一定要做到概念明确、判断准确,推理符合逻辑。从具体运用来说,规范主要体现在语音、词汇、语法的基本要素规范和语体应用规范两方面。

1. 基本要素规范

在基本要素规范方面,主持人使用的语言是《中华人民共和国国家通用语言文字法》规定的通用语言——普通话,它是以北京语音为标准音,以北方话为基础方言,以典范的现代白话文著作为语法规范的现代汉民族共同语。这个定义实质上从语音、词汇、语法三个要素方面提出了普通话的标准,主要是指语音要准确无误、词汇要精确规范、语法要结构完整。

2. 语体应用规范

就语体应用规范来说,主持人要根据表达的思想内容,选择不同的表达方法。主持语体应用规范有两个突出特点:一是话题的广泛性。这就要大量使用口语、熟语、方言俚语和行业用语,使用感叹词、语气词、拟声词、感叹句、疑问句等。二是对语境的依赖性。由于主持内容、主持对象以及主持人自身等因素的影响,主持时可以运用省略句、短句、穿插、停顿等。

一般说来,主持语体应用规范有以下主要的衡量标准:话题选择适合时宜、适合受众,能激发受众的浓厚兴趣;精选事例,广采知识,提供信息;思路清晰,条理分明,表达完整;声音规范、清楚、优美、洪亮;词汇丰富,有艺术美感;表达流畅,语流贯通,干净利落;精神饱满,神情放松,衣着端庄,势态得体;应对机敏,思维灵活,出口成章,恰到好处。

(二)平实真切

主持人的语言应尽量形象、简洁,用最精练的语言恰如其分地传达出尽可能丰富的内容。在礼仪主持艺术中,主持人要在规定的时间内介绍活动主题、活动宗旨、参与嘉宾等,此外还要结合现场的实际情况进行即兴的调整,因此简练质朴的语言往往最能打动观众。莎士比亚曾经说过:"简洁的语言是智慧的美,冗长的语言是藻饰。"节目主持人语言简洁的关键是要对所表述的问题有深入的研究、深刻的理解,把话说到点子上。赵忠祥曾说:"我们主持节目时应尽量少说废话,减少装饰性词汇,充分利用有效时间给观众以更多的信息和文化上的启示。"

主持人的语言要平实,但不能简单地与生活中的交流谈话画等号。因此,主持人的语言应该克服日常口语的随意、冗长等缺陷,保留口语的通俗易懂、简洁平实,兼有书面语的规范集中、协调有序。主持人的语言应当是规范性的大众口语,汲取书面语的精粹口语,讲究艺术、富于个性、应对得体的机智口语。在谈到主持人表达的简洁平实时,白岩松认为:"用生活化的语言,加以提炼和扬弃后,变成自己的文字——一种属于电视的文字。生僻的字眼儿尽量少用,形容词太多也让人感到累赘。"鞠萍认为:"不仅发声要讲究,还有选词,比如'借助''能否'之类的词都不行,要把散文化、诗歌化的书面文学语言转化成向孩子们说的话。"

1. 在词汇上,要注意用词的通俗化

多用现代词汇,少用古代词汇;多用通行词汇,少用方言词汇;多用口语词汇,少用书面语词汇;多用形象性词汇,少用抽象性词汇;多用普通词汇,少用专业词汇;多用动词,少用连词;多用格言、俗语(惯用语、谚语、歇后语),少用成语。

2. 在表达上,要注意话语的流畅性

口语化的表达应当自然流利,语流贯通。主持人要做到语句顺畅,干净利落,反应敏捷,"得心应口",不拖泥带水,不重复啰唆,不发生语流阻塞现象,并在规定时间内完成口语表达。

3. 口语的通俗化不等于庸俗化

口语通俗是指用朴素的话语表达充实、积极的思想内容;而口语庸俗则是指内容不雅,趣味低下,格调媚俗,用词粗、脏、痞。

(三)生动形象

在礼仪主持艺术中,要想使语言表达动之以情、晓之以理、明之以义、导之以行,除了要求主持人语言准确规范、平实真切之外，还要求生动形象，只有这样才能使主持人的语言产生更大的说服力。具体而言要做到以下方面。

1. 运用灵活的表达方式

如充分运用口语化、个性化语言，多选用歇后语、谚语、惯用语等。大量运用修辞手法描摹事物，例如比喻、比拟、夸张、借代等，给人以深刻印象。句式变化多样，灵活选用主谓句与非主谓句、单句与复句、常式句与变式句、长句与短句等，使句式错落有致、丰富多彩。巧妙运用叙述、描写、抒情、议论等手法，叙述时头绪清晰，描写时绘声绘色，抒情时由衷而发，议论时探幽触微。

2. 使用幽默风趣的语言

幽默语言的特点是风趣，又意在言外、引人深思。主持中运用幽默便于批评丑恶，使人思索，令人回味。正如哲学家莱卡尔所说的："幽默不是轻蔑，而是爱。"主持人可以讲笑话、讲故事，运用比喻、借代、双关、倒置、夸张、类比、错位等修辞手法，并且配合动作、表情展现幽默。

3. 营造形象感人的意境

表达技巧高超的主持人善于根据表达的需要描绘事物的形态、色彩和人物的音容笑貌、性格特征、神态动作以及人物的矛盾冲突等。这些绘声绘色的描述，能使听者如临其境、如见其人，使表达增加情节性、形象性，富于生动活泼的情趣。

4. 抽象的道理具象化

关于抽象性、议论性的主持话题，主持人的表达内容主要是抽象的道理或观点。主持人应当尽可能把抽象、深奥、思辨的理论观点具象化、形象化和浅显化，寓道理于形象描述之中，使其通俗易懂、具体生动。

5. 具体的事物形象化

关于叙述性的主持话题，主持人的所述之事本身往往就是具体的。作为主持人，为使自己的主持绘声绘色，就要使具体事物进一步生动化、形象化。

口语表达的形象化，在遣词造句上要注意两点：一是选词时多用动词、形容词、象声词等。形容词适于描绘事物的性质、状态和色彩，又具有较强的表情性，适于强化对象的形象性。二是在句型上，要多用短句、陈述句、疑问句和感叹句。短句结构简单，易于表述清楚；陈述句叙事明快，转换迅速，能使叙事保持较快的节奏；而疑问句和感叹句可使叙事波澜起伏，富有情感色彩。

6. 意念表达知觉化

关于情绪性、情感性主持话题,主持人的语言表达应当将意念做知觉化处理。人们的意念、情绪是内在的,是看不见摸不着的,但有声语言表达却可以使其看得见、摸得着,变得形象生动。比如,"忧愁"是一种意念和情绪,是抽象的。但李白诗说:"白发三千丈,缘愁似个长。"(《秋浦歌》)"抽刀断水水更流,举杯消愁愁更愁。"(《宣州谢朓楼饯别校书叔云》)"我寄愁心与明月,随风直到夜郎西。"(《闻王昌龄左迁龙标遥有此寄》)这就把"愁"知觉化、具体化了,便于感知和体验。中唐诗人刘禹锡善于用形象化的事物表达一时的意念和情绪,心中喜悦时,他便吟道:"晴空一鹤排云上,便引诗情到碧霄。"(《秋词》)看到桃花满山、蜀江水流而情绪不佳时,又吟道:"花红易衰似郎意,水流无限似侬愁。"(《竹枝词》)当他遭受政敌打击,远贬异地,愤愤不平时,又以"沉舟侧畔千帆过,病树前头万木春"(《酬乐天扬州初逢席上见赠》)来表达自己处变不惊、志存高远的气度。这都是把意念、情绪知觉化的范例。

(四)精练独特

主持人语言表达要词简意达、精练贴切。所谓精练,就是要以较少的词语去描绘和概括丰富的内容。口语表达与书面表达在精练方面有所区别。书面语可以字斟句酌,反复推敲、修改;而口语表达要求脱口而出,话到意明。因而主持人必须多学、多练、多实践,逐步培养讲话精练的能力和习惯。

1. 抓住要点,明确中心

语言不精练的原因一般有二:一是思想不明确,思路不清晰,重点不明朗;二是语言表达能力有限,做不到精练。所以主持节目时,主持人首先要认真思考主持的内容,明确中心,抓住要点,理清思路,设计表达方式,做到心中有数。

2. 推敲文字,精益求精

语言的精练得益于遣词造句的精练,所以主持时,主持人一定要注意对文字的推敲和锤炼,力求做到用字不多,精益求精。

3. 克服三种语病

一是避免啰唆和不必要的重复。如果说废话是无效信息,重复则属冗余信息,它们都会冲击和淹没有效信息,会干扰、破坏、打乱受众的思维,影响表达效果。二是戒掉空话、套话。空话没有任何实际内容,而套话则是别人说滥了、听众听腻了的话,因而必须去掉。三是去掉口头禅,如"嗯""啊""是吧""这个这个""对不对"等。

二、礼仪主持的语用原则

主持人语言表达首先要符合全民族的语言规范，这样才有可能实现沟通和交流；其次还要明确主持的目的，切合不同的对象，分清不同的语境。主持人语言运用要坚持目的性原则、对象性原则、时空性原则和情感性原则。

（一）目的性原则

节目主持是有为而说、有感而发的，主持人的语言应当准确地表达自己的意图，这就要求主持人做到语表心声、言随旨遣。主持是比较复杂的语言表达过程，如果主持人按照预期的目的进行主持，或因措辞不当，或对主持客体缺乏了解引起对方的误解、反感，这时就必须加以控制调节，换一种说法，使听众易于理解、乐于接受。有时，主持的开始阶段是按原定计划进行的，可是随着活动进程推进，或因听众的反应、周围情况的变化，或因兴之所至，谈走了题，偏离了原定目的，同样需要自觉控制，调节语言行为，以便回到原定话题上来。

在联欢会上，大家推荐崔永元等人表演一个小品，小崔也不含糊，扮作"新娘"粉墨登场。担当"新郎"一角的是新闻评论部主任时间。出人意料的是，这个"新娘"手里比别的新娘多了一个小宝宝。于是，主持人白岩松就在大家的授意下前去采访"新娘"崔永元："请问新娘为什么带着个孩子？生孩子的感觉怎么样？""新娘"崔永元假装不解地反问白岩松："难道你不知道吗？"白岩松老老实实地回答："不知道。"崔永元又问："你真的不知道吗？"白岩松再次肯定地回答："不知道。"这时，崔永元一脸坏笑地说破了谜底："生孩子的感觉是——痛并快乐着！"台下观众顿时哈哈大笑，并报以热烈的掌声。原来，《痛并快乐着》正是白岩松当时出版的新书。

这里，崔永元采用了"设包袱"和"抖包袱"的方式，经过一连串的铺垫，巧妙地用妈妈生孩子"痛并快乐着"，来隐喻白岩松的新书，可谓目的明确、曲径通幽。

主持人在主持过程中要坚持言随旨遣的原则，明确"说什么"和"怎么说"，然后紧紧围绕主持的目的和中心进行语言表达，否则便达不到主持的目的，有时甚至还会事与愿违。在主持活动中，语言表达是千变万化的，但都要为主持目的服务，应该做到"话变不离语宗"。主持人必须注意语言表达的传输与反馈，"意与言会、言随旨遣"，灵活多变、对答如流，才能我口表我心、目的在心中。这就要求主持人面对不同话题、不同对象、不同场合、不同语境,都聚焦自己的表达目标,令所有的表达内容和表达方式都遵循目的性原则。

(二)对象性原则

1. 主持要看对象

话总是说给别人听的,正所谓"射箭要看靶子,弹琴要看听众",主持也要看交际对象,要受主持客体身份、职业、经历、文化、思想、性格、处境、心情等因素的制约。

主持人应该针对不同受众和受众的不同情况,采取不同的策略,进行不同的语言表达。话因人异、区别对待,要考虑对方的知识水平、理解能力,细心体察对方的思想性格、处境心情等,选择对方乐于接受的语言形式来表达,以收到预期的表达效果。否则,便会影响主持任务的完成。

场境主持时主持人要善于掌握受众的不同特点,灵活采用以下针对性策略:与下者言宜善;与长者言宜曲;与智者言宜博;与愚者言宜比(打比方);与名者言宜直;与怨者言宜泄(让对方发泄);与傲者言宜"捧"(先满足其虚荣心);与刁者言宜刁(以刁对刁);与善辩者言宜守(以守待攻)。

2. 表达要讲策略

礼仪主持时,主持人是在一定场境向受众表达自己的意愿和情感。要想达到理想的主持效果,除了要有受众意识外,还要根据具体场境选择表达内容和表达方式。既要注意受众对象,又要注意自身的主持身份和角度。比如,主持身份要与称谓、口吻相符合。主持人要得体地称呼受众,以营造场境气氛,拉近与受众的心理距离。

主持人与受众之间客观上存在辈分、年龄、亲疏等方面的差别,加之因各种情况而形成的某种临时关系,因而,主持人和受众的角色、地位是多重的、变动的。这些都直接影响到主持语言,这时主持人一定要把握好表达的"度"。

(三)时空性原则

1. 把握主持语境

主持的时空语境,指由主持的时间、地点、场合、对象等客观因素与主持人的身份、思想、性格、职业、修养、处境、心情等主观因素所构成的语言环境。把握主持的时空语境,需要注意以下几种因素。

（1）把握社会文化背景

语言是一种社会现象，它存在于社会之中，服务于社会活动。人们在一定的社会文化中使用语言，社会文化制约着语言的运用。社会文化背景指特定社会场合，包括时间、地点、气氛、事件背景、人事关系、不同民族的宗教信仰和文化习俗等。例如，在人际交往中，中国人在见面时常说："你在忙什么？"即通过询问对方而表达一种关怀，或者只是在打招呼，并不是真的要搞清楚对方在做什么。但放在不同的文化背景中，这句话就可能表达出不同的意思。在英国，问对方："What are you doing？"（你在做什么？）往往会使对方反感，会被认为你是在干预他人私事。对美国人说这句话，则是询问："你现在做什么工作？"或"你在哪个部门工作？"其目的在于搞清楚对方的工作，被问的一方通常也会认真回答。主持人主持节目时要置身于时代与社会的大背景之中，为社会服务。

（2）把握临场情境关系

在具体的主持场合，主持人要具体观察受众，注意方方面面的关系。这就要求主持人具备一定的临场意识、时空意识和情境关系意识，把该说的话说出来，把说出来的话说好。

2．把握主持场境

场境主持要看时间、地点、场合，使语言恰如其分、恰当其时。场合指主持表达时的具体地点和环境，不同的场合对主持语言表达有不同的要求。

从性质上说，主持场合有正式与非正式之分。正式场合指从事公务的场合，如报告集会、课堂、会场等。非正式场合指日常交往娱乐场合，如家庭、街头、公园等。一般来说，正式场合社会制约较强，人员众多，气氛庄重典雅，主持人应该字斟句酌，力求使表达准确规范。非正式场合比较自由、随便，如果说话仍然一本正经，就显得不合时宜，这时的语言表达应该平易、通俗、幽默，平民化和大众化，具有亲和力。

从氛围上说，主持场合有悲痛和喜庆之分。喜庆的场合一般指节日、婚宴、联欢、聚会等场境，在这样喜庆欢快的场合主持，表达基调应该轻松、自然、明快、诙谐、幽默。而在悲痛的场合，如追悼会、凭吊等场境，主持人应该照顾到场合的低沉氛围，在语言、表情上注意避讳。

从受众的数量看，主持场合有大小之分。有的场合受众较少，较为自由，既可以喁喁低语，又可以朗声谈笑。有的场合受众较多，受众状况比较复杂，这时语言表达就要考虑到多数受众的状况，比如声音要洪亮、语调要高昂等。

3．学会临场"现挂"

"现挂"本是相声表演术语，指表演者能敏捷而有效地抓住周围环境中的突发情况,将其与表达的内容结合起来,从而减少其不利影响,以达到烘托、补充、增强话语的效果。场境主持也需要临场"现挂"。

有一次,台湾节目主持人凌峰应邀在北京主持"海峡情"大型文艺晚会。演出中,舞蹈家刘敏在表演独舞《祥林嫂》时,不慎跌落两米多深的乐池里,现场顿时一片哗然,工作人员面对这突发情况均茫然不知所措,观众则为刘敏的安危担心不已。

此时,凌峰不慌不忙地走上台来,对观众说道:"我知道大家此刻正牵挂刘敏摔伤了没有,那么,请放心,假如刘敏真的跌坏了,我愿意后半辈子嫁给她!"凌峰这一不同寻常的"嫁"的运用,引得全场观众开怀大笑,使观众惊愕、担心、忧虑的情绪有所缓解。而后,他又极为庄重且不乏激情地说道:"刘敏说,艺术家追求的是尽善尽美,奉献的是完整无缺,现在,她要把刚才没跳完的3分钟舞蹈奉献给大家,奉献给海峡两岸的兄弟姐妹!"霎时,全场响起雷鸣般的掌声,晚会呈现出了最激动人心的一幕。

(四)情感性原则

1. 感人心者,莫先乎情

语言所负载的信息,除了理性信息外,还有感性信息。这种感性信息内涵十分丰富。正如白居易所说:"感人心者,莫先乎情。"礼仪主持人要以情动人,这样才会取得更好的效果。

2. 言传心声,话表真情

诗人白居易说得好:"功成理定何神速,速在推心置人腹。"这里的"推心置腹"就是指话语要真诚。所谓真诚,是指不矫揉造作,不言辞虚浮,能够保持说话人的自我本色。一个成功的主持人必须以真诚话语显魅力,推心置腹传心声。礼仪主持人要想感动受众,先要感动自己,这就要求主持人言传心声,话表真情。

三、礼仪主持的语用技巧

优秀的节目主持人必须掌握高超的语用技巧,他们或言辞犀利,一针见血;或严密谨慎,滴水不漏;或妙语连珠,机敏风趣;或处变不惊,大气沉着……他们谈吐各异,才华不同,但有一个共同点,就是都善于利用娴熟的语用技巧为自己所要表达的内容和目的服务。掌握语用技巧者出言有方,开口有味,一言既出,满座称妙;不懂语用技巧者反应迟钝,谈吐木讷,开口主持便令人耳中生棘,味同嚼蜡。

(一)叙事技巧

礼仪主持离不开叙述性的表达,也就是要叙述一件事情的经过。譬如,故事的讲述、场境的描述、过程的记叙等,因此,叙事是礼仪主持人的基本功,掌握一定的叙事技巧十分重要。叙事的方法与技巧多种多样,这里介绍常见的几种。

1. 略说与详说

略说,也叫概说,就是以简洁的语言概括叙述事件经过,勾勒其大致轮廓。它注重的是事物的总体和全貌,很少展示细节,话语较为简约。

场境主持应交替运用略说与详说,做到详略得当、疏密相间。这种叙事技巧的一般规律是:与主持主题联系紧密处要详说,反之要略说;事情高潮时要详说,过渡时要略说;能营造气氛感染受众处要详说,平淡处要略说;鲜为人知处要详说,人尽皆知处要略说。该详说处要口若悬河,极尽渲染之能事;该简略处则要惜字如金,不多说一句话。

2. 顺说与逆说

顺说,即按照一定的时空发展顺序叙说某件事情的经过。任何一件事情总有一定的自然发展过程,并且常有开端、发展、高潮、结局等不同发展阶段。主持人按照事物的客观发展经过来展开话题,便是顺说,这是一种较常见的叙事方式。

逆说即倒叙,它往往是从一件事的结果或高潮处开始,然后再叙说事情的原委和经过。

顺说和逆说有时可交替进行,主持人应根据主持主旨的需要灵活处理。

3. 波澜与高潮

叙事中的波澜,指主持时的起伏变化。叙述一件事应当一波三折、波澜起伏、张弛有致,这样才会对受众产生吸引力。如果平铺直叙地说下去,必将淡而乏味、平而无趣。掀起波澜的方式有以下几种。

(1)设置悬念

即俗话说的"卖关子""留扣子""埋伏笔"。具体做法是:或者把结局前置,然后说明原委;或者先点出关键,再进一步诠释;或者欲扬先抑,把听众引入"歧途",再揭出谜底、真相。

（2）制造起伏

叙事时巧用照应，使事情一波三折，跌宕起伏，能抓住受众的情绪和思路。

（3）有张有弛

事情本身有些是紧张生动的，有些则是舒缓平淡的，主持人将二者适当穿插，使其一张一弛、徐疾有致。

（4）断续交替

在讲述事件过程时，适当中断原过程而插入一些描述、介绍、议论、回忆、背景等内容，使叙述过程短暂中断后再继续进行下去。

高潮是事件的矛盾冲突发展到最尖锐、最紧张的阶段，是决定矛盾双方命运和发展前景的关键一环。事件发展一般都会有高潮。主持人要善于抓住高潮、强化高潮、渲染高潮，使事件的高潮成为主持的高潮，以此去赢得受众，打动人心，获得理想的表达效果。有些事件可能没有明显的高潮，但总会有精彩的环节、动人的场面、闪光的语言、感人的细节、特殊的氛围等，主持人也可将其作为高潮来处理，使这些地方成为事件发展最动人的部分，同时也成为主持表达最精彩的部分。

4. 拙说与巧说

拙说是一种拙朴的语言表达方式和技巧。其特征是语言朴实无华，坦率得体，词语通俗，明白易懂。拙说的表达要求是：在话语的词汇选择上，要多用平实、率真、质朴的词语；在主持主体上，主持人要有坦率的品格，真挚诚恳，不藏不隐，心中想的就是口中说的，给人一种心口如一、自然亲切、诚实可信的感觉；在表述方式上不铺排、夸张和渲染，尽量不用文言、生僻词语和复杂长句，而多用谚语、俗语、成语、短句。在一次综艺节目中，节目主持人曹可凡说到陈佩斯的"光头"：

曹可凡：现在中国艺术界丑星颇为走红，有人把你也归入这一行列里，你有什么想法？

陈佩斯：我觉得挺愤愤不平的。我的脑袋很圆啊，而且也比较匀称。鄙人剃光头的一个重要原因是我的脑袋确实长得精彩。你想，一般人剃了光头以后，本质就暴露出来了，这儿凸一点，那儿凹一点，就不怎么好看。而我的脑袋很圆，佛教上讲"圆则通"，所以我这个人做什么事都一帆风顺。

曹可凡：啊，光头也是智慧的象征，俗话说"聪明绝顶"。

巧说是一种高超的语言表达技巧，它是思想感情、文化修养、生活阅历、性格气质的生动体现。在主持叙事性话题时，巧说主要表现为：对事件本身要选准基点，突出重点,分清条理,设置波澜,渲染高潮,虚实得体,详略得当;在表达技巧上,可以巧打比方,巧使夸张,巧设悬念,巧用幽默等;在遣词造句上,要锤炼词语,变换句式,巧用古语、成语、典故、俗语和歇后语等;在副语言上,要注意运用表情、手势、体态来传情达意;最后,还要善于运用艺术发声技巧,如使用笑语、拟声,变换语调、语速等来达到巧说的目的。

中央电视台主持人孙小梅随文艺演出团到达中国台湾,临时被邀请担任节目主持人。一上场对方出言不逊:"孙小梅,你可是大陆的红人,怎么跑到台湾来抢我的饭碗?"孙小梅机巧地回答:"我怎么是来抢你的饭碗?我是专程来帮你赚钱的。"主持人不解:"什么,你怎么帮我赚钱?"她顺势反唇相讥:"你想想,大陆有十几亿人口,台湾只有几千万,我来同你主持节目,回去一播出,认识你的人多了,你不是可以更赚钱了吗?所以说,你要好好谢谢我才行。"

孙小梅面对猝不及防、咄咄逼人的"攻势",以静制动,答语平中显奇、显巧,取得了应对的主动。①

(二)说理技巧

说理就是讲道理。它是一种运用抽象的思维形式,以概念、判断、推理等逻辑手段去揭示生活本质的语言表达方法。议论性的主持话语,一般都需要说理。其基本要求是:在说理主体方面,主持人应当有追求真理、主持正义的精神,不主观武断、不褊狭片面,在态度上要认真、自信、客观、公正。在说理内容方面,观点要鲜明,具有针对性;论据要充分可靠,具有可信性;论证要严密,合乎逻辑性。在话语表达方面,说理性语言要准确、鲜明、简练、生动,做到既庄重、严谨,又明快、生动。

主持中的说理必须从表达的实际出发,主持人要掌握一定的说理技巧。这里介绍几种主要的说理技巧。

1. 分析法

分析法是通过分析问题和剖析事理,来揭示论点和论据之间的内在因果关系,以证明论点的正确,达到以理服人这一目的的方法。

2. 直驳法

直驳法指在说理时以确凿的事实或无可辩驳的道理做论据,直接证明对方论点或

---

① 陆锡初.论主持人现场思维应变能力与现场驾驭话题能力[J].声屏世界,2007(1):42-44.

论据的错误,从而驳倒对方的方法。直驳法的使用,关键在于抓住对方主要论点和论据的漏洞,有的放矢地用事实加以批驳、揭露,使对方不能立足。

3. 举例法

举例法是一种列举事例以说明道理的说理方法。它通过对事例进行阐释分析,归纳总结,用事实来证明自己论点的正确性。这种举事明理的方式有理有据,理据统一,能产生无可辩驳的说服力量。运用举例法需要注意:第一,举例要真实,如果事例虚假就失去了说理的基础。第二,举例要恰当,即所述事例及其所包含的意义与观点要吻合。第三,举例要典型,所引事例要反映事物的本质,具有代表性和说服力。第四,要分析事例,从事例中揭示启人心智的道理,以证明观点。

4. 类比法

类比法是利用事物的相同属性或相似点,进行比较、对照,由个别推出个别的说理方法。运用类比法说理要注意的是,所比之事所包含的道理一定要与自己的观点相吻合、相贴切。不能牵强附会,也不能搞机械类比,强词夺理。

(三)修辞技巧

修辞,就是运用各种巧妙而有效的方法,把言谈话语修饰得情真意切、理透意明的表达技巧。修辞要运用各种修辞格。而修辞格的种类很多,这里介绍在主持表达中最常用的几种。

1. 比喻

比喻,即以彼物比此物。具体来说,就是在述说一个比较抽象、深奥、生疏的事物时,受众往往难以理解意会,于是便用一个具体、浅显、熟知的事物去说明或描述它,使所述之事更具生动性和形象性。

比喻一般由本体、喻体和喻词三部分组成。本体是被比喻的事物;喻体是用来做比喻的事物或对象;喻词则是表明比喻关系的词语,如"好像""恰似""像……一样",等等。

运用比喻技巧时,要注意比喻必须具备的两个条件:一是本体和喻体应当是不同的东西,二者应当有质的差异,否则就成了类比;二是两者之间要有某种相似之处。通常情况下,本体比较抽象、深奥,是受众感到生疏的;而喻体则比较具体、浅显,是受众所熟悉的。比喻能使表达通俗易懂,形象生动,启发想象等。

比喻的类型主要包括明喻、暗喻与借喻三种。此外,还有曲喻、讽喻、博喻等。

(1) 明喻

这是一种明显的比喻形式,它的基本结构:甲像乙,甲是被比喻的事物,是本体;乙是喻体,是用来做比喻的事物。明喻的标志是甲、乙之间有比喻词"像""如""似""好比""宛如""犹如"等。比喻词的使用,使甲、乙的联系和区别更为明显,即乙不同于甲,又与甲具有某些本质属性和外形特征的相似点,否则,它们之间是不可能构成比喻的。

(2) 暗喻

暗喻的比喻形式不是在打比方,而是当作实有其事,其结构为"甲是乙"。甲乙之间的比喻词除"是"之外,还有"为""成为""当作"等。

(3) 借喻

借喻比暗喻更直接,其表现形式为省略比喻词、被比喻的事物,其结构为"以甲代乙"或"有甲无乙"。

2. 比拟

比拟,就是根据一定的想象,把物当作人或把人当作物,或把此物当作彼物来表达的一种修辞技巧。具体来说,就是把人与物、此物与彼物、生物与非生物、抽象概念与具体事物,在习性与特征上相互拟用。比拟能使人产生联想,使语言更为形象、生动。

比拟可分为拟人和拟物两种。

(1) 拟人

拟人又叫人格化,就是赋予大自然、植物、动物、抽象事物等以人的言行或思想感情。

(2) 拟物

它指把人比作物,或把此物比拟为彼物的方法。

在主持中,运用比拟技巧既可以增强话语的形象性和生动感,又可以很好地抒发感情、烘托气氛,使听话的人饶有兴味。

3. 夸张

在语言表达中,为了增强表达效果,常常根据一定的目的,在客观现实的基础上,夸大或缩小事物的形象、特征、程度、数量、作用等,以加深人们的印象,这种修辞技巧就是夸张。

夸张用于口语表达,其作用主要在于:第一,可以突出强调事物的某一特征,给人以鲜明印象,以引起听者的共鸣;第二,可以唤起听者的想象,给人留下无穷的余味;第三,可以使被夸张的对象更加生动传神,强化其在表达中的地位和作用。

夸张可分为夸大夸张、缩小夸张和超前夸张三类。其中,夸大夸张使用最多。

(1) 夸大夸张

有意把事物或其某种特征往大、多、快、高、强处说。如:

> 要说渴,真有点儿渴,嗓子冒烟脸冒火,我能喝一条江,我能喝一条河。

(2) 缩小夸张

有意缩小客观事物的事实,把实物往小、少、慢、低、短、弱处说。如:

> 她呀,身体太弱,来阵轻风便可吹倒。

(3) 超前夸张

把实际上后出现的事物,说成先出现或同时出现。如:

> 话未出口,他的声音就先到了。

在运用夸张技巧时,主持人要注意两点:第一,夸张要有一定的生活依据,做到不似真实又胜似真实。夸张虽然有些"言过其实",但不等于浮夸,它必须以客观事实为基础,必须反映客观事物的本质特征,做到"夸而有节""饰而不诬"。鲁迅先生就曾说过,你可以说"燕山雪花大如席",却不能说"广州雪花大如席",因为燕山毕竟有雪花,而广州难得有雪花,如何"大如席"? 所以它只能是虚妄。第二,夸张不可随意运用,而要区分主持内容、受众和主持场合。如果是汇报工作、介绍经验、推销产品、学术发言、法庭辩护等一些场合的主持,就不宜用夸张。

4. 双关

双关是在一定的语言环境中,利用语音或语义来表现双重意义的修辞技巧。其特点是利用汉语词语的多义性或谐音,让一句话中包含两种可能的解释,即表面的意思和暗含的意思,而暗含的意思才是说话者所要表达的真正含义。运用双关技巧,可以使话语含蓄委婉,蕴含弦外之音;又可以借题发挥,借物抒怀,让话语幽默风趣。

双关一般可分为两类:谐音双关和意义双关。

(1) 谐音双关

利用音同或音近的条件,使词语具有两种不同的表达意义。谐音双关巧妙地利用汉字音意上的特点,谐音之后,赋予新意。如:

> 老谢啊,为人谦和,处世随便,在家也是"妻管严"。今天我们请来了他和他的爱人。我们来听听,他是如何"妻管严"的。

（2）语义双关

利用比喻方式或者词的多义性，使词语的表达同时具有两种不同意义。如：

湖南卫视主持人汪涵在一档综艺节目中，送给某位歌手一束大麦，并说："祝你的新专辑能够大卖。"歌手调侃说："这好像是水稻啊。"汪涵立刻补充道："那更好呀，水到渠成嘛！"

礼仪主持人在运用双关修辞时要依据特定的语言环境，切不可含糊其词，使人弄不清含意。另外，双关能增强语气的余味，但一定要避免单纯追求低级趣味，用得庸俗。

5．排比

所谓排比，就是把三个或三个以上结构相同或相似、意义相关或相近、语气一致和谐的语句依顺序排列开来使用，用以表达情感、描述事物、阐明道理。排比在主持中可增强语气，深刻表意，透彻说理。

排比可分为三种：词语排比、句式排比、段落排比。

（1）词语排比

一般用作排比的多是词组，也有短语，而且词组、短语多是偏正关系。如：

观众朋友，近来，我市不少学校的校园面貌焕然一新，新建的球场、新铺的水泥地面、新修的围墙，给学生们提供了良好的学习环境。

（2）句式排比

这类排比形式的特点是在一个复句中，每一个排比句都具有一个完整的意义，都是一个相对独立的句子，是一个复句的组成部分。如：

有人说，王成军是个清廉的官；有人说，他不近人情；有人说，一个堂堂的厅局级干部，住小旅馆，吃小饭桌，掉价。

（3）段落排比

排比以段落的方式存在，为了语气的强化、情感的浓化、说理的深化、层次的鲜明化，有意识地把排比的每一个独立的句子单独作为一个段落来处理。如：

女：在农民眼里，他不拿架子，不会摆谱，却能够使谷子增多，是带来富裕的"活神仙"。

男：在同行眼里，他主持国家课题，是事业的带头人。

女：在助手眼里，他是良师益友。

男：在他的荣誉簿里，他是党的十七大、十八大代表，全国"五一劳动奖章"获得者。

（四）逻辑技巧

逻辑和语言密切相关，思维的逻辑性必须通过语言来体现，语言表达必须符合逻辑。主持人应当掌握和运用一定的逻辑技巧，使自己的语言更具有说服力。运用逻辑技巧，可从以下几方面入手。

1. 主持前对话题做逻辑分析

在主持前应对主持语言进行周密细致的逻辑分析，理清逻辑线索，设计好主持的表达思路。

2. 在表达上讲究逻辑层次

口语表达声过即逝，不如书面文字可以重读细品，因而主持时的条理和层次非常重要，而条理、层次是受一定逻辑关系制约的。如果一个主持人说话条理不清、层次混乱，没有轻重主次和前后联系，他所表达的内容就不易被受众理解。所以，主持人一定要注意逻辑层次的划分，先讲什么，后讲什么，怎样开头结尾，如何照应过渡，都要做到条分缕析、清清楚楚。

3. 主持时运用逻辑方法

可用的逻辑方法很多，这里择要介绍几种常用方法。

（1）归谬法

就是先假定某一观点是正确的，然后沿着该逻辑把其观点推向极端，引出荒谬结论的逻辑推理方法。

（2）演绎法

这是一种从总的原则出发，推及某一特定对象，以揭示其特殊本质的逻辑推理方法。其具体做法是：先提出一个正确的观点作为大前提，然后提出一个与此相关的要论证的问题作为小前提，再通过引申发挥，使两者充分地统一起来，得出结论，使论点成立。

（3）归纳法

归纳法又称归纳推理，与演绎法相对，是一种由特殊推出一般的推理方法。这种逻辑方法常用于论证、反驳一类的话题中。

四、礼仪主持的表达程序

大凡主持节目,一般要经过准备、开场、推进、终结四步。

(一)周密准备,胸有成竹

"凡事预则立,不预则废。"要想把节目主持成功,主持人必须事先围绕节目进行一系列的准备工作。比如主持一次集会,主持人必须先明确集会的主旨、集会进行的程序,熟悉与会人员与集会场境,对于怎样开始、如何承接、怎么小结等,都要了然于胸。比如主持文艺晚会,主持人要参与节目单的编排,选定好开头与结尾的"压轴戏",考虑到如何使整个编排波澜起伏、张弛有度,设计好开头、结尾及一些高潮处的串场词并记熟背好。

(二)工于开场,立足主动

良好的开场白有确定基调、营造气氛、表明主旨、沟通感情的作用。杨澜和赵忠祥主持的《正大综艺》第 197 期节目以歌颂春天为主旨,导演要求开场白带有抒情的叙述:

> 杨　澜:春天是所有生命的节日,是岁岁年年又一次蓬蓬勃勃的开始。她是孩子的,也是老人的。她是拂在脸上的风,更是唱自心中的喝彩。
>
> 赵忠祥:春天在小溪的流水中,跳起了轻盈的舞步。她跃上了杨柳梢头,在湖畔河岸,摇曳生姿。她掀起了万里田园绿油油的滚滚麦浪,她在群芳斗妍的花蕾上绽开了甜美的笑容。①

一段如诗如歌的开场白,一下子就把现场观众带进了春意盎然的大世界。

节目主持的开场方法一般有以下几种。

1. 自然导入法

主持人的开场白要有启发性,能引起受众的注意,开启他们的思路,引发他们的兴趣。自然导入法能营造气氛,自然地引入正题。如会议主持:

> 同志们,中国修辞学会中南分会第四届年会几经努力终于开幕了。此时

---

① 赵忠祥.岁月随想[M].上海:上海人民出版社,1995:88.

我们很激动。参加我们这次年会的代表都是来自中南六省的40多位专家学者,大家将在会上宣读论文,交流学术成果。我相信,这次学术交流,一定会使与会朋友获益匪浅,大开眼界。好,我宣布,中国修辞学会中南分会第四届年会正式开幕。

2. 曲径通幽法

以这种方式开场,开始听来似乎有点儿离题,但主持人娓娓道来,渐显真谛。在一次世界语语法研讨会上,主持人这样开场:

> 说来有趣,刚才在会议室门口遇见两个叽叽喳喳的女大学生,一个问:"世界语?什么是世界语?"另一个答:"就是一种语言,我想大概像英语、法语一样。"再问:"是啊,准是一种语言,是哪个国家的?"再答:"我也不知道。"看来,我们这个关于世界语研究组织的任务还很繁重啊。既要使人们了解世界语,还要使一部分人接受世界语。在座各位都是世界语研究的权威人士,这就靠你们拿出自己的真知灼见,大显身手了!

3. 情境导入法

活动一般包括主持人、表演者、受众、活动时间与地点等因素。主持人如果能直接从这些因素入手,形成一种"场境效应",就能给受众一种亲切真实感。比如,某夏令营在进行篝火晚会,主持人一上场便说:

> 踏遍青山人未老,风景这边独好!朋友们,这里真是一个好所在啊!今晚繁星满天,篝火通红。这画一般的景色,激起我们诗一般的情怀……

主持人绝妙的开场白情景交融、生动有趣,把观众带进了诗情画意的情境里。

4. 情感烘托法

节目主持人是活动或节目的有机组织者,可以为活动或节目创设一种特定的情境,奠定受众欣赏的感情基调。在中央电视台《综艺大观》的一次以母亲为主题的文艺晚会上,主持人倪萍是这样开场的:

> "我想知道,今天在场的观众朋友们,有哪位是陪同母亲一起来看《综艺大观》的?"

> 观众席上一位清秀的小伙子站起来:"我!"

> "是吗?可不可以把你的母亲介绍给大家?"

小伙子看了看母亲说:"可以。"

"请这位母亲站起来好吗?"小伙子的母亲笑盈盈地在观众热烈的掌声中站起来。

"这位妈妈,我们都为你自豪……儿子带母亲来看节目本来不算什么了不起的,但我常常在我们的演播厅里看到的是一对对情侣、一对对夫妻,也有的是父母带着孩子,我却很少看见儿女陪着父母来的。其实,老人更需要多出来走走,他们更愿意来看看电视台是什么样的,演播厅是什么样的,倪萍是什么样的,我希望从今天以后能在这里见到更多的孩子陪着父母来……"①

这番话引起了观众的共鸣,奠定了晚会的基调。

5. 幽默调侃法

一些轻松活泼的集会,往往需要营造一种欢乐、和谐的气氛。主持人如果能运用健康高雅、幽默风趣的话语开场,是很受欢迎的。请看下面一段婚礼主持人的开场白:

四年前的一天,新郎在交警岗位上执勤时,碰上想引起新郎注意的新娘。新娘的小妙招果然奏效,新郎对新娘一见钟情(掌声),心想这不就是我梦里的白雪公主吗?新郎在陶醉之际,一时忙中出错。新娘见这个新郎真是傻得可爱,也暗自"以心相许""非他莫属"。新郎与新娘有情有义地交往了四年后,在一个月黑风高的夜晚,新娘羞答答地对新郎说:"亲爱的,我们认识了这么多年,是不是该……"新郎听了新娘的"明示",既喜又忧地说:"以我目前的条件,用什么来迎娶你呢?"新娘说:"那没问题,我看重的是你上进有为,其他的我不多求,而且我店里的打包带有的是,我会把自己打包妥当,你只要带着真情真义来把我'拎'回家就成了!"(掌声)

主持人的开场白妙趣横生,使来宾忍俊不禁,一下子活跃了现场气氛。②

(三)灵活推进,应变有术

礼仪节目主持人要善于搭桥接榫、巧妙过渡,把活动连接成一个有机的整体。

1. 文艺活动的推进

文艺活动的气氛是快乐、轻松、和谐的。主持这类活动要灵活、随和、大方,使演出

---

① 倪萍. 日子[M]. 北京:作家出版社,1997:134.
② 欧阳友权,朱秀丽. 口才学教程[M]. 北京:高等教育出版社,2004:263.

高潮迭起。言语要语音亮丽,语气明朗,幽默风趣,切忌呆板单调。要一改报幕员的严肃面貌,摒弃"下一个节目"等旧模式。

某高校师生与知名演员联欢,主持人中间过渡:

> 在座的各位,告诉大家一个好消息,今天"阿Q"也来了,"老佛爷"也在大家中间,"阿Q"与"老佛爷"走到一起大家一定觉得不可思议,但严顺开与郑毓芝的联袂表演会让诸位一饱眼福的。

2. 一般会议的推进

召开会议的目的是集思广益、讨论问题、统一认识,可有时会出现众口缄默、相对枯坐的冷场局面。主持人要充分引导与会者积极发言,这是推进会议的一大关键。冷场时,主持人应该用沉着冷静的疏导、积极热情的启发、生动风趣的刺激鼓励大家发表意见,切不可有责怪、烦躁的情绪。可运用以下方法。

(1)点将法

指名道姓,要人发言。如:"小胡,你一直在研究这个问题,你先说吧!"

(2)激将法

运用与会者的心理代偿功能激发其发言。"水激石则鸣,人激志则宏。"如:"老张,你向来是一挺机关枪,今天怎么就甘愿沉默?"

(3)重复法

将会议的议题、讨论的话题重新解释一番。

(4)提问法

把问题提给大家或把问题提向某人。适当、适时、适度地提问,可以调起与会者的答疑兴趣。如:"老马,对本月我厂电费过增的原因,您是怎么看的?"

在会议中,还会出现一些影响会议进程的言论。主持人要随机应变,运用对策,适时化解。有时与会者之间意见相左,唇枪舌剑。这时主持人要会打圆场,立即岔开话题,以转移注意力,然后帮助他们寻找双方的共同点。有时会议讨论出现离题现象,如不及时收拢,会议将难以进行下去。主持人要设法收拢话题。如:"刚才二位说到的问题也很重要,我们以后还会就此进行专题讨论,现在还是继续谈谈……"有时会场台上台下都很热烈,有些与会者当众不说,背后开小会,对此主持人应机智灵活、公正无私,扭转不利局面。

(四)巧于终结,再展高潮

俗语说:"编筐织篓,最难收口。"活动进入尾声,虽然就要结束,但仍要讲究技巧,

切忌草率急躁,匆匆收场。要巧于总结,再展高潮。我们看几个实例。

会议主持结尾:

今天的会就开到这里,希望会上的决定能变为会后的行动。各位在工作中要身先士卒,吃苦在前,享乐在后。但愿下一次在这里开的是一个庆功会、表彰会。好,散会!

辩论主持结尾:

我一开始就说了,这几位辩论能手,一定会使大家一饱耳福。事实证明了我的话没错。让我们为他们精彩的辩论鼓掌!

文艺晚会主持结尾:

朋友们,教师是伟大而崇高的。他们是蜡烛,燃烧自己照亮别人;他们是小草,默默生存点缀人生;他们是渡船,迎着风险送走人们。在这晚会就要结束的时候,让我们深情地对他们道一声:辛苦了,人类灵魂的工程师。

这样的结尾用词精练,语言生动,亲切感人,令人回味无穷。

第二节 礼仪主持幽默艺术

英国戏剧家萧伯纳说:"没有幽默的语言是一篇公文,没有幽默感的人是一尊雕像,没有幽默感的家庭是一间旅社。"幽默是主持人的重要创作元素,是主持人常用的艺术手法,是使语言活灵活现、形象生动的重要手段。

一、幽默与礼仪主持

(一)礼仪主持的幽默特征

1. 简洁生动

幽默诙谐能使语言表达简洁生动。无论是叙述事件还是描摹人物,抑或说明道理,语言幽默都使人感到生动传神又回味悠长。

李咏主持《幸运52》,三位挑战者抢答问题,答对了,主持人明确表示"回答正确"或"对了"。这样表示几次之后,主持人便采用其他表达方式,比如,一位选手回答出"我国第三套人民币今年7月1日起停止流通"时,主持人说:"谢谢你为我们发布这个金融政策。"

这里,主持人思路敏捷、言语简洁,表达中透着调皮和幽默,增加了语言的情趣。

2. 含蓄深刻

主持人幽默诙谐,往往能运用机智而巧妙的创造性想象,使他人在轻松活泼的气氛中领悟主持的意旨。幽默的语言是含蓄的,它能诱导受众深入地思考,让人在笑声中产生联想和推断,进而洞悉其弦外之音。

在少儿节目《智慧园》栏目中,有一位学生问主持人:"现在我们班玩游戏机的同学经常缺课,老师批评他们,他们不听,说缺几节课没什么了不起。"主持人说:"这就说得不对了。科学知识是有系统的,好像一根链条,一环套一环,掉一环都不行。缺了几节课,这链条就断了,怎么能说缺课没什么了不起呢?"学生故意说:"我就喜欢数学,将来想做个数学家。就是不喜欢语文,上语文课在下面看小人书。"主持人巧妙地说:"想当数学家是很有志气的,但是中学是打基础的时期,不能偏科,样样功课都要学好,这样才能形成合理的知识结构。好比一个木桶,它是由若干合乎规格的木板箍成的,缺了一块,木桶就散了。怎么才能学好各门功课呢?最重要的是上课要认真听,积极地思考,还要注意复习巩固。"

在主持中,面对学生的不当想法与提问,主持人巧设比喻,寓深奥于浅显、寓抽象于具体,使学生在形象的语言中明白了深刻的道理。

3. 应变机敏

在礼仪主持的许多场合,难免会出现各种预料不到的情况,主持人需要具有随机应变的能力。具有幽默感的主持人,一定是一个机智敏捷、语言风趣,善于应付各种棘手问题、化解现场尴尬的能手。

上海东方电视台主持人袁鸣在海南主持一台戏曲晚会时,把艺术家南新燕说成了"南新燕小姐"。当南新燕先生走上舞台时,台下一片笑声。袁鸣急中生智,说道:"哎呀,真是非常抱歉,我望文生义了。不过,您的名字实在太美了,这使我想起一首古诗,'旧时王谢堂前燕,飞入寻常百姓家'。国粹京剧也如同堂前燕,从北方飞过琼州海峡,到海南安家落户了……"

主持人机智发挥,将口误一带而过,把笑声变成了掌声。

倪萍在主持一个游戏节目时,要求观众上台把一个个球放进筐子里,由于出语太快,一时慌乱,竟说成了"把筐子放进球里"。话一出口,倪萍马上意识到自己的口误。她边笑边满怀歉意地说道:"哎哟,瞧我乐的,把话都说反了。我也没这个本事把这么大的筐子放进这么小的球里啊,应该是把球放进筐子里。游戏开始!"

倪萍坦然承认错误,既逗乐了现场的观众,又活跃了场上的气氛。

4. 温和亲切

幽默诙谐的话语,自然地具有宽厚温和的情感色彩。主持人应当抱着亲切温和的处事态度,以温文尔雅的语调运用幽默。幽默不同于讽刺,讽刺会使别人感到难堪,而幽默却使人感到舒适、自然。

在李咏主持的一期《幸运52》节目中,当一位幸运之星最后冲刺成功,他的妻子跑上前台,两个人激动地拥抱时,主持人激动地说:"今天不是幸运52,是敖包相会。"

主持人信手拈来,言语亲切,歌名妙用给节目增添了韵味和美感。

一次,白岩松去某高校与同学们座谈,回答大学生们的"挑战性"即席提问。同学们口才都不错,有人首先发问:"我看你有危机感,看起来冷冷的,为什么?"他说:"我喜欢把每一天当成地球末日来过。"(鼓掌)另一位学生紧接着问:"你什么时候才会笑?"白岩松微微一笑说:"会不会笑不重要,懂幽默才是重要的。我认为自己的幽默还是比较丰富的。"其他学生又问:"有评论说你个性木讷。"他说:"有评论说我严肃,这和木讷是两个不同的词。"当学生问:"有一天你的缺点多于优点,怎么办?"他回答说:"没有优点也没有缺点的主持人,连被评论的机会都没有。我有缺点觉得幸福,因为它是优点的一部分。"(鼓掌)[①]

面对学生的"刁难",白岩松没有敌视、排斥,始终言语中肯、表达温和,对话之中

---

① 应天常.节目主持人的应对策略(上)[J].声屏世界,2001(06):55-56.

尽显幽默风趣。

(二)礼仪主持的幽默功能

1.制造轻松愉快的气氛,增加主持的亲和力

幽默诙谐的表达方式往往出其不意却又别出心裁,使别人感到轻松愉快,从而形成一种良好的氛围。在谈话类、文艺类节目或活动中,主持人较多地运用幽默。幽默的语言既表现了主持人的智慧、胸怀与语言能力,又能使节目或活动达到气氛融洽、轻松有趣的效果。下面我们看两则崔永元的幽默表达。

  谭先生:谁有能力谁养(鸟)。
  崔永元:我们怎么考察他有没有能力?
  谭先生:考试呗!
  崔永元(一本正经地):待会儿讨论结束,大家不要走,我要对大家进行考试,由谭先生出题,考考谁有养鸟能力。

主持人运用幽默,使现场气氛轻松诙谐。

  崔永元:张钧,先谈谈你走这一路的感受吧,遇到过什么大风大浪没有?
  张 钧:我记得最深的一次可能是走大阪界山,是吧?噢,界山大阪。
  崔永元:是挺危险的,都忘了地名了。

在这样的气氛下,嘉宾肯定情绪紧张。崔永元巧用"危险",将嘉宾当时的心理紧张转换至节目现场,使语义产生跳跃,缓解了紧张气氛,增加了节目的轻松感。

2.巧设语境,使节目思路通畅、情趣盎然

下面我们先看看程前和袁鸣主持的《正大综艺·世界真奇妙》中,介绍伞城的一段串联词。

  程前:你喜欢什么天气?
  袁鸣:风和日丽,艳阳高照,好去郊游啊。
  程前:我喜欢雨天。
  袁鸣:为什么?
  程前:因为雨天,我可以撑伞,撑着姑姑给的那把红色雨伞。
  袁鸣:噢,知道了,你渴望"撑起油纸伞,漫步在悠长悠长而又寂寥的雨巷",你还渴望"遇见一个丁香一样愁怨的姑娘"。

程前:对呀,雨中的风情多么让人沉醉,尤其是一朵朵伞花,姹紫嫣红,美极了。

袁鸣:那就带你去伞城清迈一饱眼福吧?

这里,两位主持人展开丰富的想象,妙语设境,既有程前充满亲情的红雨伞,又有袁鸣引自诗歌殿堂的油纸伞。亲情、诗情使雨伞充满风情、令人陶醉,两位主持人顺势将受众的注意力引向伞城清迈的电视短片,即景抒情,使串联节目情趣盎然、引人入胜。

3.化解尴尬,解除窘况

主持人在主持现场,难免会碰到意外,比如忘词。这时候特别需要主持人发挥聪明才智,调动幽默感,化解窘况。

> 杨澜有次在广州主持一台大型文艺晚会,上台时不小心摔了一跤,顿时观众嘘声四起。只见杨澜不慌不忙站起来,步入舞台中间微笑着说:"中国有个民间舞蹈叫《狮子滚绣球》,为了感谢大家的到来,我刚才给大家表演了一个动作,不过不太标准,但台上接下去的节目会很精彩,让我们来看他们的表演。"话音刚落,全场爆发热烈的掌声,有的观众大喊:"广州欢迎你!"

这里,主持人巧用幽默,机智应对,化解了窘况,使节目顺利进行。

幽默是智慧的闪现,主持人的幽默一般不体现为外表的滑稽可笑,他们追求的是审美的愉悦和发自内心的笑意。礼仪主持人应当语言俏皮,蕴蓄智趣,超越常规,妙语引趣,亦庄亦谐,欲贬虚褒,巧说反语,故意曲解,顺推成趣,巧设停顿,趣说自己。

二、礼仪主持的幽默原则

(一)以善意作为出发点

因为出发点和指向、语言材料、制造方法以及运用场合的不同,幽默与滑稽、贫嘴、挖苦等表达形式是有很大区别的。幽默区别于其他形式的最大特点就在于,它是不含贬义更不带蔑视的,主持人不会也绝不能拿别人的缺点或弱点当谈资。幽默的背后是主持人对世事的洞彻,是精神上的完善与超越。总之,主持人在运用幽默时,应坚持与人为善的态度,以有利于活动的开展作为出发点。

《实话实说》的主持人崔永元在每次录制节目之前，都要在现场做个热身，或讲故事或说笑话，特别能调节到场来宾的紧张情绪。

有一次节目开始录制之前，一个小嘉宾问崔永元今天谁是主持人，崔永元回答说是自己，那个小嘉宾说："叔叔，你长得这么难看，还当主持人啊？"当时崔永元有一种手足无措的感觉，但是他灵机一动，回过头把刚才小嘉宾的话告诉了现场观众，和大家一起分享这份尴尬。现场一百多人宽厚地笑了，并且用掌声给崔永元以自信，同时现场被一种轻松的气氛包围着，节目很顺利地进入录制阶段。

崔永元的这种做法，虽然拿自己开了个玩笑，却向观众展现了无限的诚意和善意，从而使节目顺利进行。

礼仪主持忌用歧视性幽默。歧视性幽默即因为幽默使用不当，而造成种族歧视、宗教歧视、性别歧视、年龄歧视、职业歧视、文化歧视等，这是不应当的。

（二）掌握表达的分寸

幽默是主持人在悟透生活的智慧后表现出的最高技巧，是主持人对嘉宾、对内容进行深度思考后最集中的发力点，因此在运用时应本着适度原则，有张有弛。在礼仪主持艺术中，把握幽默的"度"，要做到看对象、看场合、看时机。嘉宾的理解力是幽默的基础，嘉宾的承受力则是幽默的限制标准。过度的幽默会被嘉宾或观众视为不友好的表现，不但影响了嘉宾情绪和活动进度，更会使主持人和嘉宾失去相互信任，产生负面影响。此外，幽默的内容应与活动的主体内容紧密关联，幽默绝对不是廉价的逗乐，更不能成为观众眼中的油嘴滑舌。

在礼仪主持艺术中，幽默是主持人语言训练中不可或缺的，它是主持中非常重要的调味剂，是互动中很好的润滑剂。

（三）分清对象场合

当运用幽默时，首先要分清对象是长辈、晚辈，还是同辈，是老朋友还是新伙伴等。在此前提下，还要考虑对方的情绪、性格和承受能力。同时，还要注意地点、场合和气氛，如在一些肃穆、隆重、悲痛的场合，就不宜运用幽默。

三、礼仪主持的幽默技巧

(一)幽默语言技巧

1. 谐音表达

礼仪主持时,可以根据语境需要,利用谐音达到幽默效果。

有一次,上海著名节目主持人叶惠贤主持一场文艺晚会,一个叫梅庭罗的小男孩上台演奏钢琴,叶惠贤见缝插针地问道:"小朋友,今年多大了?"
"5岁。"小朋友稚气地回答。
"噢!才5岁啊,什么时候开始练琴的?"
"3岁。"
"你叫什么名字?"
"梅庭罗。"
"哟,这么说你这两年练琴没停啰(梅庭罗)。"

这里,主持人巧妙顺连,利用谐音,幽默顿出。

1995年10月18日,中央电视台举行纪念世界电影诞生一百周年、中国电影诞生九十周年的文艺晚会,主持人方卉在介绍了中国"影坛四谢"谢晋、谢添、谢芳、谢飞之后,说:"他们的名字也很有意思,他们为中国电影——尽添芳菲!"

方卉利用谐音手法,把"四谢"的名字组织成一句热情、典雅、恰切的赞语,切题、应景,而又妙趣横生。

2. 巧妙选词

一些娱乐场境的礼仪主持,语言必须灵活生动,选词炼句必须幽默。

李咏主持的《幸运52》在结束时,现场观众将随着本队挑战者答题情况而获奖。李咏宣布:"现场穿黄衣服的朋友,你们将每人获得一份价值××元的奖品;穿红衣服的朋友,你们将每人获得一份价值××元的奖品;穿绿衣服的朋友,你们每人将获得一份'谢谢'。"

这里,李咏将动词"谢谢"活用为名词,使语言生动有趣,令人忍俊不禁。

《幸运 52》第四个环节是抢答题,决定哪位挑战者能成为幸运之星。这个环节到来的时候,李咏大声说:"朋友们,拳打脚踢第四关。"

"拳打脚踢"本是打人凶狠之意,而李咏赋予其"使出浑身解数、尽最大努力"的意思,一个词语胜过了很多鼓励的话语,又营造出了紧张激烈的氛围。

3. 颠倒顺序

词语在句中有一定的排列顺序,这是汉语组词成句、区别意义的重要手段。故意调换语句顺序改变对方所传达出来的意义,可以产生意想不到的幽默效果。颠倒顺序主要有颠倒词序和颠倒语序两种情况。

(1) 颠倒词序

颠倒词序是指调动字、词在句中的位置,使句意逆转而表达出不同的意思。用这种方式表达自己的意见看法,既幽默得体,又表达准确。

> 有一次在一个综艺晚会上,台湾主持人凌峰登台自我介绍:"大家好!我叫凌峰,凌峰的凌,凌峰的峰。"观众在台下略有反应,凌峰继续说:"没有听过凌峰唱歌的朋友,终生遗憾。听了凌峰唱歌的,遗憾终生。"

把"终生遗憾"和"遗憾终生"词语顺序置换了一下,让观众对凌峰的表演抱有巨大的热情和期待,这样的表达和人们常规心理相背离,产生强烈的趣味性。

(2) 颠倒语序

颠倒语序是指颠倒句子中主语、宾语、状语、定语、补语等的顺序,使句意变化。

> **马可**:大家好,我是外景记者不怕死,现在我在海南的三亚为您做现场报道。今天风和日丽,蓝是那么的天,白是那么的云,看,来自全世界各地的游客们正在愉快地嬉戏。

"蓝是那么的天,白是那么的云"将主语和宾语故意颠倒,在一段规范的语言中有一句错误的话语,打破了观众的正常思维逻辑,但却产生让人忍俊不禁的效果。

4. 戏设顿跌

顿跌主要指口语表达中,有意把意思完整的一句话截断,先说一半,停顿一下,暗示语流的发展方向,使听者产生误会,然后说出后半句,在语流方向急转的情况下让听者明白正意所在,恍然大悟,以此表现深刻的幽默意韵。

在礼仪主持中,可将一句意思连贯的平常话拆开,给人以悬念,将其注意力引向某一方面,然后通过停顿反转过来。此法与停顿错用有类似之处,两者都是借用停顿造成表达的歧义,但此法主要是通过顿跌制造悬念然后快速表达,制造幽默效果。

著名语言学家吕叔湘曾用过这种方法。有一次,他主持一个学术年会,开头说:"今天,我要讲很长的话——"全体与会者发出叹息。他接着说:"大家是不欢迎的!"听众释然,鼓掌。

这里,主持者运用停顿有意设下圈套,让人以为其发言很长,不料停顿之后意义突转,语意前后反差强烈,产生幽默效果。

5. 语义还原

词语或成语在人们长期使用的过程中,已经形成其专有意义——引申义或比喻义。如果我们有意避用它们的专有意义,取其字面意义,就会产生巨大的思维落差,给人出乎意料而又不悖情理的新奇感,幽默也就随之产生。这就是语义还原,直说直解幽默法。

语义还原、直说直解,即运用使用语言时的求异思维,打破约定俗成的语义思维定势,根据交际需要和特定情境临时赋予某一词语以"与前不同"的意义,给人一种出乎意料而又不悖情理的新奇感。

语言教育家、"补白大师"郑逸梅先生有一次主持一个学术讨论会,他在会上的自我介绍可以说是运用此法的典型,堪称绝妙。

我今年93岁,须发全白,是个"皓首匹夫";牙齿已经全部脱落,是个地道的"无耻(齿)之徒";老伴早逝,一人独居,是个"独夫";身患心脏病,时好时坏,是个"坏良心";年老体衰,骨头缺钙,属于"软骨头";每早吃稀饭,腐乳,可谓"生活腐化";午饭喜吃红烧肉,古人云"食肉者鄙",照此说来,我又是一个"鄙夫";我一辈子执教鞭,又常参加社会活动,兼写文章,是个"不务正业"之徒;家中各种新颖家具一概不懂用,是个"笨伯";常言道"老而不死是为贼",我年届耄耋,当然是个十足的"老贼"了。

老先生运用只取字面意思的直解方式,将语义还原,从身体到生活、从工作到家务、年龄、事业等进行了一系列的自嘲,文雅诙谐、别出心裁、妙趣横生、令人捧腹。

6. 实词虚用

在语言交流中,有些实词用在特定场合并不表示实在含义,如对它进行实解,则可产生幽默感。语言里有些"极言"之辞,有明显的夸张意味,切不可落到实处。实词虚用一般产生于代词与数量词之中,如"白发三千丈,缘愁似个长"(李白《秋浦歌》)、

"苍皮溜雨四十围,黛色参天二千尺"(杜甫《古柏行》)。

7. 妙用打油诗、顺口溜

打油诗、顺口溜内容风趣幽默、语言诙谐生动。在礼仪主持时,朗诵几句打油诗或顺口溜,会收到意外的幽默效果。顺口溜又称民谣,在民间大量流行。顺口溜采用诗歌的形式,因顺口、押韵,显得饶有谐趣。

8. 妙语自嘲

由于受到场境等特殊因素的影响,活动有时会出现令主持人措手不及的意外,在众目睽睽之下,主持人如果能放松心态,突破思维定势,用自嘲的语言营造轻松的氛围,那定可化腐朽为神奇。

中央电视台邀请中国台湾影视艺术家凌峰先生参加春节联欢晚会。当时,许多观众对他还很陌生,可是他说完那妙不可言的开场白后,一下子便被观众认同并受到了热烈欢迎。他说:"在下凌峰,我和文章不同,虽然我们都获得过'金钟奖'和最佳男歌星称号,但我以长得难看而出名……一般来说,女观众对我的印象不太好,她们认为我是人比黄花瘦,脸比煤炭黑。"这一番话妙趣横生,令观众捧腹大笑。他用这段开场白给人们留下了非常坦诚、风趣幽默的良好印象。不久,在"金话筒之夜"文艺晚会上,只见他满脸笑容,对观众说:"很高兴又见到了你们,你们很不幸又见到了我。"观众报之以热烈的掌声。至此,凌峰的名字传遍了祖国大地。

9. 将错就错

尽管组织者会对活动的各项程序进行周密细致的安排,但一些非人为因素,如道具、音响等造成的突发事件,仍然时有发生。

素有"江南第一脱口秀"之称的曹可凡是上海电视台著名主持人。有一次他主持国际"白玉兰"音乐会,当法国歌星多罗黛款款走向舞台中央时,音响设备突然发出"哐"的一声巨响,把全场观众吓了一大跳。尚未退场的曹可凡见状,灵机一动,当即发挥:"多罗黛小姐,刚才是上海观众对您的到来表示欢迎——鸣礼炮一响。"多罗黛听了,高兴地举起双手向观众致意。

这里,主持人顺手拈来,临场将可怕的声响转化为"礼炮",轻松解围。

（二）幽默逻辑技巧

1. 偷换概念

偷换概念是形式逻辑中的一个常用术语,是违反同一律的逻辑错误之一,即在同一思维过程中,概念不确定、不同一。例如:中国人是有无穷智慧的。我是中国人,所以,我是有无穷智慧的。在这个推理中,大前提的"中国人"是集合概念,而小前提中的"中国人"是非集合概念,这里将集合概念与非集合概念混淆起来,犯了偷换概念的逻辑错误。但借用到幽默中,故意将不同的概念混淆,不失为一种幽默的妙方。

需要指出的是,幽默技巧中的偷换概念并非无限制偷换,用来偷换的概念与被偷换的概念之间必然存在一定联系。这些联系或者是字面上的,或者是类属关系上的,抑或是字义上的。这种微妙的联系是"偷换"的前提。"偷换"是否自然,能否水到渠成,关键就是看能否准确把握住这一点细微的联系,并从中将"文章做大"。我们可以来看下面这个例子:

在《非常6+1》的一期节目中,有一位选手自我介绍时,说自己是黑带级别的跆拳道运动员。主持人李咏马上掀起外套,露出黑色腰带,说:"我也是黑带。"选手也不甘示弱,低头掀起上衣,不想露出的却是黄色皮带。李咏见状马上又指着自己的领带说:"你看,我的领带也是黑的,双黑带段位。"全场观众大笑起来。

主持人在这里故意将跆拳道高手的级别——黑带,偷换为"黑色的带子",形成了主持人与跆拳道高手一比高下的风趣幽默的现场效果。

2. 转移论题

转移论题也是违反同一律的逻辑错误之一,但它不同于偷换概念,它是由论题的不确定、不同一产生的。有人在反对"人类是由猿猴进化而来的"这一论题时说:"有哪一个人不是父母所生的,而是猴子变成的？又有哪一只猴子变成了人？"提出这些问题只能证明"现在的人不是由猴子变成的",如果企图以此证明"人类不是由猿猴进化而来的",就犯了转移论题的逻辑错误。幽默中的转移论题法,即故意避开对方的论题,偷换、转移到另一论题上,使文不对题,故而产生幽默。

3. 破除惯常思维

"大事化小,小事化大"在即兴幽默中体现为"长话短说,短话长说"。将一些烦琐的、必须经过具体叙说才能表达清楚的问题,故意简单化,用简单、笼统的言语表达出来;将一些简单的问题,绕着圈子说,将短话尽力地拉长。这种方法的妙处就在于改变了人们的思维定势,给受众心理造成一种意外,从而产生幽默效果。

这种方法运用的关键就在于"化"。"化"不是简单地大事化小、小事化了,也不是无原则地小事化大。"化"要化得意外、化得自然,如神来之笔。

(1) 大事化小,长话短说

有人问:"美国女人和英国女人有什么不同?"有人回答:"美国女人是美国的,英国女人是英国的。"这个问题虽然简短明了,却绝不是只言片语能说清楚的。它本身省略了两国女性在文化背景下的一些差别,回答时要求对方补充。而回答者却故意避开了这一隐含内容,抓住国别的不同,巧妙地将大化小、长话短说,"美国女人是美国的,英国女人是英国的",看似回答了问话,超出人们的惯常思维,给人一种意外感,显得幽默而得体。

(2) 小事化大,短话长说

小事化大就是将原本可简短表达的话语,使用长的话语来叙述,打破听者"短话短说"的思维习惯,让听者以为有新鲜的想法,当说者把话说完,听者才发觉是短话的变形说法,感到幽默。

> 在春运新闻播报中,中央电视台新闻主播朱广权回答观众"电视台过年休不休息"的问题时这样说:"亲爱的观众朋友们,地球不爆炸,我们不放假;宇宙不重启,我们不休息。风里雨里节日里,我们都在这里等着你,没有四季,只有两季,你看就是旺季,你换台就是淡季。"

本来朱广权想表达的意思很简单:不休息,但他用迂回曲折、幽默搞笑的方式说了一大圈,最后回归我们休不休息,取决于观众喜不喜欢看,幽默由此产生。

4. 设置悬念

礼仪主持要善于设置"语义场",建构情感氛围,调动观众情绪。得体的悬念设置可以激发观众兴味,烘托现场热闹气氛。

> 赵忠祥(手拿一张画着绿色圆圈的纸):杨澜,请你说说,我手里拿的是什么?
>
> 杨　澜:这也是一张画吗?我知道了,您这是画了一个西瓜。
>
> 赵忠祥:不对,再猜猜。
>
> 杨　澜:不是西瓜,那是小一号的瓜,绿皮香瓜。

赵忠祥：为什么想得那么复杂？

杨　澜：哦，这不过是一个绿圆圈。

赵忠祥：不能算对。

杨　澜：那我猜不出来了，您告诉大家吧！

赵忠祥：我手里拿的是一张画了绿圈的纸。①

这里，主持人故设悬念，层层引入，强烈地吸引着观众的注意力，最后解惑，爆出笑话，使观众热情高涨。

5. 非常规回答

事物的内容靠形式来表现，不同的事物可以有相同的表现形式。如果故意别解或曲解，则可以产生幽默，增添生活的情趣。这种别解和曲解的形式有多种，最为常用的一种是曲解他人动作行为所要表达的实际内容。例如，一个人低头看地，可以理解为他是在寻找东西，也可以理解为他头痛难忍；一个人抬头望天，可能是鼻子出血，也可能是在数星星。

（三）幽默修辞技巧

1. 比拟

比拟即物的人化、人的物化，或把甲物拟作乙物，具有思想的跳跃性，能使受众展开想象的翅膀，捕捉意境，体味深意。正确地运用比拟，可以使受众不仅对所表达的事物产生鲜明的印象，而且感受到主持人对该事物的强烈感情，从而引起共鸣。运用比拟，可以把喜爱的事物表现得栩栩如生，使人倍感亲切；可以把憎恨的事物表现得丑态毕露，给人以强烈的厌恶感。

"心连心"艺术团来到江西革命老区演出，场面异常热烈，关牧村演唱《多情的土地》时突然下起了雨，歌声一停，赵忠祥即兴衔接："乡亲们，关牧村动情的歌声，把她自己的眼睛唱湿润了，也把老区人民的眼睛唱湿润了，连老天爷的眼睛也给唱湿润了！老乡们，我们演员都商量好了，如果雨下大了，只要大家不走，我们就绝不会走。"

主持人巧用比拟，寥寥几句，由虚到实，将现场气氛推向高潮。

---

① 王宇红. 幽默与节目主持人的语言艺术[M]. 北京：中国经济出版社，2003：21.

2. 双关

双关幽默是中国人自古以来的幽默形式、幽默特色。它利用词语的多义现象有意使其具有双重含义,达到言在此而意在彼的表达效果。

节目主持人叶惠贤主持第二届"卡西欧杯"家庭演唱大奖赛第四场复赛,在介绍初福之老两口的兴趣爱好时说:"初福之是复旦大学体育教研室主任,这是他爱人。老两口非常有意思,他是搞体育的,却非常喜欢文艺;她是退休音乐教师,却非常喜欢体育,两人就像被窝里种鲜花'能文(闻)能武(捂)'。"

这里主持人的双关表达,无疑增加了喜剧效果。

3. 拆词、析字

将不能分开的词强行拆开,或将根本不能合成使用的词硬性搭配,都可体现出幽默感。将词语强行拆开可以打破原有词语表达形式,使之"变形",因而生动有趣。

- 他这人风趣诙谐,着实将眼前的财主们幽了一默。
- 五年前毕业的当儿,不是早已在师长和同学们的面前——简直是在全世界面前,宣扬他在精心构造"创"一部"作"吗?
- 奔波四方,生活艰苦,一直希望有个固定的家,可是,奔波了几年,一直还是不固不定啊!

以上例子中,"幽默""创作""固定"等词被有意强行拆开使用,使表达生动活泼、平添情趣。

同样,将根本不能合成使用的词硬凑到一起,也可产生俏皮幽默之感。因为,在语言运用中,每个词都有固定的含义、词性和搭配对象,这些都是约定俗成的,不能有意打破这种固定搭配,否则就会感觉不协调。而有时这种不协调恰能产生谐趣。

- 他每每回家,总是操起他那塑料普通话喊爹喊娘,弄得父母直说他是:"一年土,二年洋,三年不认爹和娘!"
- 有一个小伙子,看到一对青年坐在高高的城墙上谈恋爱。他叹息说:"呵,这么陡峭的爱情!"
- "好啊,由脑子的最下层,大概离头发还有三四里地,找出个带锈的笑话来。"

"塑料普通话""陡峭的爱情""带锈的笑话"都是生硬组合的表达,却又符合说话的语境,其滑稽效果不言而喻。

4. 以正导反

表达者提出正面的要求,是为了引导出反面的动机,不在于提出的前提如何,而在于后来作出的解释如何,幽默的奥秘在于出人意料的解释,这就是以正导反法。

运用以正导反的幽默方法,可以突然从肯定转向反面,也可以全用反语,把否定的内容放在肯定的形式之中。以正导反不同于谬极归真,后者是将荒谬的前提做了似乎一本正经的解释;而前者却是将似乎一本正经的前提做了荒谬的解释。以正导反不能过分从实,这就要求我们要充分发挥自己的聪明才智,细心观察周围的事物加以联想,展开想象的翅膀。

> 一次,冯巩和赵忠祥、凌峰等共同主持"神州风采特别节目"。凌峰几人竞相调侃对方长得丑,冯巩接了过来:"亲爱的朋友,你们好!我知道我长得丑,属于困难户、重灾区,但跟他们相比,我可以自豪地宣布,我脱贫致富了!"

"困难户""重灾区""脱贫致富"等词语本不该出现在此处,但是主持人通过运用这些词把不切合逻辑的内容进行衔接,词语的本身意在语境中形成了反差错位,以正导反,制造了幽默。

5. 比喻

比喻是一种常用的修辞手法,可使事物生动形象、具体可感,给人以鲜明深刻的印象,还可以将深刻、抽象的道理浅显、具体地表达出来。

用比喻制造幽默贵在"奇"字。喻体应是新奇的,通常为接受者未曾预料或难以想到者。在奇特喻体的衬托之下,本体的某种特征得到放大,这当然就很容易令人发笑了。在主持时,巧用比喻可以妙趣横生,幽默诙谐。

中国台湾节目主持人凌峰在"首届中国休闲产业经济论坛"上,曾以比喻开始精彩演讲。

> 大家好!在下凌峰。长得不英俊,名震江湖。如果大家想清醒一点的话,请用掌声刺激你们自己的血脉。掌声代表一种文化、一种先进文化,先进集体和先进城市的市民都懂得如何以掌声来激发演讲人的情绪。谢谢你们又给我补充的掌声。落后地区的观众只习惯以冷漠来打击表演者的心情,这就是先进和落后最大的分别。有人持续鼓掌就代表演讲人基本上代表先进

生产力,不断地鼓掌代表演讲人的讲题基本上符合人民根本利益。本人这"三个代表"还可以吧?如果这种先进生产力主办当局马骏能够付一点劳务费,基本上这属于休闲产业。马骏听到了没有?可惜的就是因为今天演讲我是公益的,我是义务的,所以它不构成休闲经济。

6. 大词小用

大词小用就是把一些意义比较重大,一般只在大场合、大事件中使用的词语放到与它不相称的小场合、小事件中去使用,同时使所述事物"升级",小题大做,这样就破坏了平衡,产生了幽默。"大词小用,小题大做"与"夸张"有点相类似,但不完全等同,"大词小用"有夸张的成分在其中,但它的夸张不是胡吹乱套,"大词"与"小词"之间必须有某种意义上的联系。它实质上是用大场合、大事件中的词语代替小场合、小事件中的词语,形成一种语境情感的强烈反差。在礼仪主持时,大词小用如果交错出现,效果必定是"喜不胜收"。

在《非常6+1》中,每个嘉宾上场之后,都会先和李咏进行交流。此时,李咏充分利用自己的机智幽默,让嘉宾在轻松的氛围中展现更多的信息。在某期节目中,嘉宾是服装设计师张延。

李咏:你的身高有多高?

张延:160厘米。

李咏:在预演中心跟那么多老师讲话,仰着头不累吗?

张延:我都是离他们2米远。

张延:我想做男装设计师,尤其是想给你设计一套服装。

李咏:像你这样小巧玲珑的设计师,你不用离我2米远,我愿意"舍生取义"。

这里李咏将"舍生取义"大词小用,制造了幽默的表达效果。

7. 夸张

幽默中所用的夸张与修辞格的夸张不同,主要是指讲话者把自己的经历、能力、所见所闻进行渲染。夸张之法,其实生活中随处可见,如:"他啊,真是死要面子!"表达幽默的夸张时,可以运用大词小用、庄词谐用等手法。

崔永元主持《实话实说》节目时常用夸张:

崔永元:那么,陈老先生,您抽烟不抽烟?

陈汉元:我 18 岁时开始抽烟。

崔永元:18 岁开始抽烟,当时为什么抽烟?

陈汉元:冲厕所。(大笑)

崔永元:真是百花齐放。(大笑)

对于嘉宾的自嘲,崔永元本来可以说"臭上加臭",但他巧用夸张,"真是百花齐放",就有了情趣,也让观众开怀一笑。

8.仿拟

所谓仿拟,就是选用人所共知的词、语、句、调、篇或语言格式加以改编。它主要借助于某种违背正常逻辑的想象和联想,把适用于某种环境、现象的词语用于另一种截然不同的新的环境和现象之中,产生一种新鲜、奇异、生动的感觉。

仿拟要选用名篇佳作,尤其是一些短小精悍的诗文,套用其句式、语气和表达格调,以表达出新的思想内容。例如,有人曾在主持时仿《春晓》作了一首诗,妙趣横生:

春眠不觉晓,上班伸懒腰。夜来麻将声,输赢知多少。

运用仿拟法应注意:要仿拟大众熟知的语言形式,要尽可能简练精悍、特征明显,让人一听就明白。要防止生吞活剥,机械模仿。仿拟的作品要与原作形成较大反差和对照,从而产生强烈的幽默。

某大学的团委书记在汇报工作时,谈到当今"脑体倒挂,知识贬值",部分学生厌学的现状时仿拟刘禹锡的《陋室铭》作了一篇《教室铭》:

分不在高,及格就行,学不在深,作弊则灵。斯是教室,惟吾闲情。小说传得快,杂志翻得勤。琢磨下象棋,寻思看电影。可以打瞌睡,发短信。无书声之乱耳,无复习之苦心。虽非跳舞场,堪比游戏厅。心里云:混张文凭。

读罢此文,人们能从中领略到一种与《陋室铭》格格不入的别义,仿拟后的新义与原义形成对照,产生不协调之感。人们听了在大笑之余,不禁陷入深思,寻找造成此种现状的原因。

在礼仪主持中,恰当地运用仿拟有利于主持人与受众沟通,可以把生硬的语言转化为生动活泼、诙谐幽默、意趣横生、新颖奇妙的"活"语言。只要我们平时加以训练,便可在适当场合信手拈来。

9. 正话反说，反话正说

此法一般运用于轻松活泼的场合。

(1) 正话反说

一位演讲家在一次演讲中打了一个比喻，说："男人，像大拇指；女人，像小拇指。"话音刚落，全场哗然，女听众们强烈反对演讲家的这一比喻，认为这是贬低了女性。演讲家立即补充道："女士们，人们的大拇指，粗壮有力，而小拇指却纤细、灵巧而且可爱，不知诸位女士，哪一位愿意颠倒过来？"这句话立即平息了女听众的愤怒，让她们相视而笑。

女听众一开始恼怒是因为觉得演讲家在贬低她们，因为小拇指历来是最后的象征，而演讲家话锋一转，解释自己话语的真正意思，听众们在这一起一落的反差中恍然大悟，"笑果"纷至沓来。

(2) 反话正说

一次，著名曲艺家、节目主持人崔琦主持一台曲艺晚会，轮到一位杂技演员表演《踩蛋》时，他一不小心踩坏了一个脚下的鸡蛋，观众都看到了，演员不好意思地换了鸡蛋，崔琦忙打圆场："为了增加艺术效果，证实鸡蛋是真的，所以演员故意踩坏了鸡蛋给大家看。"不巧的是，崔琦话音刚落，演员脚下又一个鸡蛋坏了。观众马上转向主持人，只听崔琦说道："唉，社会上的伪劣产品屡禁不止，看来不抓不行了——连母鸡也生产劣质产品啊！"台下掌声雷动。[①]

面对演员的一再失误，主持人反话正说，借题发挥，巧妙将鸡蛋破碎的原因引申到"伪劣产品"上，既合理又幽默，令人忍俊不禁。

第三节 礼仪主持应变策略

临场应变能力是礼仪活动主持人的必备素养，是衡量优秀主持人的重要标准，需要主持人长期学习培养。

---

① 谢伦浩.乐在幽默[M].海口:海南出版社,1997:9.

一、临场应变与礼仪主持

临场应变是在没有准备的情况下对眼前事物的即兴发挥。

临场应变能力是每一位礼仪主持人的必备素养。在活动进行之前，主持人通常都会进行大量的准备工作，搜集各种信息，撰写主持文稿。充分的前期准备能够帮助主持人形成具体的主持方案，有条不紊地掌握活动的进程，从容自信地展现风采。前期准备固然十分重要，却并不能一劳永逸地解决活动进行中的全部问题：活动现场随时可能发生出乎主持人意料的各种状况；突然捕捉到的灵感促使主持人产生创作欲望和新颖构思；与来宾、观众的互动事先不可能完全掌控；在主持任务紧急的情况下，主持人没有足够的时间做好详尽的计划，赛事、会议等活动主持人更不可能事先写好全部的主持词……种种情况要求主持人必须具有高超的临场应变能力。

主持人应该有主动的、强烈的创作热情，根据活动现场各方面反馈的信息以及突发状况，灵活地执行和调整主持计划，从而维持现场气氛、与受众沟通交流，取得良好的活动效果。临场应变能体现出主持人的功力，善于临场应变的主持人更容易获得受众的喜爱和认可。

临场应变能力可以通过专门的训练进行培养。临场应对与灵感思维联系紧密，它"往往被看作是一种无意的成功，是经验、灵感加'小聪明'的产物，'可意会而不可言说'。其实不然，所谓'临场'，固然是难以预料的，有一定的偶然性。但既然是'发挥'，总有一定的条件和客观因素做引导，存在一定的必然性"，它是"主持人知识面、敏感度和思辨力碰撞出的火花，它是有方法、可言说、能操作的理性的结晶"[①]。

临场应变可以分为常态情境下的应变和突发情境下的应变两大类。常态情境下的应变是一种主动应变，主持人在活动进行中，及时捕捉到了新信息，在思维高度活跃的状态下，迅速转变、调整主持行为。突发情境下的应变是被动应变，主持人在毫无准备或是缺乏准备的条件下，对突然发生的意外状况做出恰当的反应和处理。对于前者，"有它则锦上添花，无它，亦无伤大雅"；而对于后者，"无它定会陷入窘境，有它，则会柳暗花明，绝处逢生"[②]。

---

① 陆澄照.节目主持人艺术[M].上海：上海教育出版社,1995:247.
② 周琳琳.实用口才艺术[M].4版.大连：东北财经大学出版社,2013:207.

二、临场应变的方法

临场应变时的即兴发挥可谓"万变不离其宗",基本上可借以下几种因素为话题来进行。

(一) 以人为话题

在礼仪活动中,人是最活跃的因素,也是互动效果最好的因素。礼仪活动中主持人、受众、演职人员、来宾、主办方代表的名字、相貌、年龄、职业等都是主持人进行即兴发挥的素材。

有一次,著名美籍华裔歌星黄锦波来华。为他送行的联欢会由当时的金话筒奖得主、上海广播电台的陆澄(陆澄照)主持。陆澄即兴拟了一副嵌名对联:"黄山黄河黄土地,黄人黄肤黄锦波。"征求横批时,现场观众答道:"炎黄子孙!"当即有书法家挥毫泼墨,将这副对联送给了黄锦波。此时全场的观众都沸腾了,黄锦波更是激动不已。大家都从这对联中感受到了中华儿女的爱国之心,同胞之间的手足情深。

这里主持人对姓名的巧用,不仅将现场的气氛推向了高潮,更升华了晚会的主题和意境,是非常成功的。

需要注意的是,在以人为话题即兴发挥时,必须以善意、适度、尊重、友好为前提,一般不调侃别人的短处、痛处。要掌握好分寸,把握好尺度。

(二) 以时间为话题

礼仪活动常常选在一些有特殊意义的日子举行,主持人可以抓住时间巧做文章。相对于其他几种因素来说,时间因素是可以预知的。在策划活动、撰写主持稿的阶段,就可以借时间进行发挥。时间因素不仅指年月日,还包括生肖、季节、节气、时刻以及我国传统纪年法等。主持人可以从节假日、纪念日、名人诞辰、谐音、数字等多角度展开联想,化平庸为神奇,起到提示和渲染主题的作用。在赛事活动,特别是有时间限制的比赛中,主持人可以通过对时间的重复和强调,营造紧张激烈的活动氛围。

(三) 以自然环境为话题

自然环境又可以分为天气因素、地理因素、现场道具背景三个主要方面。

1. 天气因素

在日常生活会话中,谈天气是一种非常实用而得体的寒暄方式。主持人在活动中与受众谈谈天气状况,能营造亲切自然的氛围。特别是在户外举行的活动,受天气的影响很大。如果天气晴好,便是天公作美,主持人可以说两句吉利话;天气炎热或者寒冷,主持人应对受众表示由衷的关心和感激;如果不巧遇到了雨雪天气,主持人更是不能回避这个话题。对天气因素的即兴发挥容易显得平淡浅显,但语言表达能力强的主持人往往能从平淡中挖掘出新意和深意,取得良好的效果。

1997年6月30日上午,驻港部队离营誓师大会开始前一个小时,突然天降大雨,大会开始前20分钟,天气又突然放晴。白岩松在现场即兴说了这样一段开场白:"一场大雨洗刷的是中国百年的耻辱,而风雨过后,是中国晴朗的天空。"

这个开场白很切合当时的气氛,也有一定的内涵。

在一次为庆祝铜陵市与德国开普勒市签署合作协议而举行的晚宴上,铜陵市市长发表致辞:"在德国,结婚遇到下雨预示着有好兆头,开普勒市市长访问铜陵时适逢下雨;今天我们签字,雨婆婆再度光临;如果说协议标志着一种合作的话,这将是我们两市的好兆头!"他的这番话赢得了德方代表热烈的掌声。

下雨给大家的出行带来了不便,本是比较负面的因素。而这位市长将两市合作比喻成结婚,巧妙地利用德国的风俗给这雨增添了喜庆的色彩,传达出了真诚的情意和美好的祝福。

2. 地理因素

地理因素包括地域、地形地貌、自然景观等。在一些旅游城市举行的文艺表演中,常常会将当地风景名胜编入节目和台词中,让观众倍感亲切和自豪。总的来说,这方面的例子比较少、效果也比较平淡,有待主持人在实践中去深入挖掘。

3. 现场道具背景

从现场受众能够感知的物体和形象引出话题,极易产生良好的互动效应,也非常自然流畅。在活动主持中借景发挥、借物发挥并不难,因为这些材料随处可见,出口即是。难的是要发挥得有新意、有趣味、有价值,要能够符合活动的氛围、烘托活动的主题。

一次金鸡百花奖的颁奖典礼上，郎朗要进行钢琴演奏，准备时间有点长。主持人李咏就即兴以钢琴为话题进行了小小的发挥："钢琴我不会弹，但我从小就梦想当钢琴家，老想让我爸给我买钢琴。我爸说太贵买不起。于是我跟我爸说：'大钢琴买不起，咱就买个小钢琴弹行吗？'我爸说：'儿子，那哪是钢琴，那是手风琴！'"

拿钢琴说事儿，在这种场境下非常自然；所说的又是自身经历的趣事，也有亲切感；再配上李咏独特的副语言风格，逗得全场哈哈大笑。而这时，郎朗也已经准备就绪，现场的活跃气氛得到了延续。

三、常态情境下的临场应变

常态情境下，主持人的临场应变是一种"锦上添花"的主动应变。礼仪主持人在活动进行的过程中要保持积极的状态，根据现场的气氛、受众的反馈、瞬间的灵感等即时调整自己的言行，从而使主持更贴近现场的情境，活跃现场气氛、推进活动流程、表达活动的主题。

（一）幽默策略

生动有趣的即兴发挥能够激发活动参与者的热情，将现场的气氛推向高潮。

湖南卫视的主持人汪涵是即兴幽默的高手。一次，汪涵在沈阳主持某商业活动，参与明星众多。活动现场人山人海，附近居民楼里的居民也打开自家窗户争相目睹明星的风采。汪涵一上场就博得了满堂彩："感谢大家在这个周日的早上特别到现场来参加我们的活动，尤其感谢'楼上包厢'里的观众，你们辛苦了！"

汪涵巧妙地将居民楼的窗户与剧院里的包厢联系起来，让人忍俊不禁，也得到了"包厢观众"热烈的回应。

（二）情感策略

礼仪活动与现场受众空间距离很近，心理距离也应当是近的。这就要求主持人的语言具有人情味和亲和力，拉近与受众的心理距离，引起受众的共鸣。

1996年云南丽江大地震后，《综艺大观》来到昆明录制节目。有一个环节是向大家介绍地震后出生的第一个孩子,他曾收到一位不愿意透露姓名的好心人的捐助。原本设计好的台词是:"震生(孩子的名字),你是丽江地震后最幸福的一个婴儿,你要感谢帮助你的人,感谢有了他们的帮助,你才能健康成长。"彩排时,倪萍看着只有7个月的孩子好奇张望镜头的样子,即兴发挥道:"来,震生,阿姨抱抱,咱们转过脸来,让坐在电视机前的爷爷奶奶叔叔阿姨姑姑舅舅看看,瞧,得到你们帮助的小震生长得多好,多健康!"这时,小家伙突然大声地"啊"了一声,全场热烈鼓掌。倪萍高兴地紧搂着孩子:"来,给捐助你的亲人们鞠个躬,告诉他们,我会使劲长,将来好好报答你们。"孩子似乎听懂了,又"啊"了一声,现场的许多观众都流下了眼泪。

在这个例子中,原本设计的台词显然比较生硬,将编导的思想强加在一个不满一岁的婴儿身上,不是很妥帖。倪萍的语言则亲切生动多了,既是在和婴儿说话,又在和观众沟通,加上婴儿神奇的"呼应",这温馨感人的场景顿时打动了观众。

(三)文辞策略

主持人要有文采,要能出口成章。特别是在宴会、舞会等场合,言辞优美的主持能提升整个活动的品位,受众也会为主持人的语言魅力所折服。即使是主持会议、仪式等程序性活动,主持人如果即兴说几句应景的美文,也能取得不错的效果。要写一篇富有文采的主持词不是很难,难的是临场即兴的运用,这需要长期、大量的文化积淀。

《非诚勿扰》主持人孟非是一位积累了深厚文化涵养的人。有一期一位女嘉宾介绍自己想寻找"一生一代一双人",孟非随即指出女嘉宾的这句话出自纳兰性德的词,并念出了全文:"一生一代一双人,争教两处销魂?相望相思不相亲,天为谁春!浆向蓝桥易乞,药成碧海难奔。若容相访饮牛津,相对忘贫。"因为诗词的意境悲戚,女嘉宾的引用不太妥当。

孟非在主持时展现的深厚诗词修养,令观众赞叹不已。

在一次婚礼主持过程中,主持人发现新娘的名字中有"燕"字,正好新郎名"英",突然就来了灵感,即席吟诗一首,作为对新婚夫妇的祝福:"爆竹声中比翼飞,莺歌燕舞紧相随。祖国建设互勉励,双双携得捷报归。"

主持人的即兴赋诗不仅包含了新人的名字,也寄托了美好的祝福,并且体现出了一定的文采,因此博得了满堂喝彩。

(四)理性策略

言之有物、寓意深刻的主持词最耐人回味。白岩松就是以犀利、理性、深刻、冷静的风格而受到人们喜爱的。

> 1997年香港回归,中央电视台制作了72小时的特别直播节目。6月30日晚上,白岩松在深圳皇岗口岸报道驻港部队入港进程,他把事先掌握的资料和新闻背景按照计划全部说完之后,部队仍未跨过"界限",留下了一段尴尬的"空白时间"。白岩松在十几秒的停顿后,迅速想起自己早些时候登上口岸办公室楼的情形,随即娓娓道来:"我们右前方的那幢白楼,就是当年小平同志眺望香港的地方,现在这座楼里,还挂着他视察口岸时的巨幅照片……今晚,当驻港部队跨过这条'界限'时,在所有为部队送行的人群中,我们相信,肯定还有一位老人深情的注视!"

四、突发情境下的临场应变

在节目现场,各种突发事件时有发生,面对这些突发事件,主持人不论是缄默不语、听之任之,还是信口开河、应对不当,都会抑制受众的热情,影响活动的效果。优秀的主持人不仅需要"被迫应变",利用敏捷的反应和机智的处理化险为夷、转危为安,更应该"伺机求变",面对外界刺激,积极回应,提高思维效率,调动知识储备,生产出常规思维所不能创造的高质量的精神产品。[①]

我们将礼仪活动中常见的突发情况分成五种,并针对不同的情境提出了不同的应变策略。主持人应根据活动的主题、性质、现场气氛等,灵活而有创造性地加以选择、运用。

(一)现场出现冷场

这里的冷场是指礼仪活动中无人参与互动、受众热情不高、气氛冷清,是一种常见的突发情况。主持人可以采取以下几种方法应对:第一,鼓励法。又可以分为精神鼓励和实物奖励两种方法,一般适用于受众过于腼腆而造成冷场的情况。第二,激将法。用适度的语言刺激,激发受众的情绪。第三,示范法。主持人不妨"身先士卒"、抛砖引玉,安排几个"托儿",带动受众积极参与,或者直接指定几个具体的人选先参加。

---

① 吴郁.主持人思维与语言能力训练路径[M].北京:中国广播电视出版社,2005:171.

第四,幽默法。应景的段子、新鲜的笑料总是能很快地使现场的气氛轻松活跃起来,人们的参与意愿自然会增强。第五,转移法。如果是话题本身缺乏吸引力,或者受众出于个人考虑确实不愿参与,主持人也应予以理解,及时切换到下一个环节。

在一个项目招商洽谈会上,主办方介绍完项目的情况后到了客户提问环节,这本应该是洽谈会最关键、气氛最热烈的环节,却没有几个人愿意先开始提问。会场的气氛因此变得有些尴尬。主持人联系到招商洽谈的对象是温州商人这一点,说道:"咱们温州的商人在中国商业史上有非常重要的位置,因为他们非常大胆。"

这句话既是对在场客户的赞美,又与现场的状况形成了含蓄的对比,显得非常得体、适宜。

(二)现场气氛过激

在座谈会、商务谈判以及新闻发布会上,常常会出现人们由于意见相左而发生激烈的争论,现场火药味十足的状况。主持人应对可能发生的争论有所预见,能够将讨论控制在适当的范围之内。一旦感到状况将要恶化,应及时干预,避免争论升级、演化为人身攻击。主持人的应对策略主要有:第一,适时提醒双方注意场合,用语应含蓄。第二,求同存异,主持人及时表态,找出双方观点的共同之处,肯定双方的善意初衷。第三,停止这一话题的讨论,邀请其他人对下一个话题进行发言。第四,主持人运用幽默的语言缓和过热的气氛,巧妙地使人们对争论一笑而过。在这种情况下使用幽默技巧是很有难度的,请看下面这个例子:

2007年湖南卫视《快乐男声》的比赛中,评委杨二车娜姆和包小柏产生了严重的分歧,言辞十分激烈,互不相让。现场气氛非常尴尬,不知如何收场。这时主持人汪涵灵机一动,轻轻地说了一句:"以上言论只代表嘉宾个人观点,与本台立场无关。"

主持人巧妙地将火药味化成了笑料,引来全场笑声,现场的局面重新得到了控制。

(三)失误

常言道,人有失足,马有闪蹄,主持人也难免失言。即便主持人平时坚持不懈地学习积累、事先做足功课,也不可能保证在每一次活动中都完全不出差错。

主持人不妨保持一种轻松的心理状态,坦然地面对自己的失误,以免因为自己的过度紧张给接下来的主持带来更多的负面影响。除了对自己进行心理调节，主持人还可以参考以下几点意见：第一，如果是极小的口误，受众也不一定能马上发现，在不影响活动进行的情况下，主持人不必刻意去改正，接着说下去，转移受众的注意力即可。第二，如果主持人反应迅速，话一出口就能立即纠正过来，及时改口、补足信息，也无大碍。第三，主持人一时失言，一定要尽快有诚意地表示歉意。第四，承认错误，坦白感受并自嘲窘态，也不失为一个好办法。第五，巧妙地对失误进行别解，不仅能够不露痕迹地化解尴尬，还能语带双关地说出深意。

在第59届世界小姐中国区总决赛的直播过程中，女主持人柳岩在走向舞台中央时意外摔了一跤。面对这样的"插曲"，柳岩迅速爬起，机智地说："在这么多佳丽当中，我如果不用这个特别的方法，是无法吸引到大家的目光的。"台下响起了热烈的掌声，一次尴尬就这样被巧妙地化解了。

如果其他表演者出现情有可原的失误，主持人也要及时挺身而出，以期获得受众的理解。若是嘉宾、发言者观点有失偏颇，不符合社会主流道德的要求，主持人一定要及时纠偏补漏，避免不良影响。

在一次春晚彩排中，青年美声歌手王莉在上场的时候不慎摔倒，单膝跪地。虽然她的舞台经验丰富，没有影响到声音的效果，但现场气氛未免显得尴尬。面对王莉的摔倒，董卿临时发挥说了这样一段话："刚才歌手王莉不小心摔倒，好在没影响到她的演出。其实春晚就是这样一个舞台，能站在这里的都是最优秀的演员，大家都是摔倒了又爬起来才走到这里的！"一语双关，巧妙化解了尴尬气氛，也唤起了观众对辛苦的演职人员的尊敬。

在活动中，其他工作人员出现失误也很常见，资料播放有误、撤换道具慢或是音响设备故障等情况时有发生。主持人可根据具体的情况选择适当调侃、转移注意力或者诚恳解释。

歌手陈琳的追思会由戴军、李静、柯蓝和李霞主持。音响设备出现了故障，观众有些焦躁。戴军用真诚的语气解释道："各位来宾，对不起，因为我们今天的活动是在时间非常紧张的情况下准备的，所以有些地方出了一些问题，请大家原谅。"主持人的诚恳博得了大家的理解和掌声。因为设备不知道什么时候才能恢复正常，另一名主持人李霞接着说："趁着这个间隙，我们再邀请几位朋友上台来，刚刚看到齐秦大哥赶到了现场，我们现在邀请他上台。"追思会并没有因为设备故障出现停滞,感动的氛围反而更显得真实。

(四)遇到敏感话题

有些情况下,主持人会面对一些涉及政治立场、特殊群体、个人隐私、国家机密或商业秘密等敏感的话题。特别是在新闻发布会上,发言人常常会遇到这类问题。这里有四个参考策略:第一,避而不答,或者答非所问,以提醒发问者说话失当。第二,模糊回答,或是给出官方回答,使对方无料可挖。第三,正话反说,故意曲解、说错,用归谬法使大家认识到问题本身的不合理之处。第四,说情论理,直接说出不便回答的立场,对方也就无法再强人所难。

著名的"红色资本家"王光英在"文革"中历经劫难,复出后他受命赴香港创办光大实业公司。一下飞机,香港记者就提出了一个很难回答的问题:"这次来香港办公司您带了多少钱?"这是一个棘手的问题,钱的数目说多了说少了都会给别人钻空子。王光英见对方是个女记者,便急中生智答道:"对女士不能问岁数,对男士不能问钱数。小姐你说对吗?"巧妙地躲过了记者设计的陷阱。

(五)遭到恶意发难

主持礼仪活动,主持人有时会遇到别人恶意刁难、言语讥讽,或是受众提出不合理的要求。为了维护现场秩序和气氛,我们不提倡主持人针尖对麦芒,以其人之道还治其人之身,而应该四两拨千斤,巧妙地化解对方的恶意。具体的方法有:第一,以退为进,在描述中淡化对方的恶意,使自己摆脱尴尬,也使对方不好意思再咄咄逼人。第二,故意曲解对方的话,佯装不懂或是转换成别的话题。第三,运用幽默,一方面给他人带来欢乐,另一方面也使自己摆脱困境。第四,如果对方一而再、再而三地出言不逊,主持人不妨绵里藏针,适度地进行言语反击,还对方一点儿颜色。

一个因为失恋而情绪低落的小伙子到长沙的一家歌厅散心。因为一名女歌手很像他前女友,他掏出1000块钱要求那名女歌手连唱10遍《明天我要嫁给你啦》。当时的歌厅主持人是当地颇有名气的欧阳胖胖。拿到点歌条后,他稍加思索,说道:"3排6座的王先生点唱《明天我要嫁给你啦》,他可能想到我们秦小姐明天也许要嫁给他,一时太激动,把百元大钞看成了10块的,一把就给了10张,其实呢,一张就够了。下面有请秦小姐为王先生演唱歌曲,这剩下的 9 张呢,就当作嫁妆钱,请王先生带回去给我们秦小姐买嫁妆。"一席话,把可能出现的难堪给避免了。①

第四节 礼仪主持思维技巧

思维是人类大脑能动地反映客观现实的过程,是人类所特有的心理现象,是大脑接受、加工、存储和输出信息以指导人的行为的过程。人的思维活动与语言紧密相连,而主持作为语言的艺术,直接受制于思维。因此,主持人要自觉主动地训练思维技巧,满足应用主持对思维品质的要求。

一、思维方式与礼仪主持

思维是大脑接受、加工、存储和输出信息以指导人的行为的过程。因此,主持人在整个礼仪活动的主持以及活动前的文稿备案,甚至是长期的知识积累的过程中,必然受到思维的指导。在主持活动的过程中,由于具体活动的形式、目的、特性不同,处于主导地位的思维方式也不尽相同。例如,会议活动的主持需要以逻辑思维为主,而在文艺晚会等活动中,形象思维最为重要。

根据礼仪主持活动的思维特点,主持人应努力提高运用以下五组思维方式的能力。

(一)抽象思维、形象思维与灵感思维

抽象思维又称逻辑思维,它是人的意识对客观世界的一种理论反映形式,具有间接性和逻辑性的特点。其基本形式是概念、判断和推理,具体运用的方法有分析与综合、分类与比较、归纳与演绎、抽象与概括等。逻辑思维又有经验思维与理论思维之分。前者是人们运用经验,也就是生活的亲身感受、实践的直接知识和传统的思维习惯进行的思维活动。后者是运用科学的概念、原理、定律、公式等,对客观事物进行分析研究的思维。它通过经验思维这一中间环节与实践相联系,根本任务是揭示和把握客观事物的内在本质和一般规律。做好礼仪主持,需要在长期的学习、工作和社会生

---

① 易彬.媒体娱乐口才[M].长沙:湖南人民出版社,2003:260.

活实践中积累方方面面的知识,这些经验具有直接的可行性,同时也具有认识的有限性、个体的差异性以及运用的局限性。为了克服这些缺陷,主持人需要加强对播音主持学、礼仪学等相关理论的学习,将主持与礼仪活动的一般规律同具体实践结合起来。在具体的主持实践中,逻辑思维也有助于我们正确地认识客观事物,准确、辩证、有条理地表达思想。

形象思维又称艺术思维,是通过感性形象来反映和把握客观事物的思维方式。其基本形式是感觉、知觉和表象,具有直观性和具体性。在形象思维的过程中,最为活跃的是想象和情感这两种心理因素。礼仪活动特别是文艺晚会类活动的主持人需要调动自己的想象形成优美的文字,并将感情贯穿于创造性的表达中,才能深深地感染和打动观众,取得良好的主持效果。

灵感思维又称"顿悟"思维,它指在思想高度集中、情绪高涨之时,由于有关事物的偶然触发,思路顿开、思如泉涌,从而对所关注和探索的问题获得明确的领悟和认识。它是一种创造性思维,是大脑有意识、下意识和潜意识相互作用的结果。灵感思维虽然具有突发性、偶然性、瞬时性、模糊性和非逻辑性,但同样是理性认识中不可缺少的一种高级思维形式。礼仪活动过程中可能会出现各种意料之外的状况导致"山重水复疑无路",主持人要随机应变,运用灵感思维使得"柳暗花明又一村"。当然,灵感思维并非不可把握,机会总是青睐有准备的人。只有坚持不懈地进行知识学习、经验积累和思维培养,勤奋求索、勇于突破的主持人,才能将闪现的灵光发挥得淋漓尽致。

(二)发散思维与聚敛思维

发散性思维也称为辐射思维、放射思维、扩散思维等。它指围绕一个中心问题,我们应从不同的方面、途径、角度经过积极的思考和联想,尽可能广泛地搜集与这一中心问题有关的各种感性现象、信息资料、观念和意图。发散思维是一种比较常见的思维模式,其思维特点为范围广阔,呈多维度发散状,是一种无拘无束的解放性思考方法。礼仪活动有很强的现场性和互动性,由此造成的不确定性要求主持人必须在事前调动发散思维,尽可能多地考虑到主持过程中可能发生的问题,设计好应对方案,不打无准备之仗;尽可能主动灵活地转换思考问题的方式,从多个角度运用多种方法、技巧和思路来解决活动中的问题。从另一种角度来看,过去的主持经验对学习者有一种束缚,会使其思维逐渐形成一种定势,趋于扁平化,只在一个狭小的空间活动,缺乏更广大的思维范围和探索性的思路。这时,也需要主持人运用发散思维寻求新的突破。

聚敛思维也称为收敛思维、集中思维、收束思维等,是在发散思维的基础上,紧扣中心问题,把思维的焦点集中在实现思维的目的上,通过分析、比较、综合,选择出最佳设想的思维方法。如果说发散思维是由点及面的过程,那么聚敛思维就是由面及点的过程。聚敛思维和发散思维是相辅相成的,只有无拘无束的发散思维而没有分析、比较、综合的聚敛思维,就无法选择最佳的思维结果。相反,如果只有聚敛思维而没有发散思维,思路打不开,就不可能有选择解决问题的最佳方案的余地。

(三)求同思维与求异思维

求同思维侧重于探究事物的同一性,把握事物存在与发展的多样性统一,达到对事物内在共同属性及规律的认识。通过寻找材料间的内在联系,继而以这个内在联系为中心组织材料,完成思维活动。求同思维除了表现在对语言材料的组织上,还表现在对受众的同一性认识上。主持人一方面要认知自己长期贮存和临场准备的素材、文稿;另一方面,也要对自己的受众进行深入的了解。理解受众的共同性需求,才能使自己的主持受到最广泛的认可。

求异思维侧重于探讨事物的多样性特征,把握事物的不同属性和特征,达到对事物个性的具体认识。礼仪活动主持人要主动改变自己的传统思维,推出新主意、新思想。比如通过求异思维认识事物的不同属性,形成独特的认识,从而吸引受众的注意;或是对不同的受众群体进行区分,从而提高主持的针对性;或是突出自己的造型服装、语言风格上的个性,从而塑造独特的主持风格。中国台湾知名节目主持人蔡康永的造型一向非常大胆搞怪,不论是在电视节目还是在颁奖礼中,总是能吸引大家的注意。

(四)正向思维与逆向思维

正向思维是按照事物发展的时空顺序从前到后、由先到后、由小到大、由低到高依次递进的思维方法。这种方法体现了人们认识事物的基本过程和顺序,在主持中运用这种思维方法构思主持词能够使受众自然、清晰地理解主持人的表达内容。在做活动主持的事前准备的工作中,主持人也是顺着正向思维,完成活动的策划、筹备和文稿大纲的写作工作。运用正向思维,主持人组合语言素材,层层推进活动开展,并将情感氛围逐步烘托至高潮。

逆向思维也称为反向思维,是打破时空和习惯顺序,沿着与常规思维相反的方向思考,是对现行秩序的反方向思维。人弃我取,人进我退,人动我静,人刚我柔。逆向思维是一个相对的概念,如果多数人考虑问题以自我为出发点,那么以他人为出发点就是反向思维;如果多数人对某一问题持肯定意见,那么持否定意见就是反向思维。

而一种公认的反向思维模式逐渐被大多数人掌握并应用时,它也就变成了正向思维。主持人若想取得出其不意的效果,可以借助逆向思维。

(五)相似思维与对比思维

相似思维指将思维对象与另一个事物结合起来进行思考,寻找和发现二者之间的相似性,从中获得启发,实现思维的目的。根据相似性原则,我们可以在性质、关系、结构、功能、形态、意义、发生过程等方面具有相似性的对象之间进行类比、比喻、象征,达到触类旁通的效果。相似思维对于串联词的写作有很大的帮助,主持人要学会运用相似思维将不同的话题、节目联系起来,自然而顺利地衔接、过渡。

对比思维是将两个截然相反的或者差异明显的事物进行比较,发现事物特征,突出事物特点,从而认识事物个别性质、创造新事物或者新形象的思维方法。孤立地看待某一事物往往很难认识其特征或本质,可是一对比,就十分清楚了。运用对比思维时,人们应掌握辩证法的原则,充分认识到事物是普遍联系的,分析事物之间相互转化的可能性和条件、事物内部的有利因素和不利因素等,对事物进行多角度、多方面的分析观察。对比思维又有横向和纵向之分:横向对比思维是对同一时间、同一条件下存在的不同对象或是某一类型的对象进行的比较性思考;纵向对比思维是对同一个体、同一类型的对象在不同时间、不同条件下存在的属性进行比较。这种历史性的比较思维,使主持人能够根据思维对象在历史过程中的发展变化,发现其因果关系,从而理顺事物的发展顺序,发现某种相似性或是规律性的认识,实现思维的目的。

在每个人的思维活动中,以上各种思维方式互相影响、互相渗透、互相作用。

二、礼仪主持思维技巧训练

(一)敏捷思维训练

敏捷思维训练的目的是使主持人面对突如其来的问题时能够迅速作出判断,急中生智,以精巧的妙语作答,适应已经变换了的话题和情况。

可以用下面的方法进行训练:第一,限时反应训练。设置一定的时间限制,制造紧张感,有利于激发思维。例如,要求练习者在三分钟内对"现代社会生活中男生更累还是女生更累"进行判断和论述,在一分钟之内说出纸张的十种用途等。第二,速问速答。两人或多人合作进行,问题和答案都要简单明了,问题不能过于抽象,答案也要力求不落俗套,别具一格。第三,灵感触发训练。设定一个具体的情景,请练习者快速想出应对方案。比如,开学的第一天,班主任正在点名,发现有一个同学的名字不认识,有些尴尬。如果你是班主任,你会怎么办?

在中央电视台《综艺大观》节目中,有个游戏环节:五位丈夫完全被屏风挡住,只伸出双手让他们的妻子辨认谁是自己的丈夫。主持人请一位被自己妻子认对的同志说说感想,他俏皮地说:"还是原装的好。"主持人请一位被自己妻子认错的男同志说说感想,他说:"还是换一换好。"男同志的回答让观众捧腹大笑。

这里,观众是顺着"原装的好"这个思维惯性来推测"换一换好"的语义的,这隐含见异思迁的"坦率"之言,当然很好笑。不过,男同志思维敏捷,随后补了一句:"我是说换一下位置好。因为我对我妻子的手太熟悉了。"大家又笑了,并报以热烈的掌声。

这两位男同志利用观众的惯性思维,机巧应对,语言精练,反应迅速,别具一格。

(二)逻辑思维训练

逻辑思维训练主要培养主持人聚敛思维和延伸思维的能力。聚敛思维是由四周向一点集中的思考方法。作为一个主持人,要想具有思辨能力,从大量的信息中理出主线,抓住本质,思维要想具有集中性和深刻性,都离不开聚敛思维。而延伸思维是指思考问题朝着纵深方向发展,对原材料进行合理的推理和引申,从简单到复杂,由平面转化为立体,由现象到本质,从而得出新意。

可以用下面的方法进行训练:第一,将一段文章打乱,练习者根据对每句话的理解,重新对其进行排列组合;将风马牛不相及的几个词语组合在一起,在限定时间内围绕一个话题展开论述或者叙述。第二,提出问题,尽可能多地想出解决方案,列出每种方案的优缺点,找出最佳的方案。第三,两人一组,分别写半个故事,然后交换续写。第四,从不同的物体中抽象出不同的属性,或者列举具有某种属性的事物。比如,用梅兰竹菊等植物与你所熟知的主持人进行类比,注意找到他们之间的共性。第五,对一个现象进行思考,分析这一现象的表层原因和深层原因;对一段材料进行总结、添加标题等。

在金华小姐选拔的决赛上,经过激烈的竞争,台上剩下五位佳丽。在宣布决赛结果之前,叶惠贤向佳丽们提出最后一个问题:"你们认为谁最有希望获得'金华小姐'的称号?"甲小姐不知是过于紧张还是没想好如何回答,只是笑而不语。叶惠贤随即说道:"不说话,我明白了,沉默是成功的法宝。"而乙小姐仔细想了想,鼓起勇气说:"我觉得我有希望!"叶惠贤接着说道:"好!自信是胜利的武器。"轮到丙小姐回答了,她说:"不管谁能当选,对我来说都是个学习的机会。""嗯,谦虚是进步的钥匙。"

面对三位佳丽不同的表现和回答,叶惠贤分别用"沉默是成功的法宝""自信是胜利的武器""谦虚是进步的钥匙"予以总结点评,不仅十分恰当,而且格式对应,显示出了主持人高超的逻辑思维能力。更加难能可贵的是,这是在现场直播的情况下的即兴发挥,实在令人赞叹。

(三)创新思维训练

创新思维训练主要针对发散思维方式和逆向思维方式。发散思维反对刻板、封闭、片面和平面的线性思维方式,强调思维在空间上向四面八方伸展和突破,并在时间上考察事物的过去、现在和将来。它虽然是每个人先天都具有的,但缺乏稳定性和明确的指向,需要后天的训练。进行积极有效的发散思维的前提是,主持人必须深入生活积累素材。掌握了大量素材,思维才能发散开来。

逆向思维鼓励人们克服定向思维,纠正"从来如此""想当然"的想法,从相反的角度提出质疑。要从一般人认为正确的观点、现象中发现谬误、不足,从传统的认为错误的观点中找出其合理之处。

可以用下面的方法进行训练:第一,知识博采训练。主持人应广泛地学习各方面的知识,扩大自己的知识面。第二,辐射联想训练。对思维进行发散性训练。比如,请说出报纸的用途,越多越好。该训练可以自己独立完成,也可以分小组进行,大家展开头脑风暴,集思广益,分享他人的不同思路。第三,创造性思维训练。针对某个问题,从新角度以新观念提出独创性方案。第四,逆向思维训练。选择一个成语,对其含义进行反向立论。还可以由多人一起合作,或者自己对自己提出的观点进行辩驳。

(四)艺术思维训练

脱离了艺术思维,主持人的反应再敏捷,想法、条理再清晰,语言也会缺乏美感,不能给受众带来愉悦的享受。尤其是文艺晚会、舞会酒会类气氛高雅场合的主持,对主持人形象气质和语言表达的要求较高。

可以用下面的方法进行训练:第一,广泛地涉猎美术、音乐、舞蹈、摄影、电影、戏剧等艺术领域知识,从中获得对艺术的感悟,陶冶情操。在欣赏艺术作品之后,可以训练自己用语言把感想表达出来。第二,阅读文笔优美、想象丰富的散文、诗歌和小说,学习写作、修辞的方法技巧。第三,声情并茂地朗诵文学作品,培养自己的语言表达技巧。第四,用生动形象的语言对一个人、一件事、一幅画进行描述,要突出细节。

  张定宇——宇定光自发:步履蹒跚与时间赛跑,只想为患者多赢一秒;身患绝症与新冠周旋,顾不上亲人已经沦陷。这一战,你矗立在死神和患者之间;那一晚,歌声飘荡在城市上空,我们用血肉筑成新的长城。

  陈陆——男儿付死生:最先出发,最快抵达,为危难的乡亲奉上最好的年华。欠身体一台手术,欠妻子一个告别,欠父母一次团圆。洪水汹涌,你是浪尖上的逆行者,大雨过后,你是天空中灿烂的霞。

  张桂梅——素心托高洁:烂漫的山花中,我们发现你。自然击你以风雪,你报之以歌唱。命运置你于危崖,你馈人间以芬芳。不惧碾作尘,无意苦争春,以怒放的生命,向世界表达倔强。你是崖畔的桂,雪中的梅。

  万佐成、熊庚香——炊香万灶烟:微弱的灯,照亮寒夜的路人;火红的灶,氤氲出亲情的味道。这陋巷中的厨房,烹煮焦虑和苦涩,端出温暖和芬芳,看惯了悲欢离合,你们总是默默准备好炭火。

  王海——为国击豺狼:在朝阳下俯冲,迎着西风开火。空中的尖刀,以一当十;疆土的坚盾,巡天卫国。山河已无恙,祖国的雄鹰已飞得更高,你刻在机身上的星星,是战士们的巡航坐标。

(五)互动思维训练

把握互动性,应从以下三点入手:第一,主持人要发挥主动性,以主办方和受众为主导,据此设计活动的主题和方向,营造和谐融洽的氛围。第二,主持人要从各方的反馈中,抓住重点,调整自己的主持计划。第三,主持人之间要注意衔接流畅、配合默契,及时发现对方的疏漏和失误,主动圆场补台。

训练互动思维要经过大量的实践,主持人在日常生活中要做个有心人。多从他人的角度想问题,理解不同的立场和行为;经常总结经验教训,思考如何改进自己的主持;可以研究一些心理学的内容,多和不同性格、不同阶层、不同年龄的人打交道等。

在撰写礼仪活动的主持词时,主持人应多使用一些口语化的问句,让活动的进程在主持人与受众的互动中自然流畅地得到推进。

  一次结婚典礼上,新人入场后,主持人要向宾客介绍新郎新娘,他是这样说的:"下面请允许我向大家介绍这一对新人。这位风度翩翩、玉树临风的帅哥就是今天的新郎……(等宾客回答)真可谓是年轻有为、一表人才啊。而这位人比花娇的新娘叫……(等宾客回答)大家说新娘子漂不漂亮?(宾客齐声回答)真是郎才女貌、天作之合啊!新郎是怎么追到这么俊俏的姑娘的,大家伙想不想知道?(台下的宾客在主持人的带动下继续起哄)新娘子又是怎么看中新郎的?他做过的最浪漫的事是什么?新娘子的幸福已经难以用语言来形容了,新郎也有些迫不及待了,别急,我们得先检查下你们是不是合法夫妻。下面请证婚人×××宣读结婚证书。"

这段台词设计得非常自然,不仅巧妙地引出了宣读结婚证书的环节,也带动了婚礼上热闹欢乐的气氛,效果较好。

第五节　礼仪主持文稿备案

文稿备案是主持人主持工作的重要组成部分,从程序上说,它是主持的前奏。主持文案是主持人在策划、组织、制作、主持过程中所依据和形成的文本,是主持的语言文字形式。[①]

在礼仪主持中,主持人不仅要负责活动的流程编排、内容设置,也要对相关工作进行协调、统筹。在不同的活动现场,主持人虽然总是以个体出现,却代表着群体观念,把握着主持活动的进程。

一、主持人的策划能力

(一)礼仪主持与策划

礼仪主持过程中,主持人首先要参与活动的整体策划及构思。良好的策划构思是主持人主持活动获得成功的重要前提。策划实际上是一个系统工程,在这个系统工程中,有三个主要因素:一是策划的起点——目标,即所希望达到的预期效果。二是策划的基础——信息,包括公众信息、时机信息、环境信息与主体信息等。信息是策划得以

[①] 赵忠祥,白谦诚.主持人技艺训练教程[M].武汉:武汉大学出版社,2003:261.

进行并获得成功的基础。三是策划的核心——创意,它是一切思维成果的最初萌芽和最具价值之所在,是一切创造性思维主体最宝贵的思维结晶和价值的体现。所以,策划是以目标为起点,以信息为基础和素材,围绕着创意这个核心而展开的思维活动与实践活动。①

主持人的策划是主持人在主持活动时对全局进行布局规划,更好地实现主持效果的最佳运作方略。策划能力不仅是衡量主持人综合能力的重要条件,更是新时代节目主持人必须具备的核心素质。重视策划、研究策划、积极参与策划是主持人主持不同类型的活动、提高自身业务水平、提升知名度和影响力的有效方法和重要途径。

(二)主持人策划技巧

主持人的策划包括主持人对活动的宏观策划和微观策划两个方面。其中,宏观策划主要是对各类活动进行整体上的把握,对活动的性质、地位、层次、主体创意、目标人群、组织调度等方面进行全局的思考。简言之,宏观策划就是高屋建瓴的整体策划,应该贯穿于每一个活动的始终,它包括前期策划、中间策划、重点策划等。而微观策划主要是在宏观策划的指导下,对一次活动的选题、主题、形式等要素进行的建构性筹划与创意。这里主要讨论的是主持人的微观策划,即在活动宗旨、特色确定的前提下,对一次活动的内容与形式进行的策划与创意。

1.明确选题,突出主旨

从独到的选题到充实的内容、从鲜明的主旨到特色的形式,在不同活动的前期策划及现场流程中,最初的也是最基本的、最重要的一环就是要明确活动的选题,突出活动的主旨。在纷繁复杂的客观事物中发现并确认可以进行策划的对象,是对主持人综合素质的一个关键考验。

选题就是活动的题目,即活动所涉及的具体对象与内容。确定选题要做到客观性与观念性统一,还要做到社会需求与活动定位的辩证统一。活动的主旨是活动的核心,是串联、组织材料的红线,明确主旨就是要对选题进行深入的思考与研究。

确定选题的基本原则是:服从并服务于党和国家的中心工作;要贴近群众,贴近生活,有一定的普遍性;要考虑社会效益、导向作用;注意题材的广泛性、丰富性。基于此,选题主要有三个来源:其一,上级主管部门布置的宣传任务;其二,受众提供的题目、题材;其三,活动组织者自己寻找、发现、策划的选题。

---

① 李东.广播节目策划论[M].北京:中国广播电视出版社,1999:7.

2. 精编内容，视野开阔

在明确了活动主题后，对活动内容进行精心的挑选就成为前期策划中最重要的一环。如何挑选最具典型意义，最富有表现力、感染力，而且通俗易懂、老少咸宜的素材来充实活动的主体部分就成为对主持人的最大考验。表现什么样的主题、反映哪类人群的真实诉求，如何有效取舍材料、如何搭配整体结构……都是主持人必须思考的问题。

对一个活动的内容构思主要是对事件、人物、背景材料的选择与组合。"爱的奉献——2008宣传文化系统抗震救灾大型募捐活动"晚会现场向观众展示了很多感人至深的影像资料，以最真实的画面给观众带来特别的感动。在这样的精心编排下，主持人只要通过简单的串场和对话就可以达到理想的传播效果，既振奋人心又感人肺腑，深刻反映出全国人民众志成城、抗震救灾的伟大精神，得到了社会各界的广泛赞誉。

此外，在不同的活动中，如何根据活动主旨来确定嘉宾、选择内容、素材，从而使活动效果达到最好，也是策划者必须思考的问题。在"爱的奉献——2008宣传文化系统抗震救灾大型募捐活动"晚会现场，主持人白岩松采访了来自四川彭州的民警蒋敏，她在地震中失去了自己的母亲和女儿，当她坚强地出现在全国观众面前时，每个人都不禁从心底发出一声呼喊：加油，蒋敏！加油，四川！仅这一个案例，就已经使全场和电视机前的观众为之动容。由此可见，内容的选择和取舍对活动而言至关重要。

3. 创新多举，形式多元

表现形式的选择是主持人在活动构思策划中面临的又一主要问题。作为湖南卫视的一档王牌节目，多年来，《快乐大本营》的节目形式多有变化并常变常新，这是节目一直颇受好评的关键原因。

主持人在确定活动的主旨、选择活动的内容时，也要酝酿节目表现形式，力求使形式与内容和谐统一。

4. 思路明晰，提纲挈领

在参与活动策划时，主持人的思维特征起着至关重要的作用。主要体现在：第一，整体性，即整体意识，具有通力合作的全局观念。第二，独创性，即超前意识，敢于想人所未想、做人所未做。第三，敏感性，善于敏锐地捕捉具有典型意义的信息。第四，深入性,善于提炼素材,由表及里、由小见大。第五,想象性,使节目形象化、使内容细节化。①

在对活动进行构思与策划的同时,文字大纲的写作应同步展开,它的基本要求是:主旨明确、内容翔实、形式和谐、思路清晰、条理分明、语言简练。

此外,在条件允许的情况下,对活动中事件或时间线索的起承转合、疏密张弛、节奏高潮、主线副线等都应有所考虑,采用提纲挈领的方法,抓好重点、把握中心才能做到临危不乱。一般而言,一个活动的主体流程应包括确定选题—前期调研—形成策划—选择嘉宾—招募观众—现场录制—后期制作等环节。

(三)主持人策划案例

宏观策划是活动的主体创意,要全面考虑活动的主题定位、宗旨、对象、内容与形式,以及活动的时间、地点等,要求相关人员都参与。主持人要尽量自始至终参与其中,这样有利于主持人了解活动的主题、流程与时间等因素。

微观策划是对主持的设计,即对主持流程、主持串词、主持高潮、主持语言与态势等的考虑与设想。大型礼仪节目主持的相关工作往往由专人承担,这样可以保证主持词与活动相协调,但是主持人要尽量参与前期的讨论,做好后期的润色与修改,以求符合自己的主持风格。

婚礼司仪主持策划方案

18:08 婚礼开始

主持人: 各位亲朋好友、各位女士、各位先生,晚上好!

今天是×年×月×日(农历初×),在这风和日丽的喜庆日子里,我们共同相聚在××宾馆(大酒店)××厅,隆重庆祝×××先生与×××小姐喜结良缘。

各位亲朋好友,我叫×××。今天我十分荣幸地接受新郎新娘的重托,在这神圣而庄重的婚礼殿堂为新郎×××、新娘×××的婚礼主持庆典仪式。

现在,我宣布×××先生与×××小姐的婚礼仪式正式开始!

(奏《婚礼进行曲》)

(场景:

---

① 李元授.知名主持人妙语评点[M].武汉:华中科技大学出版社,2005:35.

1. 请全体来宾掌声响起,花童撒花引路,新郎新娘在傧相陪同下缓缓步入殿堂;
2. 一群少男少女簇拥新人并喷出五颜六色的飘带,向天空抛出缤纷的玫瑰花蕊;
3. 通过冷光灯、气雾来营造婚礼庆典的浪漫氛围。)

主持人:各位亲朋好友,在这灯火辉煌、热闹非凡的婚礼殿堂,我想是缘分让这对钟爱一生的新人甜甜蜜蜜地结合,是天地把这对心心相印的夫妻融合得恩恩爱爱,美满幸福。今天我们的新郎啊,要比平时任何一个时候更感受到真正的幸福,更显得英俊潇洒,大家说是不是?(掌声)而我们的新娘要比平时任何一个时候更感到内心的激动,更显得楚楚动人和漂亮温柔,大家一起说是不是?(掌声)此时此刻,我想还有两对夫妻是最激动最高兴的,那就是对新郎新娘有养育之恩的双方父母。借此机会,我提议,新郎新娘为了感谢父母的爱,表达对双方父母真诚的感谢和深深的祝福,把美丽的鲜花献给伟大的父母。

现在请新郎新娘先向新娘的父母×××先生和×××女士献花(掌声),向新郎的父母×××先生和×××女士献花(掌声)。

现在请证婚人致证婚词(掌声)。

现在请新郎新娘双方的代表致主婚词(掌声)。

现在请来宾代表致贺词(掌声)。

现在请新郎新娘致答谢词(掌声)。

各位来宾,现在,最激动人心、最圣洁庄严的时刻到来了,请新郎新娘交换结婚戒指,象征着他们纯洁的心永远相印、美满幸福(掌声)。

现在请新郎新娘喝交杯美酒,象征着他们俩甜甜蜜蜜、恩恩爱爱、永浴爱河。

各位来宾,×××先生与×××小姐的婚礼高潮一浪高过一浪,真是别具一格,既有东方的真诚朴实、含蓄深沉,又有西方的坦露真情、高雅华贵,使我们大家沉浸在喜庆的氛围中。

现在,由新郎和新娘共切百年好合的蛋糕。洁白纯洁的蛋糕象征着他们俩团团圆圆、事业兴旺、生活美满。

各位来宾,各位朋友,让我们祈祷,让我们祝福,让我们举起手中的酒杯,共同祝福这对龙凤新人新婚愉快、白头偕老、永结同心!

各位来宾,现在请新郎新娘入席(掌声)。

各位来宾,×××先生与×××小姐的婚礼庆典仪式到此结束了,等一会儿,新娘会穿着更加漂亮的礼服来到大家身边,依次向来宾敬酒,以表达新郎新娘的感谢之情。

二、主持人的写作能力

（一）礼仪主持与写作

在礼仪主持艺术中，主持人的写作主要指主持人写作主持稿。一般来说，主持人的主持稿由活动主办方或组委会等部门委派专人撰写。但是，随着传播技术的不断革新、观众品位与素养的日益提高、活动现场不确定性及机动灵活性的不断增强，很多活动都要求主持人自己拟写主持稿，这就对主持人的写作能力提出了新的更高的要求。著名主持人赵忠祥在谈到主持人的写作能力时说："有了写作基础，主持人润色稿件、出口成章就驾轻就熟了。我们有些主持人表达能力差，其实是写作能力差的表现。写作能力是体现一个人整体综合素质的能力。要写作，就要有广博的知识，就要多读书、多积累；要写作，就要学会观察问题、发现问题、分析问题，就要有较强的逻辑思维能力。主持人的职业对人的素质的要求是多方面的、全方位的。通过提高写作能力可以使主持人的整体素质尽快提高。"[①]

（二）主持人写作技巧

主持人的主持稿如同演员演戏的脚本、播音员的播音稿，是语言表达的依据。一般来说，主持人会从事满足本专业、本职务需要的相关文体的写作。在礼仪主持艺术中，为了满足主持各类活动的需要，主持人必须会写主持稿、发言稿、串联词等。

1. 材料收集精练，真实典型

收集材料是主持人写作前最重要的案头工作，它是充实活动主题、充分表达主旨的依据。收集材料不能盲目进行，要依据不同活动类型的主持需要，遵循定向、充分、真实、新鲜、典型、具体、感人等原则，有条不紊地展开。

主题和材料的关系是统率和被统率的关系。没有材料，主题则无法表达；反之，没有主题，材料则成为一堆零碎的、毫无意义的东西。选取的材料首先要真实，所谓真实，就是指材料具有客观性，即所选材料是客观世界确实存在的、符合历史实际的。只有真实的材料才具有说服力，因此，主持人在主持时引用材料要做到准确无误，抓住5个"W"和1个"H"——Who（什么人）、When（什么时候）、Where（什么地方）、What（什么事情）、Why（为什么）、How（怎么样）。

---

① 俞虹.节目主持人通论[M].杭州：浙江大学出版社，1996：261.

在材料真实可信的前提下,还要考虑材料的新鲜性和典型性。作为主持人,要认真审慎地收集那些最能说明主旨、最具代表性的事实材料和事理材料,避免材料过于平淡。因此,在撰写主持稿时,我们要留心收集现实生活中新近发生的事情,或者过去早已发生但却并不为人所熟知的事例。在日常的生活中,主持人应多留意,善于积累和总结。

2. 写作主题明确,结构完整

主题是主持稿的依据。在写作时,必须紧紧围绕主题,凡是能突出、烘托主题的材料就选用,否则就舍弃。主持稿的写作主题应体现时代精神,顺应历史潮流,紧抓受众关心的问题。要有针对性,要能打动受众、感染受众。

此外,主持人在写作时还应有强烈的结构意识,要对各环节的整体编排了如指掌,对整场活动的起承转合、嘉宾身份、讨论话题、活动重点有宏观把握。

3. 语言表达流畅,有思想内涵

语言是主持人进行传播活动的基本工具。主持人的语言要流畅自然,要有思想深度,不可浅白乏味、低俗无聊。

4. 符合活动风格,生动形象

礼仪主持中,不同类型的活动需要主持人使用不同风格的语言表达。具体到写作中,就需要主持人准确把握活动风格。

生动形象的语言能再现现实,使受众如临其境、如见其人、如闻其声。因此,在写作时,要多使用新鲜的语言,使自己的语言富有时代气息。此外,主持人应掌握幽默技巧,幽默风趣的语言既能深化主题,又能调节氛围,达到事半功倍的传播效果。

总之,一份主题明确、重点突出、脉络清晰、结构完整的主持稿是主持成功的一半,再加上主持人的个性表达、独家特色,这样的主持必将给受众留下深刻的印象。

三、主持人的备稿技巧

(一)认真记忆,充分备稿

从有无稿件来说,礼仪主持可以分为有稿主持与无稿主持。一般来说,大型活动主持都会有一定时间准备,一般是有稿主持;而一些小型、即时性的活动主持可能来不及多准备,没有文稿支撑,需要一定的临场发挥。主持人要认真备稿、充分熟悉主持词,做到熟能生巧,表达行云流水、一气呵成。

1. 利用记忆的"黄金时间"

如果有充分的时间来准备,可以利用一些记忆的"黄金时间":上午8至10点,傍晚6至8点,临睡前一两个小时进行准备。如果时间紧迫,则要充分利用时间,把握睡前、醒后、散步、运动、饭前、饭后甚至路上的时间,并调动各个器官进行记忆,做到口到、耳到、心到和手到。

2."死记"不可少

"死记"即把主持词强记下来。"死记"要建立在了解主题、理解思路、确定基调、把握情感的基础上,明晰主持词的部分与层次,然后提纲挈领,一以贯通。

3."活记"更需要

所谓"活记"就是运用一些趣味性的方法使记忆对象形象生动,从而过目不忘。常用的方法有:第一,图画记忆法。图画是具体形象化的作品,最便于记忆,尤其是自己画的图。第二,谐音记忆法。主要用来记数据,比如"1818"可以用谐音"要发要发"来记。第三,联想记忆法。把各种要记忆的内容用联想的一条线串联起来,构成一个整体。比如"老师、篮球、春游、书法"四个没有任何联系的概念,可以运用一种奇特的联想把它们连在一起:"老师喜欢打篮球,身体好,他还喜欢春游,在春游时,他喜欢琢磨书法。"

(二)缓解紧张,轻松备稿

一些即兴形式的主持没有太多时间考虑,只能临场快速思考、打好腹稿。此时人可能会很紧张,产生一系列的生理或心理反应,表现为心慌意乱、颠三倒四、口干舌燥、喉咙发紧、声音发抖、表情尴尬、动作笨拙、出汗脸红等。这时,主持人要调整心态,轻松备稿。可以运用下面一些方法。

1. 深呼吸法

找一个比较安静的地方,站立,双眼微闭,全身放松,深呼吸,同时默念"1——2——",这样可以使血液循环减慢,心神安定下来,全身放松。

2. 扮怪脸法

找一个稍偏僻的地方扮怪脸,歪嘴扭唇,抬鼻斜眼,放松脸部肌肉。也可对着镜子进行,这样会消除紧张。

3. 闭目养神法

闭目,舌抵上腭,以鼻吸气,安定心神,可以设想一个人在幽静的森林里,怡然自得。

4.饮料摄入法

紧张时,处于心脏下部的横膈膜会上升,致使腹肌僵硬,失去控制,沿着脊椎骨分布的交感神经和副交感神经因为受压而使全身僵硬,减少唾液分泌,造成口干舌燥。这时,可以适量摄入饮料、温开水、淡茶、含酸的开胃食物,使身心爽快、轻松。

5.语言暗示法

通过能给自己以激励的语言暗示调整心态,可以立刻使自己"热起来",心理学家奥尔波特称此法为"短循环反应法"。①

(三)立体考虑,整体备稿

备稿时,首先要对主持词做有声表达的整体考虑。

1.轻重变化

对礼仪主持来说,利用轻重音起伏跌宕的变化来有效地传情达意,是非常必要的。它既能突出主持中某些关键的词、句和段落,从而凸显某种思想感情,又能加强语言的色彩,美化语言。主持人要整体考虑轻重变化,设计高潮,突出重点,使表达抑扬顿挫、变化有度。

2.快慢变化

根据表达思想感情的需要,礼仪主持应有快慢缓急变化。表达一般内容时,语速适中;表达热烈、兴奋、激动、愤怒的思想感情时,语速要快些,势如破竹;表达庄重、怀念、悲伤、失落的思想感情时,语速可以放慢些,娓娓道来。如果语速不当,缺乏快慢变化,始终保持同一语速,那就很难准确、恰当地表达主持人内心的思想感情,也会使受众感到厌烦,难于接受。

3.高低变化

语调要有高低变化,一般说来,高音为升调,即句子调值由低到高,句尾发音往往最高,一般用于疑问句。低音为降调,即句子调值由高到低,句尾发音往往最低,一般用于陈述句、祈使句和感叹句。主持活动时,为了更有效地表达思想感情,要对语言进行高低抑扬的变化处理。既不能一味地高,声嘶力竭;也不能一味地低,有气无力。只有使声音的高低随意而变、随情而发,才能达到最佳的主持效果。

---

① 谢伦浩.智慧演讲术[M].海口:海南出版社,1996:16.

4. 停连变化

停指停顿,就是说话时的间歇;连指连接。主持不仅要有停顿,还应该利用停顿,使停顿变为一种表达艺术,以求更有效地表达思想感情。主持时巧妙运用停连技巧,能使整个表达连贯畅通、跌宕起伏。

(四)互相配合,协同备稿

有些主持形式是两人或多人的,备稿时要统一时间、统一地点,互相协助,共同备稿。共同修订主持词,商讨主持的高潮、设计主持的态势、攻克主持的难点、形成主持的默契。

第三章
礼仪主持副语言艺术

人们用于交际的语言可以分为语言与副语言两大体系,其中,语言是人际传播中最重要的工具和媒介。但是,人际传播的工具和媒介又不仅仅囿于语言,在日常交际和主持传播时,人们在很大程度上都要借助于非语言手段。传播学家和社会心理学家的研究表明:在人际交流过程中,无声语言可以传达40%—65%的信息。这里所指的无声语言即非语言手段,又称副语言。礼仪主持正是由语言和副语言两种手段协同完成的,它们都有着极其重要的表现形式和表现功能。

第一节 礼仪主持副语言艺术概述

社会语言学家戴维·爱保瑞克曾指出:"我们用发音器官说话,但我们用整个身体交谈。"① 现代行为语言学研究之父、美国人类学家、宾夕法尼亚大学的伯德惠斯特尔曾对人们在对话中的有声语言行为和副语言行为做了一个研究,认为有声语言交际只占整个交际行为的30%左右。他认为人的脸部能产生25万种不同的表情,并指出人的身体各部位的器官、动作等都可以表达和交流信息、感情和态度。而萨莫瓦等认为,人体能够发出的体语信号达70万种。绝大多数研究者认为,在面对面交际中,只有1/3左右是有声语言行为,其他都是非语言行为即副语言。因此,学者们认为身体即信息、体态即信息,副语言传播是对语言传播的自然连接和重要补充。

---

① 薛可,余明阳.人际传播学[M].上海:同济大学出版社,2007:279.

一、副语言概说

副语言又称无声语言、动作语言、行为语言、非言语技巧、人体语言、身势语等,是指人们在交际的过程中,通过人体及其服饰等传递信息、交流思想、表达情感的一种辅助性的非语言符号系统。它不以人工创制的语言为符号,而以其他感官的感知为信息载体,也包括语言的伴随性声音和功能性发声等类语言样态。

在礼仪主持传播中,副语言主要对有声语言起辅助作用,与有声语言一起构成传播手段的总体,共同表达确定的信息、完成主持的过程。因此,副语言有着巨大的信息含量:它可以替代话语表达,辅助信息传播,交流思想意识,传递情感倾向,标志社会关系,调节主持效果,是一个丰富而卓越的表意符号世界。

副语言作为一种表情达意的符号,有其完整的构成体系,包括体态语、服饰语、时空语、类语言等四个部分。《中国大百科全书》把"非语言"称为副语言,而它又有狭义和广义之分,狭义的副语言指非语言的有声表义符号,如笑声、哭声、掌声、咳嗽声等;广义的副语言还包括无声而有形的表意符号,即与有声语言同时或单独使用的表情、动作、姿态等。

副语言主体是一种视觉符号,以体态变化为编码方式,区别于文字符号和交通信号、手语、旗语等其他视觉符号。副语言符号可以是先天具有的,也可以是后天习得的。比如喜怒哀乐等传达人类基本情感的符号,就是与生俱来的;而另一些体态符号,如礼仪,则为后天习得的,具有明显的文化和时代特征。

副语言是一种伴随性语言符号,在交际传播中主要对语言起辅助作用。在语言本质和表现形式上,副语言和语言有很大的区别。语言是音义结合的符号系统,从最小的语言单位语素,到词、词组、句子、句群、段落乃至语篇,都有严谨的语法规则和语用规范;而副语言是非结构的,绝大多数副语言在无意识中发出,人们难以预见其发生的先后次序。由于没有正式规则,同样的体态语,在不同的时候,可以有不同的含义。比如,新娘的哭应是喜悦的哭,失去亲人的哭是悲伤的哭,小孩的哭是得不到满足的哭。因此,理解副语言信息时,不要拘泥于模式,而要特别注意所能得到的暗示,这些暗示不是非连续的单元符号,而是一个连续的信息载体。

从整体来说,副语言与语言都有丰富的文化承载性和社会时代性。副语言和语言(也包括语言的书面形式)一起构建了言语交际这一信息的积极交流过程,它们相辅相成,共同表达确切而完整的语义。

二、副语言体系

陈望道先生在《修辞学发凡》中提出了语言的分型,指出语言(广义上)包括有声语、文字语和体态语三种,充分肯定了副语言的地位。①

陈原先生的表述更具体:"人类进行交际活动时最重要的交际工具当然是语言,但是交际工具绝不只是语言。实际上,社会交际常常混合了语言与非语言这两种工具。"②

语言表达有其完整的符号系统,副语言作为一种特殊交际符号也具有其传播体系。为解释和理解复杂的交际现象,对副语言进行分类是很有必要的。目前,关于副语言的分类尚无一致的说法。美国行为语言学家朱迪·C.皮尔逊在《人际传播:明晰、自信和关注》一书中把副语言交际分为以下四种形式:面部表情和身体动作;空间和触摸;声音形式;服饰和其他装饰品。

达肯在《非言语交际》一书中将副语言分为六种形式:身体动作或运动行为,包括手势、姿势、表情、眼睛活动等;辅助语言;环境空间,即个人和社会对空间的利用以及人对这种利用的感知;嗅觉,经由嗅觉通道传递的信号;触觉;衣服和化妆品等人工制品的利用。

毕继万在《跨文化非语言交际》一文中则将副语言分为两类四种:体态语,包括基本姿态(姿势和身势)、基本礼节动作(如握手、亲吻和拥抱、微笑等)以及人体动作(如头部动作、面部动作、目光交流、臀部动作、手部动作、腿部动作等)所提供的交际信息。类语言,包括沉默和各种非语义声音。客体语,包括衣着、打扮和化装等表达出来的交际信息。环境语,包括空间信息(如拥挤、近体距离、领地观念、空间取向、座位安排等)、时间信息等。前两类称为"非语言行为",后两类称为"非语言手段"。

在此基础上,我们认为副语言体系应包括体态语、服饰语、时空语、类语言四部分。

三、副语言特点

副语言作为视觉符号的一种,区别于作为非视觉符号的语言符号和其他声音符

---

① 陈望道.修辞学发凡[M].上海:上海教育出版社,1998:24-56.
② 陈原.社会语言学[M].上海:学林出版社,2000:57-58.

号。副语言虽然和文字符号同为视觉符号,但它以体态变化为编码方式,而文字则是以字母或笔画进行编码的。其他视觉符号,如交通信号、手语、旗语等,也由于编码方式不同而区别于副语言。综合分析,副语言作为人际传播的一种信息表达手段,具有如下一些特性。

(一)可信性和真实性

语言是受思维支配的,思维的内容无论真实与否都可以用有声语言表达出来,因此有声语言表达有掩饰性和虚伪性。而副语言是内心潜意识的反映,与语言相比,它的可控性较弱。人们总会将内心的真实想法自觉不自觉地在体态上表现出来,因此,在副语言沟通中,人们很难掩饰自己的真实意图。

在主持传播中,副语言和语言表达有时是矛盾的。作为一名主持人,只有语言和副语言协调一致才能使表达更加真诚,更容易引起受众的情感共鸣。反之,有声语言再优美,如果副语言传达的信息与之不符,就很难取得良好的传播效果。

(二)多义性和模糊性

副语言的多义性和模糊性主要体现在情境方面,即语境,它源于英语的 context,即上下文的意思。在言语交际中,语境包括自然环境、社会环境和上下文等。这里所说的情境,实际上是指副语言运用的背景和氛围。副语言交际不是其行为的简单发生和接收,而是一个在十分复杂的环境中进行的信息交流过程,其表达的形式和内容在一定的语境中建立联系,受语境因素的制约。如"点头"有"允许、同意、赞同、满意、理解、致意、顺从"等义项,只有在具体的语境中才能得到体现。因此,副语言可以传递出朦胧、模糊的主观印象,但在不同情境中表达的含义往往是不确定的。所以说,交际的上下文关系不仅制约着某一行为的产生,而且决定着交际者对信息的理解,并且影响着交际的发展方向。虽然副语言可以独立地传递信息和表达思想,但从总体来说,它还是以辅助、伴随语言以及和它一起构成现实的信息传播渠道为主。

此外,副语言符号所携带的信息量大,多义性和模糊性使得副语言符号所传递的信息需要通过情境的约束而得到确认。同样是鼓掌,有时候表示鼓励和期待,有时候表示称赞、叫好,有时候是在打节拍,而有时却是起哄、喝倒彩。同样是拍桌子,有时表示激动万分,有时表示怒不可遏,有时表示赞美欣赏……正是因为副语言具有这种特性,所以要准确地理解其含义,离不开情境的限定。

(三)连续性和立体性

副语言交流在主持传播过程中是不间断进行的。欧文·戈夫曼说过:"尽管一个人可能停止说话,但他不能停止通过身体习惯性动作的传播。"这正体现出副语言是一种连续性的行为,并没有开始与结束之分。在人际传播中,人们总是自觉或不自觉地在使用副语言符号进行传播。

此外,主持人副语言行为常常是通过组合的方式出现的。例如非常开心的时候,可能会眉飞色舞、喜笑颜开、手舞足蹈、语速变快、语气热烈、充满活力等。此时,人体的各个部位都在传情达意。当各个器官综合协调起来传情达意的时候,副语言传播空间上的立体性就一览无遗了。

(四)差异性和广泛性

副语言表达的差异性是在人类社会长期发展过程中形成的,包括共时的差异和历时的差异,涉及文化差异、语言差异和行为习惯差异等。如见面问候礼,不同国家、民族或者同一国家、民族在不同时期都有变化。中国人用握手礼,欧美人多用拥抱和接吻礼,因纽特人用拳头打肩,萨摩亚人互相闻对方,瑞典拉普人则互相擦鼻子,安达曼人问候方式更有特色,其中一人在对方腿上坐下,互相搂着哭一阵。在中国,晚辈对长辈用鞠躬礼,生意人见面用抱拳礼,佛教徒用合手礼,军人则行军礼。

另外,同样是竖起大拇指,在中国表示称赞,英国和澳大利亚表示搭车,在希腊是让对方离开,在意大利表示"第一",在日本则是"老爷子"的意思。中国的汉族人用点头表示同意,摇头表示不同意;斯里兰卡人小幅度点头为同意,大幅度点头为不同意;土耳其人则是将头抬高表示同意。而非洲的一些土著民族、保加利亚人、尼泊尔人和我国的独龙族人都用摇头表示同意,点头表示不同意。

副语言不仅具有差异性,也具有广泛性。社会语言学家认为,口头语言交际的辅助工具多种多样,如旗语、烽火、信号弹、红绿灯等,但这些都受制于一定的外部条件,使用的范围很小。相对来说,副语言表达随处可见。很多副语言技巧不必经过后天习得即可用于交际中。美国身势学家安德烈在《领域的必要性》一书中曾举过一例:两个任何民族的陌生人同坐在一条长凳上,通常是两头各坐一人,不可能是紧挨着的。但是,温暖明媚的笑容能够穿透国家与民族的界限,传递友好和善意;即使我们听不懂其他国家人的语言,也常常能够从他们的眼神和语气中感受到喜悦或是悲伤。[①]

---

① 谢伦浩.副语言的文化意蕴[D].武汉:华中师范大学,2006.

四、副语言功能

美国心理学家艾伯特·梅瑞宾经过长期研究发现,在一条信息传递的全部效果中,有7%是语言(只是词),38%是有声的(包括音调、变音和其他声响),而55%的信号是无声的。[①] 这些百分比是否精确暂且不论,但它说明在交际过程中,处于辅助地位的副语言有巨大的信息容量。它可以替代话语表达,辅助信息发布,交流思想意识,传递情感倾向,标志社会关系,调节交际效果,是丰富而卓越的表意符号。

副语言传播的主要功能表现在以下方面。

(一)树立和展示自我形象

主持人在主持活动的过程中所自然流露出来的仪表风度、举止动作和语音、语气等无不向他人传达诸如年龄、身份、地位、兴趣、性格和文化修养等大量信息。良好的仪容和举止风度能给他人留下良好的印象,有利于形成主持人的风格,取得更好的活动效果。有时候,如果观众们为男主持人的翩翩风度所倾倒、被女主持人的端庄大气所征服,主持人即使只说寥寥几语甚至还没有开口,观众们的热情和注意力就已经被调动起来了,为主持活动打下了良好的基础。副语言表达有助于形成主持人独特的个性,让人过目不忘、印象深刻。

(二)辅助、替代和调节语言表达

人们在交流中总是有意或无意地通过目光接触、面部表情、音调和姿势等控制语言交流的过程。比如在谈话时向对方点头,表示鼓励对方说下去,皱眉可能表示怀疑或不满等。主持人组织语言,难免有词不达意的时候,通过副语言来弥补语言的缺陷,往往能使意图得到更充分的表达。当主持人难以用简单的语言解释清楚的时候,一个简单的眼神或手势,也许能取得更好的效果,更耐人寻味。在观看节目的时候,如果只听主持人的主持词,无疑会感到节目单调许多,甚至是不连贯的。即使表达的意义依然清晰,但有表情、眼神、动作等副语言的配合显然会更加生动。

(三)表达情感和态度

一些细微的情感很难用语言准确表达,一般只有通过副语言才能充分展示。周国

[①] 汪福祥.奥妙的人体语言[M].北京:中国青年出版社,1988:2.

平曾说:"一切深刻的体验都羞于表白,一切高贵的思想都拙于言辞。"如果用语言来表达所有的情感,也会使感情显得廉价而不够真诚,并不一定能起到好的效果。例如在主持公益晚会时,主持人和工作人员都要特别注意自己的副语言,不能伤害弱势群体的自尊,也不要过度煽情引起人们的不满。

在主持传播中,人们依靠副语言表情达意,也凭借它来感悟情意。主持人要注意通过学习副语言的表达技巧,塑造得体的衣装形象、端正自己的行为举止,通过有声语言和无声语言的巧妙搭配,取得更好的主持效果。掌握好副语言符号,主持人还可以察言观色、敏锐感知受众所表达的副语言信息,与之积极互动,调整自己的主持状态。

第二节 礼仪主持体态语言

美国著名语言学家爱德华·萨丕尔(Edward Sapir)在《语言论》一书中把非语言符号称为"一种不见诸文字,无人知晓但大家全都理解的微妙代码"。在礼仪主持艺术中,对受众进行信息传播至关重要的一种非语言符号就是体态语。

体态语,在西方称为人体示意语或身体言语表现,英语中有多种表述方法,如 body language、body behavior、body movements、gesture、kinesics 等。而在汉语中,体态语又称为人体语言、身体语言、动作语言、态势语、行为语等。体态语是一种具有一定语义的伴随语言,与有声语言同步发出或夹杂在语流之中。它最早是由伯德惠斯特尔在《体态学导论》(Introduction to Kinesics)一书中提出的,指人们在实际中有意或无意使用的姿势和动作。

体态语传播也称为"动觉交际"。人类的"动觉交际"主要是通过人的面部表情、身体动作、眼神等多种方式完成的。体态语作为一种身体语言,包括目光神态、面部表情、举止动作在内的全身各部位姿态、动作及其传达的信息。它是人际交往中非语言交往的一种重要方式,也是主持人传播的一个重要途径。作为副语言的重要组成部分,这种"态势语言"既传递着特定的含义和情感,具有鲜明的直观性和视觉的可感性,又是人的大脑活动的外部显现、内心深处真实情感的自然流露。因此,体态语具有真实性、可靠性、视觉感染力。

在礼仪主持过程中,观众在观看各类活动的同时接收主持人的"言"与"行"。波斯特说,体态语是用以同外界交流感情的全身或部分身体的反射性或非反射性动作。因此,主持人的体态语在传播信息、交流思想感情方面有不可替代的作用,它与有声语言相匹配共同实现传情达意的目的。就受众而言,视觉与听觉相互影响、相互作用。

一个人在不同场合会出现多种不同的体态语组合,在这些体态语中,有些是我们在成长的过程中有意或无意从人际传播或电视等媒介中习得的,还有一些是通过我们的长辈亲朋的刻意训练或教导而形成的。因此,主持人运用体态语来表达自己的思想感情时,一般分为"有意识"和"无意识"两种情形。一是有意识的表情动作。人是有自控能力的,能有意识有目的地对言谈举止进行选择、节制、支配,为一定的交际目的服务。此时,这种有意识的体态语言就有了更大的交际价值和特殊功能。二是无意识的表情动作。当外界事物对人的大脑产生刺激时,会使人体内部相应组织的机能在短时期内出现异常并做出反应。这种"下意识"动作在交际中同样具有积极意义。礼仪主持人体态语主要包括目光语、表情语、肢体语和空间距离语。

一、目光语

目光语又叫"眼语"。心理学研究表明,眼睛获得的信息量占人的各种器官获得的信息总量的80%。眼睛可以表达丰富的思想,交流喜怒哀乐等复杂的感情,是人际交往中最为明显、最为准确的表达信号。人与人之间的交流,不是从彼此问候时开始的,而是在目光接触时就开始了。在人们相互交谈的过程中,两个人的目光相互接触的时间如达到50%—70%,就可以形成比较融洽的交谈,从而建立起较为友好的互动前提。因此,目光语是人们交流思想感情的重要通道,是内心情感态度的真实反映。

在主持传播中,眼睛的作用有时要比有声语言更为重要,更有表现力、感染力,因此要注意针对不同的对象采取不同的目光礼节。"人体语言学"把人的凝视分为公事凝视、社交凝视、亲密凝视和侧视凝视四类。

在礼仪主持艺术中,主持不同的活动时应采用不同的凝视方法。主持人在与人面对面谈话时,一般采用社交凝视,即目光主要在对方双眼和嘴巴这个三角区移动,表现出亲切、友好、关注的感情。如果主持人从上到下打量对方,或盯住人家身体某个部位看,会使对方局促不安和反感。

二、表情语

表情语依靠人面部感官的动态反应来传递信息,所以又叫面部表情语。面部表情主要由肌肉的收展以及眼、眉、鼻、嘴的动作所组成,它与人们的心理活动直接相关,最能反映出一个人不同的情绪特征。有研究表明,人的脸部能表现出25万种不同的表情。而且,人的某些感情是不因国界、民族、地域而有所区别的,如高兴、害怕、愤怒、忧伤、厌恶、惊奇,这些情绪都可以在不同时间、场合准确地表现出来。

在礼仪主持艺术中,表情是内心情感的外在表现形式,它是主持人内心情感的反映,也是其心理状态的自然流露。如婚礼、寿礼的主持需要主持人喜笑颜开、笑容满面来带动现场的喜庆氛围,使观众心情愉快。而诸如葬礼、祭祀等活动的主持则需要主持人在现场表情严肃,甚至神色凝重,来体现活动的庄重以及悲伤的氛围。

在主持传播中,主持人必须掌握的最重要的表情是微笑。微笑是主持人诚心诚意为观众服务的内心反映,传递着主持人对观众、嘉宾的亲切友好的态度。因此,微笑是主持人的常用语汇,是主持人亲和力的重要标志。

三、肢体语

（一）手势

主持人主要运用有声语言和面部表情来传递信息,如果能更好地利用手势等肢体语言来传情达意,则会带来"锦上添花"的效果。主持人的手势是肢体语言的重要组成部分,手势语的运用要自然、舒展、明确、精练。在礼仪主持艺术中,主持人一般两手分开自然下垂或相叠于身前,必要时以单手或双手示意,稳中有变、落落大方。此外,在任何时候,手指都不要僵硬地并拢,也不可大张五指,而应放松地靠拢,才显得舒展、自然。主持人运用手势语应"稳"字当头、稳中有变,应既能加强思想表达的力度,又能清楚地描绘出事物的特征,还能表示出主持人应有的素质和风范。

（二）站姿

站姿是交际活动中一种常见的传播媒介,标准的站姿要求全身笔直,挺胸收腹,精神饱满,两肩齐平,腰背绷直。在礼仪主持艺术中,主持人站姿的基本原则为:站得挺、站得稳、站得直、站得高。因此,主持人站立时,脊柱要正直,并保持头轴、肩轴、胯轴横向（水平线）的平稳,双目平视,下颌微收,两肩放松,胸部略挺,腰板挺直,小腹微收,两脚水平放开,身体重心落在两脚中间,或一脚在前一脚稍微后撤,呈小"丁字步",身体重心落在两脚之间。切忌斜肩拉胯"三道弯",切忌弓腰曲背、松松垮垮。

（三）坐姿

坐姿有严肃性坐姿与随意性坐姿两种。坐姿的基本要求是"坐如钟",腰背挺直,肩部放松,女士两膝并拢,男士可分开一些,但不要超过肩宽。在交际活动中,选择什么样的坐姿是受语境限制的,一些严肃、认真的场合采用严肃性坐姿;一些随和、非严肃的场合可采用随意性坐姿。主持人在入座和起立时,动作要轻而稳,眼睛要迅速判断好距离和位置,留神不要碰倒东西,避免发出响动。不要猛坐下去,应弯曲膝盖后坐下,女主持人要养成整理好衣裙入座的习惯。坐在椅子或凳子的前端,不宜"坐满",不宜舒服地向后仰或懒散地"半坐半躺"。男主持人可微张双腿而坐,显得稳重、豁达。女主持人应并拢双膝而坐,可略斜双腿,两脚或并排平放,或脚踝处相叠,这样的坐姿显得庄重、矜持、优雅。

(四)步姿

步姿是通过步态传递信息的语言,要自然、轻盈、敏捷、矫健。一般情况下,男士步幅应在 40 厘米左右,女士步幅应在 30 厘米左右;男士每分钟走 108—110 步,女士每分钟走 118—120 步。但不同年龄、不同职业、不同性格特点的人,体现的步姿语言是有区别的。在主持场合中,要根据不同的语境需要选用不同的步姿。一般来说,男主持人的步伐应矫健有力,女主持人应步履轻盈。步幅不大不小,根据现场气氛、场合控制步速的快慢。走路时要两眼平视,双肩放松,两臂自然摆动,以肩关节为轴,向前摆动不超过前襟中缝,后摆呈 30 度左右稍打开。主持人的步伐忌拖拉无力、扭胯摆臀、弓腰缩背,要纠正走路"外八字"或"内八字"的毛病。屈膝迈步,脚尖与膝盖保持在同一方向前伸,两脚脚跟相距一拳,保持 10 厘米左右,而不是走模特儿的"猫步"。另外,主持人需要下蹲或收拾东西时,一般不宜弯腰撅臀。尤其是女主持人,应当弯曲膝盖,一只脚在另一脚略前方,臀部下垂,蹲下取物。与小朋友谈话时,最好取蹲姿,比弯腰低头谈话轻松,且要姿态优雅、态度亲切。

四、空间距离语

空间距离语也叫近体语、界域语、间距语,主要指主持人对空间距离感受的情感表现。在礼仪主持艺术中,主持人应把握与受众之间的空间距离和方位。心理学研究表明,交际双方都有一个属于自己的个人空间,它是人身体的自然延伸范围,更是人们情感和礼仪的延伸范围。在一场活动中,如果主持人在与嘉宾沟通时靠得太近,会让嘉宾甚至现场观众觉得很不自在,甚至有"越界"之嫌,不便于沟通的开展。而主持人如果与嘉宾离得太远,则现场显得较为尴尬,如"隔空喊话",是对嘉宾的不尊重。因此,选择一个既恰到好处又利于交流的位置则显得尤为重要。由此可见,无论参与任何活动,空间距离是时刻与行为礼仪息息相关的。

此外,主持人应根据现场情况、社会习俗,正确灵活地运用空间距离语,一般以主持人与嘉宾感到舒适自然、放松自如为标准即可。如两位主持人联袂主持一场晚会时,一般采取并排站立。这样主持人前方视野开阔,便于相互交流,减少了空间距离感,并且能让各个方位和角落的观众看到主持人,满足观众平等观看、自由参与、视野开阔的心理需要。

第三节 礼仪主持服饰语言

一、主持人服饰语概说

服饰,顾名思义,就是指服装和配饰。在礼仪主持艺术中,作为一种特殊的副语言,主持人的服饰不仅要符合个人的风格,还要兼顾所主持活动的要求,不能顾此失彼。因为,服饰对于主持人来说,是大众传播的信息符号和受众审美的重要内容。

主持人的服装既要端庄、大方,又要稳重、典雅;既要有时尚的特点,又要雅而不俗。主持人不能过分追求社会上流行的时尚风潮,而应根据不同的活动类型、主持场景来选择合适的服装。主持人合理运用服饰语言修饰自己,既体现了对工作的认真态度,也体现了对观众的礼貌与尊重。

在礼仪主持艺术中,主持人是美的化身,包括气质美、谈吐美和服饰美,三者缺一不可。作为一个活动的灵魂,主持人是体现活动意图的中心人物。一方面,人们要从主持人这里了解活动的主题、内容;另一方面,人们要从主持人的身上欣赏到美。有学者曾指出,主持人着装的全部内涵应包括三个方面:首先,服饰本身的使用价值和审美价值;其次,主持人的审美趋向和审美观点;最后,主持人与受众的审美观念的认同达到统一和共鸣。在这三个方面中,最后一个方面更能体现出主持人服饰美的最高层次的价值和意义。

二、主持人服饰语言要求

在礼仪主持艺术中,服饰语是一种更为含蓄地表达某种特定意义的副语言符号,又称客体语,是以色彩、款式、材料等要素构成的一种特殊的造型语言,发挥着沟通感情、传递信息的作用。

在礼仪主持艺术中,国际上通行的着装 TPO 原则比较适合主持人。TPO 是英文 Time、Place、Object 3 个词首字母的缩写。T(Time)代表时间、季节、时令、时代,P(Place)代表地点、场合、职位,O(Object)代表目的、对象。具体可以理解为:服饰要符合时间、季节和自己的年龄,要切合自己的职业和身份,根据不同的主持目的、受众对象选择服饰,还要与不同国家、区域、民族的不同习俗相吻合,最终要为实现某种交际效果服务。主持人的服饰要力求和谐,以和谐为美,这样才能给人留下良好的印象,达到最佳的传播效果。

首先,主持人要了解自己的生理条件,主要包括体型、脸型和肤色等;其次,要了解自己的内在素质,如性格特征、气质修养等;最后,要了解自己的定位,它要求每一个主持人都对自己有一个理想形象的"独家设计"。只有这样,我们才能在主持的活动形象和主持人的自身形象间寻找一个恰当的契合点,通过适当的色彩、款式、面料、饰品,塑造出最佳的主持人形象。服饰语不仅是主持人外在形象的重要组成部分,也是主持人心灵与内涵的外在显现。而服饰语的表达,追求的最高境界就是和谐,服饰个性化的最高境界也是具备和谐美观的整体效果。

正如美国一位服装史学者所言:"一个人在穿衣服和装扮自己时,就像在填一张调查表,写上了自己的性别、年龄、民族、宗教信仰、职业、社会地位、经济条件、婚姻状况、为人是否忠诚可靠、在家中的地位及心理状况等。"美国形象设计大师罗伯特·庞德说:"服装是视觉工具,你能用它达到你的目的。你的整体展示、服装、身体、面目、态度为你打开凯旋、胜利之门,你的出现向世界传递你的权威、可信度、被喜爱度。"在礼仪主持艺术中,根据不同类型的活动,主持人也应选择不同的服装。如新闻发布会主持人的服装以庄重、大方、简单、朴实为主,女性以套装为主,男性以西装为主,样式基本是统一的,只是在色彩上有些变化。

三、主持人服饰语言运用原则

(一)服饰语言类型

1.款式语言

(1)礼服

礼服主要是指晚礼服。女士晚礼服是贴身连衣裙,裙长至脚踝。男士晚礼服已随着社会的发展由西服代替燕尾服。正式的礼服还包括婚礼服、丧礼服等。在我国,中山装、旗袍也属于礼服范畴。

(2)便装

广义而言,便装即平常穿着的服装。根据所适用的环境来划分,便装分为外出服、上班服、运动服、旅游服等。

(3)职业装

职业装是一种象征性、标志性的职业服装,例如军队、警察、海关、法院等部门的服装,劳动保护工作服,各种企业制服、现代职业装等。

(4)演出服

演出服就是用于表演的各式服装。

主持人是新闻工作者、文化工作者,因此在这四大类中,特定的职业装一般情况下是不用的,礼服和演出服也不常使用,而便装(或经过加工改造)使用的频率最高。从总体上说,主持人要根据活动的类型、内容来设计选配服装。

2. 色彩语言

(1)服装色彩的冷暖感

冷与暖在人们心理中的反应是相对的,冷色一般指蓝色、绿色等,暖色多指红色、橙色等。一般来讲,明度越高(色彩明暗变化的程度,称为明度),给人的冷暖感受越明显;明度越低,给人的冷暖感受就相对弱一些。比如同样是红色,浅红给人感觉就不那么温暖了。

(2)服装色彩的轻重感

明亮的颜色呈轻量感,有上升趋势;深暗的颜色呈沉重感,有下垂趋势。通常白色或浅色给人一种清爽飘逸感,而黑色或深色则给人一种厚重感。平时着装讲究上浅下深,就是色彩这种感觉作用于人们心理的结果。

(3)服装色彩的远近感

颜色分为前进色(也称"膨胀色")和后退色(也称"收缩色")两大类。一般来讲,明亮的颜色,如白色、浅粉、浅蓝、浅绿等有一种前进感,好像在近处;而暗色,如深红、深蓝等有一种后退感,好像在远处。一般情况下,暖色看起来近,而冷色看起来就远。

(4)服装色彩的大小感

与远近感相同,前进色显得大,后退色显得小。利用色彩的大小感、远近感效应,可以收缩体型、弥补身体缺陷。所以身材较胖的人最好不要穿浅颜色或鲜艳的暖色(如红色)的服装,因为它们会让人看上去更臃肿。

(5)服装色彩的软硬感

一般情况下,明亮的颜色感觉软,灰暗的颜色感觉硬。同是绿色,浅绿色、亮绿色呈软感,而深绿色则呈硬感。

(二)服装与色彩的搭配

1. 服装色彩与肤色的搭配

(1)肤色偏白

皮肤白皙、平滑、细腻的人,服装颜色选择范围最广,肤色的适应性最强。穿着明亮度高的浅色服装,如黄色、浅绿色、淡蓝色、粉红色、银灰色等,显得格外洁净、素雅;穿着深红色、杏红色、紫色等服装,显得活泼可爱;穿着深色服装,如蓝色、黑色、烟色等,皮肤更显得娇嫩、白皙。肤色偏白,无论是男性还是女性,一年四季服装最易搭配。

(2)肤色偏红

面色发红虽然显得精神焕发、富有朝气,但在服装色彩选择方面应注意与自己的肤色相适应。一般来说,面色偏红者穿淡黄色、中黄色的上衣,可以与面色中和调剂,使红色减淡,白色增加,使人显得有朝气。淡粉色和藕荷色的服装也较适宜面红者,因为这两种颜色虽与面色较近,但都属于浅颜色,既不加重面部红色,又能突出肤色红润,效果较好。肤色偏红的人切忌穿绿色和黑色上衣,因为绿色与红肤色不协调,易产生"怯"感,黑色会加重面红颜色或产生黑红肤色的感觉,都不美观。

(3)肤色偏黄

因为我们是黄种人,无论是面色趋白或趋红,我们的肤色基本都是黄色。这里所说的肤色偏黄是指健康的面色偏黄。肤色偏黄者服装宜选浅色和柔和的颜色,如中灰色、浅灰色、粉色、红色、蓝色等。不宜穿纯黄色、橘黄色、墨绿色、深紫色等,因为这些颜色会使肤色显得更黄。肤色偏黄者可以选择带有图案的面料,以弥补面色发黄的不足。

(4)肤色偏黑

肤色偏黑者特别不宜选择颜色深、明亮度低的面料做上衣,如黑色、深紫色、深烟色等,这些颜色会加深肤色的黑度。着装也不宜过分鲜艳,特别应避开大红颜色。肤色偏黑者宜选用浅色调,如浅蓝色、蓝绿色、白色、淡黑色等。

主持人应根据自己的肤色,科学地选用服装色彩,才能突出特有的魅力。

2. 服装色彩的整体搭配

(1)相同色搭配

服装整体采用同一类色彩,是比较保险的选配,但有时也显得比较单一。弥补的方法:一是采用小面积明亮的色彩做点缀;二是用不同材质搭配,让同一种颜色显现出不同的色感。比如同是红色,有反光、闪光、漫反射光的区别,分别给人以光滑、明亮、柔和的感觉。选用其中几种进行搭配,都能给服装增色,但要慎用闪光面料。

(2)同类色搭配

所谓同类色,是指在色环中相隔15度以内的色彩,如大红、橙色、中黄、淡黄属于同类色,中黄、淡黄、草绿、碧绿属于同类色。采用同类色搭配,显得色调和谐统一,而色彩又显出变化,搭配方式更灵活、丰富。

(3)邻近色搭配

邻近色搭配是指色环中相隔30度以内的色彩,色彩的深浅、冷暖上稍有些差别,如浅蓝、湖蓝、天蓝、钴蓝、深蓝等。搭配时,可以上浅下深,符合习惯性的审美标准。但是,随着人们审美观的变化,上深下浅也逐渐被大众认可。邻近色的冷暖变化不大,因此冷暖色的搭配要注意色调的细微对比。

(4)对比色搭配

即对比鲜明的色彩搭配,包括对比色搭配与互补色搭配。对比色是在色环中相隔120度—172度的色彩,互补色为相隔180度的色彩。这种搭配较为大胆,显得活泼、开朗。但是搭配要谨慎,要把握色彩的微妙变化。可以以一种颜色为主,另一色为点缀色,也可以用偏灰色调的色彩搭配,如黄色与紫色搭配变为浅黄色与灰紫色搭配。

(5)无彩色搭配

即与黑、白、灰、金、银搭配,这些颜色无色彩偏向。无彩色搭配能起到色彩调和的作用,使两种明度、色差很大的颜色,也能产生协调一致的视觉效果,因此它们可以与任何颜色搭配。单独使用效果也非常好。

(6)色彩呼应与点缀

色彩呼应与点缀是一种隐性的搭配。当同色搭配显得有些单调时,多色搭配中两种颜色深浅和色相相差很大时,或者同类色搭配显得有些唐突、不够和谐时,就需要采用呼应与点缀两种方式进行搭配。呼应搭配是加入服装的某种色彩(色彩面积依具体情况而定),使服装色彩显得和谐;点缀搭配是小面积地加入一种或几种色彩,达到画龙点睛的作用。

3.服装色彩与灯光环境的搭配

(1)与光源色调的关系

光源色调有冷暖之分,暖色光源如红光,会使红色、橙色、粉红色等暖色调色度降低、颜色变淡,使蓝色、紫色、绿色等冷色调纯度降低、颜色灰暗失去本色。所以在暖色光源下穿着暖色调服装为佳,并加大服装色与灯光色的色调差别。冷色光源如蓝光,会使暖色调纯度降低、颜色灰暗,而使冷色调更加亮丽、鲜艳。所以在冷色光源下穿着冷色调服装为佳,即使要穿红色,也要选择偏冷色调的红色如偏紫的红色。

(2)与背景环境的关系

主持人在主持活动时都有背景环境,无论是自然环境还是人工布景,主持人的服装都要与背景相协调。在自然环境下,主持人要注意其服装色彩与环境色的搭配,比如在阳光强烈照射下,不宜穿浅色服装,因为强光会减弱服装的色彩,因此适合穿稍深、较鲜艳的服装。

(3)与灯光布景的关系

在演播室内,要考虑布景的颜色、灯光与服装的关系,三者明暗反差不宜过大,否则在交界处会产生漫反射现象,使轮廓不清晰。不能采用强反光,特别是发亮的面料,因为会产生耀光,损失色彩的层次感。而过于吸收光线的面料则会使接近暗色调的层次感丧失,因此,应该避免使用与背景反差过大的色彩、反光性特别强的面料,应采用色彩柔和、纯度较低、反差较小的面料服装。

(4)与技术因素的关系

服装色彩还受到电视摄影技术的限制。目前的技术就色彩还原度而言,对红、绿、蓝三原色还原度较为夸张,这就是在灯光下主持人的红色服装显得格外刺眼的原因。因此,为保证服装色彩的效果,以不选择过于艳丽的色彩为宜。

(三)服装与体型的搭配

主持人在着装时要考虑自己的体型特征,可参照以下原则选取服装。

1. X 形体型

这种体型俗称"沙漏型",是匀称的体型。匀称是指身体各部分的长短、粗细合乎一定的比例,给人以美感。其特征是细腰,胸与臀几近等宽。X 形体型的人穿着 X 形的服饰,会显得高贵典雅、仪态万千。

2. V 形体型

对于男性来说,这种体型可显示男士的潇洒、健美风度。然而,对于女性来说,V 形体型意味着肩部宽、胸部大、过于丰满,会使之显得矮些,臀部与大腿相比较瘦,上身有一种沉重感。因此,在选择服饰时,上衣最好用暗灰色调或冷色调,使上身在视觉上显得小些,也可以利用饰物色彩来强调腰、臀和腿,避免别人的注意力集中到上部。上衣不宜选择艳色、暖色或亮色,胸部不宜有绣花、贴袋之类的装饰。

3. A 形体型

A形体型俗称"梨子形"体型。拥有这种体型的女性一般胸部较平，窄肩，腰部较细，有的腹部突出，臀部丰满，大腿粗壮，下身重量相对集中。为此，选用服饰色彩的原则与V形体型的人大致相反，可采用较强烈的细节色彩，将人们的视线引向腰以上的部位。下身可选用线条柔和、质地厚薄均匀、色彩纯实偏深的长裙，上下身服饰色彩反差不宜过小，并系上一条窄的皮带，这样就能避免将别人的视线下引，从而产生视觉上体型匀称的效果。或者下裙用较暗、单一色调（如深蓝裙子），配以色彩明亮、鲜艳的有膨胀感的上衣（如浅粉色上衣），获得收缩臀部而扩大胸部的视觉效果，领线处可挂大饰物以转移视线，就会显得体型优美丰满。

4. H 形体型

这种体型特征是上下一般粗细，腰身线条起伏不明显，整体上缺少"三围"的曲线变化。这种体型的人可以通过颈围、臀部和下摆线上的色彩细节，来转移腰线的视线。也可采用色彩对比较强的直向条纹的连衣裙，再加一根深色宽皮带，给人以轻盈之感。在H形体型的人中，肥胖型的人胸围、腰围、臀围等横向宽度都较大，因而，服饰长度也必须相应地增加。全身细长的服饰色彩能改变肥胖的视觉感受，给人以丰满、成熟、洒脱的印象。值得注意的是，不宜在腰线处使用跳跃、强烈的色彩，以减少他人对腰部的注意。

（四）身材缺陷的弥补

对于自身身材的缺陷，可以参照下面的方法进行弥补。

1. 颈部的弥补

脖子较长的人，为减弱脖子细长感，可选用各式立领或缀有蝴蝶结、花边等复杂的领形的服装。就整体着装而言，上装不宜过于宽大，下装则不要过于扩张。

脖子粗短的人，适合选用开有较深的V形领或大圆领的服装，它们可以增强颈部细长感。而高领、紧颈口圆领的服装，容易给人造成颈部粗的感觉，应避免选用。另外，肩部夸张的服装也会使人的脖子显短。

2. 肩部的弥补

对于男性来说，肩宽是优点。对于女性来说，肩宽会影响形象的柔和美，所以这种体型的女性适合选择深V形领口或连肩的服装。应避免选择鱼嘴领、横宽圆领服装，不宜穿带有厚垫肩或肩部有装饰的服装，也不要选择有蓬松袖的服装。为从视觉上调和肩宽的效果,可以采用有适当扩张感的下装,比如鱼尾裙、A字裙、喇叭裤等。

3. 胸部的弥补

胸部丰满的女性,在选择服装时应选用造型简洁、少装饰物的上装,不宜选择前胸有褶皱、口袋或双排扣的服装,因为这会使胸部显得更加丰满。也不宜穿过于贴合体型的上装,应选用略有宽松度的上装。与简洁的上装相比,下装可作为表现的重点,但应避免向内收敛的造型。

胸部过小的女性,在选择上装时正好与胸部过于丰满者相反,如果选择有褶皱等装饰的上装,下装就应该注意造型的简洁(比如穿合体长裙),避免造成整体烦琐的效果。

4. 腰部的弥补

腰的粗细不能单凭腰围来衡量,应该就身高、三围之差等来综合评价。腰粗的女性应选择盖住臀部的上衣,或采用自然连接腰节的连衣裙,不要穿衣长仅至腰部的上衣或碎褶裙。

5. 臀部的弥补

臀部过大或翘臀者,不应穿臀或腿部紧绷的服装、长度仅抵腰部的上衣、百褶裙等,因为它们会使臀部显得更大或更翘。而盖住臀部的上衣或直身连衣裙,则可削弱这种感觉。

6. 腿部的弥补

对于男主持人来说,腿的粗细无所谓,因为他们不会穿着短裤主持节目。但是女主持人就得考虑如何用服装来掩饰腿部的某些不足。无论腿粗还是腿细,及膝或刚刚盖过膝盖的裙子、瘦腿裤都应避免穿用,而长及足踝的长裙或裤管宽松的长裤则可随意选用。

第四节 礼仪主持化妆造型语言

在礼仪主持艺术中,主持人形象主要包括外貌、气质等多方面的内容,而合适的妆容会让主持人光彩照人、魅力四射。因此,化妆是主持人修饰容貌、塑造形象的重要手段之一。

一、主持人化妆造型概说

俗话说:"三分长相,七分打扮。"化妆与造型代表一种积极的生活态度,是热爱生活的表现。从公共礼仪的角度讲,这也是尊重他人的表现。化妆与造型首先要遵循的一个原则就是:扬长避短。

有学者曾指出,化妆有三个境界,第一个是化外表,第二个是化个性,第三个就是化生命状态。最完美的妆容,既符合自己年龄、身份,能体现自身的气质,又与所出席场合相适应谐调。

中国传统的审美对人的面部美特别重视,三庭五眼是古代画家根据成年人的面部五官位置和比例归纳出来的一种人物面部的一般性比例规律,它阐明人体面部正面观的纵向和横向的比例关系。在礼仪主持艺术中,三庭五眼也是衡量主持人五官大小、比例、位置的一般性法则。

主持人的面部审美规律是五官匀称、对称、协调,五官的分布符合三庭五眼的分割律。将人面部正面横向上中下三等分,即分出了上中下三庭,从发际至眉线为一庭,眉线至鼻翼下缘为一庭,鼻翼下缘至颏底线为一庭。将人面部正面纵向五等分,以一个眼长为一单位,即两眼之间距离为一个眼的距离,从外眼角垂线至外耳孔垂线为一个眼的距离,整个面部正面纵向为五个眼的距离。主持人就是要通过化妆,使自己五官的分布直观上更接近三庭五眼的分割律。

此外,"四高三低"也是主持人面部美的重要衡量准则。"四高":第一个高点是额部,第二个高点是鼻尖,第三个高点是唇珠,第四个高点是下巴尖。"三低":第一,两个眼睛之间,鼻额交界处必须是凹陷的;第二,唇珠的上方,人中沟是凹陷的;第三,下唇的下方,有一个小小的凹陷。

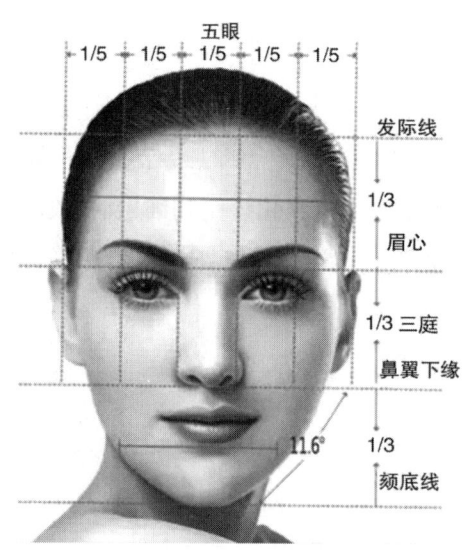

图 3-1 三庭五眼

二、化妆造型语言基本原则

(一)化妆色彩搭配原则

色彩的运用是化妆的关键,眼影色之间的组合搭配,眼影色与腮红色、口红色的搭配,化妆色与服装色、化妆色与肤色的搭配,化妆、服装与环境的协调搭配等,都需要化妆师对颜色有很好的把握、驾驭能力,能够根据设计意图充分运用色彩的表现力,达到设计效果。

化妆造型是形和色的完美结合。形是表现立体效果的主要方式,只有认识清楚形,才能发现人物的特征和差异。

1. 甲字脸

整体脸部宽度适中,从额部、面颊到下巴的线条修长秀气,脸型如鹅蛋。甲字脸被认为是最理想的脸型,也是化妆师用来矫正化妆的依据。

2. 圆形脸

从正面看,脸短颊圆,颧骨结构不明显,外轮廓从整体看为圆形。圆形脸给人可爱、开朗、活泼和平易近人的印象,让人看上去比实际年龄小。化妆时,可选择粉色系列搭配。

3. 方形脸

脸的宽度和长度相近,下颚突出方正,给人以坚毅、刚强的印象。化妆时,可选择暖色系列搭配。

4. 由字脸

腮部、下巴比额部宽,整体脸型似梨形。除天生腮部较宽大者之外,该脸型多见于肥胖或四十岁以上者,给人以富贵、稳重、威严的印象。化妆时,可选择明快的暖色调系列搭配。

5. 申字脸

一般较为清瘦,颧骨突出,下巴尖,发际线较窄,脸部较有立体感,无赘肉,显得机敏、理智,给人以冷漠、清高的印象。化妆时,可选择明快的冷色调系列搭配。

6. 国字脸

脸部较长,额部与腮部的轮廓较方硬,脸部轮廓呈国字形,给人以正直、严肃的印象。化妆时,可选择明快的色调系列搭配。

(二)不同肤色的化妆原则

1. 肤色较白

应用中间色彩,最好选用透明的液体粉底,用海绵涂匀后,从颧骨的中央向太阳穴轻扫淡粉色胭脂。避免使用鲜红或棕红色,这两种颜色对白皮肤来说都过于强烈。眼影以中间色最佳,比较流行的是灰、淡棕及浅棕黄色;眼线应该柔细,而以棕、深灰色勾画;口红应选中间色调,以红、朱红为宜,切忌使用蓝色系列。同时还可采用无色睫毛膏,配合无色彩的眼部化妆,使人更显清秀端庄。

2. 肤色较黑

以大红相衬,充满青春的气息。

3. 肤色较红

粉底、腮红、口红都用粉红色,眼影用蓝色,以求自然柔和。如果要突出脸部,可先用橙色,然后再配粉红色,以显活泼可爱。肤色较红者也可用粉红色粉底,再加上赭色,显得成熟高雅。

4. 肤色发棕

口红可用橙色,然后再配粉红色,显得生动。腮红选橙色,眼影用绿色再加粉红或棕褐色,眉毛用棕褐色或浅黑色,能突出人的智慧和个性。

三、主持人化妆造型语言技巧

(一)女主持人化妆技巧

1. 净面护肤

使用洗面奶或清洁霜清洁面部后,用纸巾由上而下擦拭面部的水,再取适量化妆水,轻拍面部、颈部,涂抹润肤霜或乳液。

2. 基础粉底

先用遮瑕膏掩饰肤色不佳的部分,若肤色偏黑,应先涂一层近于肤色的粉底;若肤色偏红,可先涂一层淡绿色或淡蓝色的底霜,再用偏深的暖色调粉底打底,如黄色系。

偏红的粉底能使人脸部显得红润。

3. 高光色及阴影色

将比基础底色浅的粉底,用于需要鼓突和掩饰的部位,如鼻梁、下眼睑、前额等。阴影色一般为显现轮廓而用,要由外向内、由深至浅地均匀涂抹,也可用于鼻侧,产生收紧、后退和深陷的视觉效果。阴影色应比基础粉底色深三四度。

4. 定妆

用粉扑将定妆粉轻轻按压在妆面上,之后可用潮湿的毛巾适当轻敷,减少浮粉,保持妆面的原有光彩。定妆粉最好与基础粉底色为同一色系,或无色透明。

5. 眉毛

眉形不宜过细或曲度过大,依据原有眉形修饰成稍有弯度、粗细适中即可,可以用眉笔或眉粉稍加补充。眉色宜与发色接近。

6. 眼部

用灰棕色描画眼线,眼影用接近肤色的深棕色、棕色与浅棕色。稍加晕染,越自然越好。

7. 腮红

用比基础粉底颜色深两度或偏红的色彩作为腮红,强调脸部凹凸结构,塑造脸部立体效果。

8. 嘴唇

用唇线笔调整唇形使唇形自然,色彩与腮红、服装相协调,忌过于鲜艳、发亮光或荧光色,也可采用双色涂抹方法,使嘴唇更具立体感。

9. 面妆与身体的衔接

在脖颈及裸露部分,用海绵涂上比基础粉底颜色略深一度的色彩,再扑上定妆粉,使面部与颈部的妆色和谐一致。

(二)男主持人化妆技巧

1. 净面护肤

用洗面奶清洁面部。由于男性皮肤多偏油性,可多用爽肤水。可根据皮肤油性程度,使用不同的护肤乳液,甚至可以不用。

2. 基础粉底

涂抹少量的湿粉,肤色偏白者选浅色,肤色偏黑或脸盘较大者选用深色,若面部瑕疵太多,可用遮瑕膏局部遮盖。

3. 高光色与阴影色

高光色只在鼻部化妆时用在鼻梁上,使鼻部挺立。阴影色有助在视觉上收缩鼻翼,使鼻形趋于完美,还可使鼻部更有立体感。

4. 定妆

定妆粉量要少。

5. 眉毛

眉毛稀疏可轻刷眉粉,如眉毛浓密,也可不用眉粉,只修整眉形。

6. 眼线

使用眼线要里深外浅,靠近睫毛根部,一般不用打眼影。

7. 腮红

一般用阴影色,起到收缩脸颊的效果。

8. 口红

一般不用口红,只用无色唇油,使嘴唇显得润泽。

(三)主持人发型设计

发型设计是一门综合的艺术,影响发型设计的主要元素有头型、脸型、五官、年龄,其次还有肤色、着装、个人嗜好、季节、发质、实用性与时代性等。下面介绍主持人头型、脸型、五官、形体等与发型的设计搭配。

1. 头型与发型的搭配

(1)头型大

头型大的人,不宜烫发,最好留中长或长的直发,也可以剪出层次,用刘海儿盖住一部分前额。

(2)头型小

头发要做得蓬松一些,长发最好烫成蓬松的卷发,但头发不宜留得过长。

(3) 头型长

两边头发应吹得蓬松,头顶部不要吹得过高。

(4) 头型尖

不宜剪平头,剪短发最好烫卷,顶部头发压平一点儿,两侧头发向后吹成卷曲状。

(5) 头型圆

刘海儿处可以吹得高一点儿,两侧头发向前面吹,不要遮住面部。

2. 脸型与发型的搭配

脸型与发型的搭配十分重要,可以表现人的性格、气质,使人更具有魅力。常见脸型有椭圆形、圆形、长方形、方形、正三角形、倒三角形及菱形等七种。

(1) 椭圆形

这种脸型是一种比较标准的脸型,适宜多种发型。

(2) 圆形

这种脸型给人以温柔可爱的感觉,可稍修饰两侧头发,如长、短毛边发型、秀芝发型,不宜做太短的发型。

(3) 长方形

避免把脸部全部露出,刘海儿做一排,尽量使两边头发有蓬松感,不宜留长直发,如长蘑菇发型、短秀芝发型、学生发型。

(4) 方形

这种脸型缺乏柔和感,做发型时应注意选择柔和的发型,可留长一点儿的发型,如长碎发、长毛边或秀芝发型、长直披发,不宜留短发。

(5) 正三角形

刘海儿可留薄薄一层,垂下,最好剪到齐眉的长度,隐隐约约露出额头,用较多的头发修饰腮部,如学生发型、齐肩发型,不宜留长直发。

(6) 倒三角形

做发型时,重点注意额头及下巴,刘海儿可以做齐一排,头发长度超过下巴两厘米为宜,并向内卷曲,增加下巴的视觉宽度。

(7) 菱形

这种脸型颧骨高宽,做发型时,重点考虑颧骨突出的地方,用头发修饰一下前脸颊,把额头头发做蓬松,拉宽额头视觉效果,如毛边发型、短碎发等。

3. 五官与发型的搭配

设计发型时,发型师应设法弥补主持人五官的缺陷,如高鼻子、低鼻子、大耳朵、小耳朵、宽眼距、窄眼距等。

(1)高鼻子

做发型时,可将头发梳理在脸的周围,从侧面看可以缩短头发与鼻尖的距离。

(2)低鼻子

应将两侧的头发往后梳,使头发与鼻尖的距离拉长。

(3)大耳朵

不宜剪平头或太短的发型,应留盖耳长的发型,且发型要蓬松。

(4)小耳朵

小耳朵不容易夹头发,所以太多、太厚的头发不宜夹在耳朵上,长毛边式发型往后梳时应用发夹。

(5)宽眼距

头发应做得蓬松一点儿,不宜留长直发。

(6)窄眼距

两侧发型可以做成不对称式,若做对称的秀芝发型,可以将一边的头发搁在面部,另一边的头发搁在耳后。

4.体型与发型的搭配

(1)瘦长型

身材瘦长的人,多数脸型也是瘦长的,一般颈部较长,应采用两侧蓬松的发型,如大波浪。

(2)肥胖型

体型肥胖的人,一般颈较短,所以头发不宜留长,最好采用略长的短发样式,两鬓要服帖,后发际线应修剪得略尖。

(3)短小型

适合留短发,如留长发,则应在头顶部扎马尾或是梳发髻,尽可能把视觉重心向上移。

(4)高大型

不宜留短发,根据个人脸型选择中长发。

(5)溜肩型

在肩颈周围留丰盈的发量,不宜剪短发。

第五节 礼仪主持类语言

　　类语言是指交际过程中一种有声但无固定意义的声音,通俗地理解就是指"说话的声音"。类语言只存在于有声言语表达中,"涉及的是言语成分——指的不是言词所提供的实际信息,而是这一信息是怎样表达的。类语言是伴随、打断或临时代替言语的有声行为,它通过音调、语速、音质、清晰度和语调起到言语的伴随作用"①。类语言按其特征可以分为两种:伴随性声音和功能性发声。伴随着有声语言表达而体现的声音要素,如停连、轻重、缓急、升调、强弱、长短、沉默、语势、语气等,我们称之为伴随性声音;表义的非言语发声,如哭声、笑声、呻吟声、叹息声、咳嗽声、哼声、叫声、掌声、口哨声等,我们称之为功能性发声。在交际中,类语言具有巨大的信息传递功能。

　　类语言没有明确的意义,但是它的传播功能不容忽视。有人统计,人们在表达思想、交流感情时,只有7%是借助语言,其余的93%中,有55%是身体的动作和姿势等,另外的38%是类语言。由此可见,类语言在信息传递中起着重要作用。意大利著名主持人罗西有次应邀参加一个欢迎外宾的宴会。宴会上,客人们纷纷要他表演节目。罗西清清嗓子,然后用意大利语念了一段"台词"。尽管外宾都听不懂台词的含义,但都被他悲惨凄凉的语调和跌宕起伏的声音打动,不禁潸然泪下。可是罗西的一位朋友却忍俊不禁,跑出大厅大笑不止。原来,这位主持明星朗诵的并不是悲剧中的台词,而是宴席上的菜单。罗西出色的"滑稽"表演不仅来自他的表演技巧,也取决于他高超的语言驾驭能力,他充分运用了类语言中的语调、速度、重音、哭声、叹息等技巧。

一、类语言的伴随性声音

　　类语言的伴随性声音主要是辅助有声语言表达的声音,它属于超音段音位的范畴,但同样具有声音的物理属性,即音高、音强、音长和音色。在表达中,声音四要素的有机组合、立体交叉,形成了类语言伴随性声音的停连、轻重、缓急、长短、升降和语气等不同的语态形式。这些语态形式能使有声语言的表达声情并茂,能在主持传播中产

---

① 华继万.跨文化非语言交际[M].北京:外语教学与研究出版社,1999:45.

生很好的表达效果。

(一) 停连

停连指语言表达中声音的停顿与连接,是各表达单位间的界限,或是连接两个语言单位的桥梁。停顿可以出现在句与句之间,也可以出现在词与词、段与段之间。连接是表达的进行,是意义与情感的延伸,是停顿的基础。停顿的方式很多,有语法停顿、逻辑停顿和情感停顿。我们所说的主持传播的类语言伴随性声音的停顿主要指情感停顿,又叫心理停顿。情感停顿源于情感表达的需求,是一种无固定模式与标记的停顿,在主持传播中可传递丰富的情感色彩。

(二) 轻重

轻重指语言表达的重读和轻读现象。在主持传播中,轻重的不同,可以传达出不同的情感意义。轻重适宜能使语义分明,节奏灵活,声音色彩丰富,语言生动活泼。一般来说,表达敬重、激愤、刚强、喜悦、惊慌、狂怒等情感时,可用重音;表现慈爱、怀念、温柔、体贴、缠绵等情感时,可用轻音。强调重要信息不一定要重读,可以通过重音轻读、延长读音、变化音色、一字一顿等方式体现。

(三) 缓急

缓急是有声语言表达的速度问题,指说话人发音的长短和整个表达进展的快慢,即单位时间里吐词的多少。语速是由表达的内容和情感决定的。一般来说,表现热烈、欢快、兴奋、激昂的情感,语速快些;表现平静、庄重、悲伤、回忆等情绪,语速慢些;而一般的叙述、说明、议论,则取中速。除此以外,语速还因年龄、个性、交际对象的不同也有快慢不同的变化。适度的语速可以使主持人准确形象地描述事物、生动地表达思想感情,使有声语言具有鲜明的节奏感和音乐美,从而增强主持表达效果。

(四) 长短

长短指基本语音单位——音节的时值,时值长形成舒缓的情感,时值短形成紧凑的情感。一般来说,主持人表达痛苦、思索、回忆、烦恼、疑问等情感,声音时值较长;而表达愤怒、激昂、喜悦等情感,声音时值较短。

(五) 升降

升降指有声言语表达时因情感的需要,在声音处理上表现出来的高低、曲直的语调变化。升降的变化不仅可以反映表达者的喜怒哀乐等情绪,还可以展示内容的逻辑性和形象性。也就是说,相同的语言如采用不同的升降语调,可产生不同的表达效果。比如打电话时,一个"啊"字,变化升降语调可以表示疑问、明了、不满、惊讶等不同含义。在主持传播中,要正确运用升降技巧,一旦用错,表达意义将会相去甚远。比如主持人与嘉宾对话,说"欢迎你",应用平直的语调,显得亲切得体,如果用曲折调表达,则显得生硬。

(六) 语气

语气指运用不同声音和气息表达不同的语意和情感的技巧,即主持人语言的口气。任何人说话都会产生一定的语气,而每句话的语气又都是不一样的,形式相当丰富、生动,变化也很明显、很复杂。语气一般可分为五组十种。

1. 爱与憎

表达爱的感情时,一般要气徐声柔,口腔宽松,气息深长,给人以温和感。表达憎的感情时,一般是气足声硬,口腔紧窄,气息猛塞,给人以挤压感。

2. 悲与喜

表达悲的感情时,一般是气沉声缓,口腔如负重,气息如尽竭,给人以迟滞感。表达喜的感情时,一般是气满声高,口腔似千里轻舟,气息如不绝清流,给人以跳跃感。

3. 惧与欲

表达惧的感情时,一般是气提声凝,口腔像冰封,气息像倒流,给人以紧缩感。表达欲的感情时,一般是口腔积极敞开,气息力求畅达,给人以伸张感。

4. 急与冷

表达急的感情时,一般是气短声促,口腔似弓,飞箭流星,气息如穿梭,给人以紧迫感。表达冷的感情时,一般是气少声平,口腔松懒,气息微弱,给人以冷寂感。

5. 怒与疑

表达怒的感情时,一般是气粗声重,口腔如鼓,气息如椽,给人震动感。表达疑的感情时,一般是口腔欲送还紧,气息欲连还断,给人以踟蹰感。

主持人对语气表达技巧的运用,不能生搬硬套,而应与感情的自然流露融为一体,因为"感有万端之异,言有万态之殊"。只有合情、合理地运用这些技巧,才能充分地传情达意。

二、类语言的功能性发声

功能性发声本身都有一个原始的含义,在一般情况下是可以被理解的。如笑声表示高兴、哭声表示悲哀、呻吟声表示痛苦、叹息声表示难过、咳嗽声表示身体不适、掌声表示欢迎、口哨声表示欢快等,这些意义是约定俗成的。我们所说的功能性发声并非停留于这一层面的含义,而是指特定语境中,它们所代表的另外一层意义,信息含量巨大,其他言语手段无法替代。俗话说:"锣鼓听声,听话听音。"功能性发声虽然不及有声语言清晰明白,但它展示的意义却是千姿百态、丰富多彩的。

（一）功能性发声的类型

功能性发声有多种类型,下面介绍笑声、叹气声、咳嗽声、掌声的表达方式与调控技巧。

1. 笑声

笑声是人类有意识发出的一种信号。它是通过声音传递信息的手段,是人们内心情感的外部显示。哈哈大笑、开怀大笑、捧腹大笑、嬉笑、狂笑、奸笑、苦笑、狞笑、傻笑、嘲笑等,都能传递出丰富的信息。需要说明的是,微笑不属于类语言,因为它是无声的,只是一种表情,属于体态语范畴。

在主持传播中,笑声有如下作用:第一,缓解僵局,消除尴尬,营造交际氛围。嘉宾来访,感到陌生与羞涩,一时无法轻松畅快地交谈,交流可能陷入僵局,主持人适时调侃并配以热情的笑声,定能缓解紧张气氛,调和尴尬情绪,使交谈顺利进行。第二,表示委婉拒绝。第三,表示赞许、肯定和承认。第四,表示讽刺、愤怒等。

笑声在主持传播中具有神奇的作用,这取决于笑声本身表意的丰富性。不同形式的笑声表示不同的意义,同一形式的笑声负载的可以是正面信息,也可以是负面信息。如"哈哈大笑"可能表示"高兴、欢乐"之意,也可能表示极大的愤慨之情。因此,主持人在运用笑声时一定要慎重。

2. 叹气声

叹气也是一种功能性发声。叹气的含义也是多样的,有高兴的,有激动的,有坦然的,有痛苦的。叹气往往伴随一些叹词,并由于声调的不同、音长的差异、轻重的变化而表达出不同的情绪。

3. 咳嗽声

咳嗽本是由于身体不适所引起的,而有意咳嗽则是一种提示或暗示的信号。如会场不安静时,主持人可通过咳嗽平息声音,以求安静。另外,咳嗽可以表现一种自信和自豪的情绪。有时咳嗽是信息传播的引导词,如在集体场合讨论问题时,你想发言,可先咳嗽两声,告诉别人你要说话了。

4. 掌声

掌声是拍手击掌而发出的声响,表示赞扬、认可、欢迎、喜悦等。鼓倒掌一般表示否定、拒绝,这种掌声频率较慢、持续时间较长。

(二) 功能性发声的作用

在主持传播过程中,类语言功能性发声的作用可以概括为六点。

1. 替代

一些不能或不便用有声语言或体态语言传达的信息,往往可以用功能性发声来代替。如有人在偷偷地议论什么,你可以大声地咳嗽一声,告诉他们来人了。

2. 强调

功能性发声能强化有声语言或体态语言的信息传播。如面对不正当的要求时,我们大声回敬:"我坚决不同意,哼!"

3. 补充

功能性发声对有声语言和体态语言信息传播具有补充作用。如表达有声语言"我同意"时,有时伴有笑声,有时加上重重的"哼"声,这些功能性发声都是对"我同意"的补充,而它们所包含的内容与情感的差异性相当大。

4. 否定

当我们接收一些不愿意接收的信息时,表情与声音相矛盾,此时功能性发声表示的是否定意义。如某人在台上发言,下面的听众不满意他的发言,发出一片嘘声。

5. 重复

通过功能性发声对传播的信息反复强调以加强表达效果。如儿子询问父亲是否同意某件事情时,父亲回答"好!哈哈!"。这里父亲的笑声是对儿子询问的肯定回复,是"好"的意义的重复。

6. 协调

功能性发声可以营造一种更利于交际的语言环境。如一位德高望重的长辈,面对初次来访略显紧张的学生,话语轻松欢快,时而发出笑声,可以使气氛变得缓和。

功能性发声不是一般的信息传递,而是一种人与人之间的心理沟通,是情绪和情感、态度和兴趣的相互交流,相互感应。相对于有声语言来说,它是一种形象性的符号,它虽比言语符号抽象的层次低,但更能真实地表达人的内心情感,更能显示出其独特的隐喻性和暗示性,具有强烈的"人际感染与吸引力"[①]。

(三)功能性发声的特征

1. 情感倾向强烈

与有声语言和体态语言相比,功能性发声更具真实性。在主持传播中,功能性发声能更真切地反映主持人的内心世界。有声语言可以言不由衷、口是心非,体态语言可以言行相悖、掩饰伪装,均具有一定的欺骗性和隐蔽性。而功能性发声是人的内心意识或潜意识的反映,情感色彩强烈、指向鲜明,对于常人而言,这种表现是无法掩饰的。

2. 表现手法多样

功能性发声方式很多,每一种方式又可通过辅助性声音技巧表达出丰富多彩的效果。如笑声可以通过增加音量、延长时值、弱化强度、语调曲折等语气变化产生不同的情感色彩。这为主持人语言传播提供了丰富的表达方式。

3. 内容含义丰富

虽然功能性发声伴随着有声语言和体态语言出现,但有声语言和体态语言实际上不可能取代功能性发声。这主要是因为功能性发声本身内容含义丰富,往往以一当十,其他言语手段无法企及。试想,怒吼、咆哮、奸笑等所包含的意思需要多少言语才能表达?

应该注意的是,在主持人语言传播过程中,类语言的伴随性声音不能单独使用,只能处于辅助地位,我们不能贬低它的功能,但也不能夸大它的使用范围。

---

① 李元授.交际学[M].武汉:武汉测绘科技大学出版社,1991:377.

第四章
舞台活动主持

　　根据举办场地的特点,我们把文艺晚会、纪念晚会、公益晚会、广场活动和赛事活动归纳为舞台活动一类。从广义上说,文艺晚会、纪念晚会和公益晚会都属于综合文艺晚会的范畴,但由于活动的主旨不同,晚会的内容也有明显的差异。比如公益晚会常常有募捐和拍卖环节等,纪念晚会的节目应紧紧围绕主题,而文艺晚会的节目编排则相对自由。在不同舞台活动中,主持人的主持风格和所扮演的角色也会有所不同。

第一节　文艺晚会主持

　　文艺晚会是一种常见的文体活动形式,为广大人民群众所喜爱。自与广播电视联姻以来,文艺晚会发展迅速,观赏性大大增强,影响力也日益扩大。机关单位、厂矿学校等每逢重大节日或其他重要时刻常会举办不同规模的文艺晚会,旅游城市进行形象宣传、文化团体下乡演出也常常采用这种形式。

一、文艺晚会概说

　　文艺晚会又称文艺演出、文艺汇演,通常在晚上举行。晚会中表演的节目形式包罗万象,几乎囊括了所有的文艺形式,如音乐、歌曲、朗诵、曲艺、杂技、小品、猜谜、魔术等。这种百花齐放的文艺节目形式满足了观众多元的审美需求,使文艺晚会独具魅力。

　　日常生活中的文艺晚会与广播电视节目存在一定的差异,需要主持人在主持活动的过程中注意把握。演播室外的文艺晚会更多讲究舞台艺术和小众化传播,更直接地面向观众。主持人最主要的交流对象不是电视观众,而是坐在晚会舞台下的观众;主持人不用忙于寻找摄像机的机位,而应真诚地用目光与台下观众交流;表演者的演出、主持人的表现和观众的反应是同步的,晚会的演出效果不像电视节目可以靠后期制作加以提升。观众的反馈对表演者的表演起着很大的作用,热烈的掌声与喝彩能使表演者释放出更大的激情;而沉默冷场甚至是喝倒彩等情况,则会使现场的气氛变得尴尬,加重表演者的心理负担,影响他们的发挥。因此,晚会的编导和主持人在筹备晚会时一定要将各种状况考虑周到,充分发挥主持人现场沟通观众、促成互动的作用,使晚会顺利地进行。

二、文艺晚会主持技巧

文艺晚会的主持工作一般由专业的、有丰富舞台经验的主持人担任。

(一)主持人的形象要端庄大方、亲切自然

文艺晚会的主旨是给观众带来美的享受,主持人的形象气质自然也要符合一般观众的审美要求——端庄大方、亲切自然。主持人要始终保持优雅得体的举止和热情谦和的态度,不要出现过于随意、松懈的言行,也不要矫揉造作、故作矜持。在给观众带来视听享受的同时,注意不要使观众对主持人产生心理距离,要与观众进行情感上的沟通,营造融洽的现场氛围。

(二)主持人的妆容要整洁干净、强调轮廓

主持人的妆容应该整洁干净、强调轮廓,分别突出男女主持人的阳刚之气与阴柔之美,但也不要过分强悍或过分妩媚。要结合灯光效果修饰面容,若晚会舞台较大,主持人则需要盛妆出席。男主持人应穿着设计新颖、面料挺括的西装礼服,搭配颜色靓丽的领带,给沉闷的男装增添新意与活力。女主持人要穿着礼服,突出优雅的气质,但也不要过于暴露。与纯白、纯黑色的裙装相比,红、黄、紫等色彩艳丽的礼服舞台效果更佳。男女主持人的服装最好在颜色和细节上有所呼应,至少不能有明显的视觉冲突。

(三)主持词要流畅优美、情感充沛

充满诗意的语言经由主持人声情并茂地表达出来能够渲染晚会的艺术气氛,调节晚会的节奏,激发观众的情感。所以,主持人要有较高的文化修养,有较强的朗诵能力,声音优美悦耳,语气有张有弛,语调抑扬顿挫,感情饱满真挚。此外,主持人还应擅长即兴发挥,懂得幽默艺术,适当运用机智俏皮的语言给人们带来欢笑。主持人的体态语和表情语也很重要,要善于运用目光语和观众进行沟通,注意站姿、走位、拿话筒的仪态等。

(四)主持人要多才多艺

主持人自身也应多才多艺,把自己的艺术特长和文艺晚会结合起来。主持人在晚会过程中即兴穿插一段歌舞、朗诵、乐器演奏、情景表演等才艺,往往能取得良好的效果,引起观众的兴趣。特别是遇到节目间隔太短、准备时间不充分等情况,主持人先表演一小段,便能巧妙而自然地化解问题。有较高艺术修养的主持人在晚会过程中也更能品味和评判节目的优劣,其情感表达也更真诚,与观众的互动也更出彩。

(五)主持人要处理好各种关系

首先,文艺晚会的成功举办离不开所有演职人员的努力,主持人要尊重每一位表演者,在晚会前对表演者进行充分的了解,串场时可抓住其身份背景和言行特征向观众予以介绍,这样不仅能够引起观众的兴趣,帮助观众更好地欣赏节目,也能激发表演者饱满的精神状态,使其发挥出最佳水平。其次,主持人在晚会进行过程中要注意贯彻编导的意图,与现场的灯光师、音响师、摄像师等工作人员密切配合。要按编导的意图来展现自我、调整主持的进程。当主持人与编导意见不一致时,主持人应以大局为重,服从编导的现场决定。再次,文艺晚会一般由一至三对青年男女搭档担任主持人,因此,主持人之间也要配合默契。除了要熟悉自己的台词,主持人也要对他人的台词心中有数,以免接错话、抢话。主持人之间的衔接转换要流畅,停顿时间太短太长都是不合适的。晚会节目的串联常常通过主持人间的自然对话来推进,这时主持人切记不要死记硬背。最后,主持人与观众之间的互动是制造晚会气氛的关键。主持人要把观众当作朋友,采取平等、亲切、理解的态度和观众沟通;善于运用有声语言和副语言吸引观众的注意力,并根据观众的反馈调整主持活动,使观众真正从晚会中受到艺术的熏陶、感受欢乐的氛围。

三、文艺晚会主持应用

大学元旦晚会主持词

男主持：新年的钟声即将敲响，时光的车轮又留下了一道深深的印痕。伴随着冬日里温暖的阳光，××年元旦如约而至。

女主持：在这一刻，我们已经感受到了春的气息，这是我们的春天，这是我们这个大家庭的春天，这更是我们每个人的春天。

男主持：今天，我们相约在这里，享受缘分带给我们的欢乐，享受这段美好时光。

女主持：今天，我们相聚在这里，一起用心来感受真情，用爱来融化冰雪。

男主持：今天，我们相聚在这里，敞开你的心扉，释放你的激情。

女主持：今天，我们相聚在这里，这里将成为欢乐的海洋，让快笑响彻云霄！

男主持：下面我宣布，××年庆元旦文艺晚会现在开始！首先，由×××致新年祝词。……感谢×××的祝福。让我们用掌声把祝福也送给他和他的家人，祝他们新年快乐，身体健康。同时，也把祝福送给在座的每一位，祝大家新的一年万事如意，心想事成。

女主持：灯光和花火一起闪亮，也亮不过我的梦想，给我梦想我勇敢向前闯，现在的我想唱就唱我最闪亮。首先请×××给我们带来大合唱《我最闪亮》。

男主持：校园的生活是充满青春活力的，那朗朗的读书声，课间的喧闹声，操场上奔跑的脚步声，谱成了美妙动听的校园进行曲。

女主持：同学们用他们蓬勃的青春活力，在校园中发现着美，创造着美，诠释着他们对艺术的理解，表达着他们对生活的热爱。

男主持：请欣赏由×××为我们带来的现代舞《哒哒哒》。

男主持：每个人都渴望自由，渴望有自己的天空。下面请欣赏男生独唱《放生》。

女主持：父母用辛苦赚来的血汗钱供我们读书，我们应该怎样去回报？难道像这样吗？下面请欣赏×××给我们带来的小品《慈母血汗钱，学子何以报》，大家掌声有请。

女主持：在一段精彩的小品之后，我们继续开心之旅，下面这个精彩的节目是×××带来的舞蹈《牧民新歌》。

女主持:我们热爱春天,因为春天充满着希望;我们拥抱阳光,因为阳光给我们温暖。我们拥抱父母,因为父母辛勤哺育和教导我们,让我们放飞梦想,放飞希望,让我们放心去飞!请欣赏×××给我们带来的大合唱《放心去飞》。

男主持:青春是那么火热,那么充满激情。我们是那样年轻,那样朝气蓬勃。欢乐是今晚的主题,我们将用欢乐来尽情演绎。下面请欣赏现代舞《芭啦芭啦舞》,掌声有请。

女主持:花朵有了绿叶的衬托会越显娇美,果实有了树木的滋养才更增丰硕。又是个齐聚一堂的日子,又是个丰收的一年。看吧,傣族的姑娘正在讲述着藤、枝、叶那古老而神奇的故事。掌声有请××××带来的双人舞《藤枝叶》。

男主持:敞开你的胸怀,宣泄你的烦恼,面朝大海,诉说情怀。请听×××给我们带来的《伤心的海》,有请。

……

男主持:追求与梦想,浇灌了一朵艳丽的花。

女主持:奋斗与拼搏,谱写了一曲腾飞的歌。

男主持:花如海,歌如潮。站在新的起跑线上,让我们共同祝愿。

(合):祝激流勇进的×××再创新的佳绩,再铸新的辉煌!

男主持:晚会到此结束,再次祝大家新年快乐,万事如意,心想事成!

女主持:朋友们,再见!

(合):再见!①

知识延伸阅读

晚会主持词的写作

一台晚会可以说是通过主持词串联构成整体的,自然流畅的主持词衔接着各个节目。主持人以此主导节目的进行,调节活动的节奏。不仅如此,文辞优美、妙趣横生的主持词本身就是晚会的一个不可或缺的部分,能给观众带来心灵上的愉悦和享受,因此主持人一定要重视主持词的写作,事前精心准备。

晚会的主持词一般可以分为三个板块:第一,开场白,即导入语。它的主要作用是向观众表明主题,渲染气氛,揭开晚会的序幕。文艺晚会的开场白比较讲究辞藻,以求

---

① 新年的钟声敲响主持词[EB/OL].(2017-12-09)[2020-01-03]. http://www.ruiwen.com/zhuchici/1168173.html.

抓住观众的注意力,营造"转轴拨弦三两声,未成曲调先有情"的开场氛围,很少会直白地切入主题。主持人的开场白要把握晚会的基调,多用对仗工整、韵律优美、积极向上、充满激情的话语抒发晚会的主题和良好的祝愿。第二,串联词。它具有承上启下的过渡功能,既升华了主题,也层层推进了现场的气氛。主要有三种类型:报幕式、交流式和介绍式。报幕式是最简单的串联方式,直接以"下面请欣赏由×××带来的《×××》"引出下一个节目。这样的台词过于生硬,适用于主题非常严肃的场合,文艺晚会如果采用这种方式串联节目,无疑会使观众兴味索然。交流式的串联词是主持人之间或主持人和观众之间通过模拟或现场对话推进晚会的流程。这种方式能产生情感交流,引起观众对节目的兴趣。主持人须细心揣摩观众群体的心理,以和观众亲切谈话的口吻写出串联词。如果是现场即兴与观众交流,主持人还应具有较强的应变能力,能够把握好交流的内容和晚会的节奏。介绍式串联词指主持人通过介绍作品内容、背景、风格、唱词大意等,把后续节目引出来,有利于观众欣赏作品,引起他们的兴趣。一般而言,串联词的写作要求是衔接自然、简洁得体、亲切生动、富于变化。值得一提的是,电视晚会因为有字幕,主持人不必一一报出节目,串联词也常可省略;而主持直接面对现场观众的晚会时,报幕仍是必不可少的。但是,主持现场晚会也不需要为每个节目都配上精致的串联词,以免显得话语冗长。第三,结束语。有了良好的开端和精彩的过程,结尾自然也不能草率。结束语的写作要求是首尾呼应、点到即止、画龙点睛。可以采用对偶、排比等修辞手法表达依依惜别之情和对美好未来的祝福,读起来朗朗上口,言有尽而意无穷,令观众感到回味无穷。

主持晚会活动有时不会完全严格地按照事先写好的台词进行,主持人可以借用与活动相关的环境景物、现场观众的热情互动即兴发挥、抒发情感;还可以适当说些幽默风趣的话,使观众心理上产生一种亲近感。晚会的主持词不要过于冗长,辞藻泛滥也会令人不快,主持人要根据节目的类型、内容的不同来设计主持词。优秀的晚会活动主持人,善于调动现场观众的情绪,使现场气氛异常热烈,台上台下相互融合,这要靠平时努力积累扎实的专业基本功和深厚的文化素养。

第二节 纪念晚会主持

与文艺晚会相比,纪念晚会主旨更为明确,往往是为了纪念伟人诞辰、重大事件等,除了给观众送去欢乐和祝福外,更重要的是回顾历史、缅怀伟人、展示成就,以激励后人,催人奋进。在五四青年节、建党节、建军节以及一些有特殊意义的纪念日当天,全国各地常常会举办纪念晚会提醒人们铭记历史,展望未来。特别要说明的是,区分文艺晚会和纪念晚会并不是单纯地看晚会举办的时间,而是要看晚会的主题偏重于纪念还是联欢。在节目安排、主持风格等方面,纪念晚会与文艺晚会有很大不同。

一、纪念晚会概说

根据晚会的主题,常见的纪念晚会可以分为以下几类:一是伟人及名家诞辰纪念晚会。节目内容要缅怀伟人或名家,回顾其一生,揭示其精神实质,以激励后来人,晚会的气氛要深沉、庄重、感人。二是重要的政治组织成立周年纪念晚会。例如庆祝中国共产党成立90周年纪念晚会、中国人民解放军建军80周年纪念晚会等,以前者为例,内容上应回顾中国共产党的战斗历程、歌颂党内涌现出来的先进集体和人物,展示中国共产党在改革开放和社会主义现代化建设中发挥的巨大作用等,气氛庄重、热烈、健康向上。三是重大历史事件的周年纪念晚会。例如辛亥革命百年纪念晚会、抗战胜利纪念晚会等,此类晚会要紧扣主题,展现该事件在当时和现代的意义。要根据事件的性质,确定晚会的风格。四是学校毕业晚会、校庆晚会、企业或社会团体成立周年晚会。此类晚会庆祝、联欢的色彩更浓,性质上更偏向于文艺晚会。

纪念晚会在节目编排上要求紧扣主题,思想性优先于艺术性。纪念晚会一般以时间为线索,回顾历史、描绘当下、展望未来;或根据事物的发展过程——从初生渐渐成长,经历低潮,经过改革然后再创辉煌,这样编排文艺节目。因此,纪念晚会上表演的节目有很强的叙事性和意识形态属性,以艺术为载体展现厚重的历史,从而起到净化心灵、升华情感、凝聚人心的作用。

二、纪念晚会主持技巧

(一)主持人要有良好的声形条件

一般来说,纪念晚会气氛庄重,主持人要有良好的声形条件:男性沉稳大气,女性端庄大方、吐字清晰、声音洪亮、音色饱满。主持人应穿着正式,不要太过花哨和暴露。特别是主持为纪念逝者而举行的晚会,尤其要注意服饰庄重,妆容干净。另外,主持人的举止要得体,肢体动作不宜过于频繁、夸张。

(二)主持人要把握纪念晚会的基调

不同主旨的纪念晚会有不同的基调,主持人要注意把握。比如八一建军节纪念晚会的主旨是歌颂人民军队的丰功伟绩,颂扬人民军队中涌现的先进集体和先进人物,其节目安排和主持风格要气势磅礴、令人振奋。五四青年节纪念晚会主要鼓舞广大青年勤奋学习、努力工作、投身社会主义的建设事业,主持风格应当节奏明快、朝气蓬勃。汶川地震周年纪念晚会除了要祭奠那些在灾难中逝去的生命,也要赞颂众志成城、华夏一家的天下大爱,展现灾区人民自强不息的奋斗意志,整台晚会的基调应是充满温情、爱和感动,等等。即使是在同一台晚会中,主持人的情绪也要随着节目所渲染的氛围的变化而起伏,有声语言和副语言的表达都要体现出这种变化,从而将观众更好地带入晚会的气氛。

(三)主持人要精心撰写主持词

主持人要事先对纪念晚会的主题、历史事件的背景、节目的形式和内容进行深入的了解,精心选取切入点来撰写主持词。譬如纪念五卅运动的晚会,主持人不但要详细地了解五卅运动爆发的时间、地点、背景、导火线等基本信息,明晰运动的性质和深远的影响,还要能从一定的高度把握那段历史,找准应突出和颂扬的着力点——党的领导、工人群众的力量和反帝爱国的精神。主持人的语言要严谨准确,一旦出现史实上的错误就很难获得观众的谅解;一般不宜使用幽默的语料,因为这与纪念晚会庄重的气氛不符。

三、纪念晚会主持应用

庆祝中华人民共和国成立70周年
《我和我的祖国——省会大学生文艺汇演》

第一篇章　青春之歌

王　峰:金风送爽,送来最美的季节;

白　杨:丹桂飘香,飘舞最好的时光。

安泰金：各位领导，各位嘉宾，

孙嘉嘉：各位老师，大学生朋友们，

合：大家晚上好！

王　峰：这里是庆祝中华人民共和国成立70周年《我和我的祖国——省会大学生文艺汇演》的现场，我是主持人王峰；

白　杨：我是主持人白杨；

安泰金：我是来自湖南大学的安泰金；

孙嘉嘉：我是来自湖南女子学院的孙嘉嘉。

王　峰：有这样一首歌，热血谱就，动人心魄；

白　杨：有这样一首歌，经风沐雨，无惧坎坷；

安泰金：一个民族的自由解放之火从她的旋律中旺盛蓬勃；

孙嘉嘉：一种开天辟地的信念之魂从她的嘹亮里坚定执着！

王　峰：这就是新中国的青春之歌，波涛汹涌，飞舟浪遏；

白　杨：这就是新中国的青春之歌，浴血奋斗，英烈不朽；

安泰金：她从韶山冲"孩儿立志出乡关"的誓言里传来；

孙嘉嘉：她从第一师范"指点江山，激扬文字"的抱负里传来；

安泰金：她从南湖红船"英特纳雄耐尔"的理想里传来；

孙嘉嘉：她从"中国人民从此站起来了"的宣告里传来；

王　峰：青春中国啊，就是以这般铿锵天地的气概，凝结初心，担当使命；

白　杨：青春中国啊，就是以这般砥砺前行的姿态，情染曙色，昂扬放歌！

（播放主题VCR）

安泰金：英雄，是时代前行历程上的一根根闪光的标杆；

孙嘉嘉：英雄，是人民幸福画卷上的一抹抹鲜亮的色彩；

安泰金：他们品性豪迈，面对真理，执着追求；

孙嘉嘉：他们气宇轩昂，面对家国，情怀浓烈。

（情景讲述《共和国英雄》）

王　峰：都说青春似火，似火的青春是因为燃烧着坚忍不拔的民族精神；

白　杨：都说青春如歌，如歌的青春是因为飞扬着博大精深的文化传承；

王　峰：一个字，一句话，一首歌，节律生动，经久不息；

白　杨：每座山，每条河，每个人，气息深远，慷慨中国！

（古典诗词新唱《少年中国说》《生僻字》《中国话》）

第二篇章　祖国之颂

安泰金：不同的岁月，给我们留下的是不同的青春记忆；

孙嘉嘉：不同的时代，给我们留下的却是同一首青春之歌；

安泰金：建设的年代，是青春用自力更生的双手绘就人间春色，我们在"中国制造"中彰显青春力量，折射时代气象；

孙嘉嘉：春天的故事里，是青春用解放思想的气魄向世界飞翔，我们在"开放中国"的诗篇里，高天流云，大地飞歌；

安泰金：青春是小岗村头的绿叶，是深南大道的宽阔，是浦东新区的灯火；

孙嘉嘉：青春是北京奥运的领跑，是太空漫步的超越，是复兴号的速度；

安泰金：祖国啊祖国，青春永远是你最炫耀的光泽！

（播放主题VCR）

王　峰：风光旖旎是我的祖国，春风拂煦，青春相伴；

白　杨：民族和谐是我的祖国，一家情暖，人民幸福；

王　峰：这里有最动听的传奇，荡气回肠，热情奔放；

白　杨：这里有最动人的舞蹈，翩然千姿，盎然理想！

（舞蹈串烧《心中的赞歌》）

安泰金：有一副楹联从潇湘传扬华夏——惟楚有才，于斯为盛；

孙嘉嘉：有一种精神从湖湘震撼江海——经世致用，心忧天下；

安泰金：教育树人的力量在这片土地代代彰显；

孙嘉嘉：科教兴国的使命让这片土地生机勃勃！

（朗诵《弦歌潇湘》）

第三篇章　复兴之梦

王　峰：历史用漫长的里程感慨，新中国是古老民族最富活力的青春时代；

白　杨：历史以深邃的目光印证，中国梦是神州大地最具激情的青春表达；

王　峰：奏响实现中华民族伟大复兴的壮丽乐章，青春正奋力奔跑；

白　杨：怀揣不忘初心，牢记使命的炽热誓言，青春正踏上新程；

王　峰：我们飘洒丝路花雨，让世界因我而美丽；

白　杨：我们塑造大国文明，让人类因我而精彩！

（播放主题VCR）

安泰金：创造的智慧源自青春，朝气蓬勃，活力迸发；

孙嘉嘉：创新的力量来自青春,敢于突破,一往无前;

安泰金：2G、3G、4G、5G日新月异,缔造奇迹;

孙嘉嘉：微信、抖音、快闪丰富多彩,青春有戏!

(创意戏曲《青春有"戏"》)

王　峰：百废待兴的年代,青春的爱是那样炽热;

白　杨：激情燃烧的岁月,青春的情是那般真挚;

王　峰：听从党的召唤,到最艰苦的地方去,让青春踏上寻梦旅程;

白　杨：到祖国最需要的地方去,让青春演绎动人的故事;

王　峰：今天,我们的青春依然在接续奋斗,我们要用响亮的声音告诉祖国:我在这里!

(音诗画《祖国,我在这里》)

(采访环节:湖南大学、中南大学、湖南师范大学、湖南农业大学、长沙理工大学等高校杰出青年学生代表上台并展示成果,表达当代青年大学生努力奋斗的精神风貌)

王　峰：新中国沧桑巨变,青春激荡;

白　杨：新中国精神传扬,青春昂扬;

安泰金：心向祖国,今天我们再一次致敬,青春澎湃;

孙嘉嘉：情系未来,今天我们再一次出发,青春豪迈;

王　峰：湘江北去奔流不息,旗帜下,我们都在努力奔跑;

白　杨：长岛人歌气象万千,阳光下,我们都是追梦人;

安泰金：放飞建设富饶美丽幸福新湖南的青春颂歌;

孙嘉嘉：歌唱我们亲爱的祖国!

(全场合唱《歌唱祖国》)

王　峰：庆祝中华人民共和国成立70周年《我和我的祖国——省会大学生文艺汇演》到此结束。

白　杨：祝福新中国繁荣昌盛,祝福我们的生活幸福美好,朋友们,再见!

合：再见!

(作者:高一歌　修改:李昱佑)

第三节　公益晚会主持

公益晚会多具有宣传的性质和倡导的意义,用文艺表演这种人们喜闻乐见的形式吸引观众,呼吁公众参与公益活动。举办公益晚会一般是为了宣传公益主题,号召公众关注弱势群体、提倡健康的生活方式,或是为公益事业筹集善款等。晚会的内容编排、组织筹备等各方面的工作,都必须紧紧围绕"公益"二字。

一、公益晚会的筹备

公益晚会要取得良好的宣传效果、引起广泛的社会反响,就必须做好前期准备工作。与文艺晚会和纪念晚会相比,公益晚会对演出节目观赏性的要求较低:内容健康向上,符合晚会的主旨即可。当然,充满真情实感的表演更能够打动观众,烘托出晚会质朴感人的氛围。筹办公益晚会主要应做好两方面的工作:控制收支和人员邀请。

举办公益晚会要注意节俭,尽量用较少的钱获得较好的效果。若把公益晚会演出所得收入捐赠给慈善机构,就更要做好收支计划,以免入不敷出,使捐赠成为一句空谈,甚至伤害捐赠者和受助者的感情。要做好晚会的售票工作,争取政府主管部门的支持、社会各界人士的帮助,整合多方面的资源,减少不必要的开支。

公益晚会往往邀请演艺界热心公益事业的人士参与。邀请明星担任宣传大使或表演嘉宾,能够产生"名人效应",在短时间内吸引舆论关注,起到良好的宣传效果。在与演艺界人士进行前期沟通的过程中,一定要明确告知晚会的性质和主题,商定劳务费用。不同于商业演出,公益晚会给付的演出费远远低于市场价,有时仅报销基本的食宿和交通费用。所以晚会的组织方应对明星的热心支持表示感谢,细致周到地安排好接待事宜。

主办方还应向政府有关部门的领导、相关公益慈善组织的负责人、主流新闻媒体以及商界名流发出邀请,以期获得多方面的支持。特别是对热心公益、有捐助意向的企业,要拟定详细的回馈方案,比如通过开具捐赠发票、颁发捐赠证书、让渡活动冠名权、发布新闻报道、现场公开致谢等方式鼓励他们为社会作出贡献。相关操作应合法、规范,让捐赠者放心。

公益晚会除了有表演环节,一般还会安排政府有关部门的领导、公益组织负责人、弱势群体或受助人代表、爱心单位和个人代表等上台发言,或者由主持人对其进行采访,有时还会对在公益事业上表现突出的单位和个人进行表彰。如果晚会上要进行物品义拍,那么事先要安排与会者进行参观,确定竞拍号码。表演环节和非表演环节的编排和衔接要有张有弛,间隔适当,自然流畅。

二、公益晚会主持技巧

(一) 主持人要有良好的公共形象

公益晚会的主持人除了要有良好的声形条件外,更重要的是要有良好的公共形象,给人诚实可靠、热心公益的印象。因为主持人在很大程度上是晚会公益主题的代言人,观众会对主持人形象和公益主题进行联系。主持人在晚会上应衣着正式,款式和颜色朴素一些更显得平易近人,有亲和力。浓妆艳抹、奇装异服与公益晚会这种场合是格格不入的。

(二) 主持人要精心准备主持词

主持词一定要清楚明白地阐述公益主题的重要性和急迫性,呼唤公众的理解与支持;要细腻把握人们的内心感受,引起观众的情感共鸣。利用科学可靠的数据、抓住具体典型的事例或是结合自己切身的感受说话,往往比铺陈辞藻、空谈奉献更有力度。主持人在渲染感人的氛围时不要过分煽情,虚情假意反而会适得其反。

(三) 主持人要全面参与

如果晚会要进行现场募捐,主持人在活动过程中要反复并且准确地告知参与捐赠的方式方法,并及时通报捐款情况、说明善款的用途和去向,对捐赠者表示感谢,鼓励大家积极踊跃地奉献爱心。如果邀请了受捐助方出席晚会或上台发言,主持人要考虑他们的感受,说话要有分寸、点到为止,避免给他们带来心理上的二次伤害。在对爱心人士、弱势群体的代表进行采访前,主持人一定要做好准备工作,抓住采访对象的突出事迹、典型情况,使双方的对话言之有物,而不是泛泛而谈。总而言之,举办公益晚会的目的是传递和分享爱心,主持人要全身心地投入其中,用真情换来观众的感动。

(四) 主持人要有较强的协调能力

因为受众对象涉及面非常广,包括前面所说的主管部门领导、公益团体、企业高层、弱势群体以及广大普通群众,主持人要考虑周全,并在其中起到良好的桥梁作用。在活动过程中,主持人可能需要转换角色:有时代表受助方向政府、企业和社会表达感激,有时代表主办方向公众发出呼吁和号召,有时又代表赞助方表达对公益事业的支持、对受助群体的祝愿等。除此之外,晚会的非表演环节较多,主持人要注意调节气氛,控制好时间和节奏,保证公益晚会的顺利进行。

三、公益晚会主持应用

"蓝天下的至爱　慈善公益联合捐"活动

甲主持:尊敬的各位领导,各位嘉宾,女士们、先生们,

合:大家下午好!

甲主持:携来春风绽蓓蕾,奉献爱心为慈善。冬日的××,寒风凛冽,细雨纷飞。而在我们的剧场内,却轻吹着慈善的春风,涌动着慈善的暖流。

乙主持:扶贫济困,为了蓝天下的至爱,勤劳善良的××人又一次慷慨解囊,用自己的实际行动谱写了一曲爱的赞歌。今天我们活动的主题是"携手慈善公益,构建和谐家园"。

甲主持:下面请允许我介绍出席本次活动的领导和嘉宾,他们是……以及各企事业单位的领导。同时,我们也邀请了一直关注和支持××发展的工商、税务、银行等单位的领导。欢迎你们!(鼓掌)

乙主持:本次慈善公益联合捐活动有以下议程。第一,领导致辞。第二,表彰、颁奖。第三,举牌捐赠。第四,现场捐款。第五,领导答谢。

甲主持:首先,让我们用热烈的掌声有请×××致辞。

乙主持:×××热情洋溢的讲话,给我们的慈善工作做了鼓励和肯定。慈善公益,弘扬了情和爱;慈善公益,铸就了××多彩的蓝天。在此,我们要感谢所有参与慈善公益联合捐的单位,并评出了2020—2021年度的"慈善公益"单位,和13家获年度"慈善特殊贡献奖"的单位。下面,有请×××同志宣读表彰决定。

甲主持:下面举行颁奖仪式。首先有请第一批获奖单位上台领奖。有请×××为获奖单位颁奖。

乙主持:下面有请第二批获奖单位上台领奖。有请×××上台颁奖。

甲主持:下面,颁发"慈善特殊贡献奖"。有请获奖企业代表上台领奖。掌声有请×××上台颁奖。

乙主持:各位领导、同志们,在过去的两年中,我们共募集爱心善款×××万元,并将其全部用于助老、助困、助医等帮困活动。全社会企业都不同程度献了爱心,也有社会各界人士纷纷伸出援助之手,共同撑起了一片爱的蓝天。在这里,我们对所有善心人士表示衷心感谢!

甲主持:下面请欣赏诗朗诵《××××》。

乙主持:伸出您的双手,奉献您的爱心,传递慈善的力量,让爱的鲜花开满人间,让情的春雨洒满心田!下面举行2020—2021年X万元以上单位的现场举牌捐款仪式。首先请出第一批××家捐赠单位上台举牌(背景音乐)。

甲主持:接下去有请第二批××家捐赠单位上台举牌(背景音乐)。

乙主持:让我们再次用掌声感谢各个举牌捐款的单位,你们的善举已成为实实在在的祝福,给弱势群体带来了温暖。下面,举行现场捐款活动,有请志愿者做好准备。

甲主持:感谢各位领导、企业、爱心人士的善举,相信你们的善举会为受助人员带来一片光明,为他们的生活带来美好的希望。

乙主持:同时,也衷心希望,我们受到资助的老人、困难家庭、贫困学生都要坦然面对困难,自立自强,用出色的工作和学习来回报社会。下面请欣赏情景表演《爱在天地间》。

甲主持:今天的慈善募捐活动既充满了爱心,也充满了情感,更展示了××人的高尚情怀,××慈善事业的发展历来离不开众多的捐赠单位和个人的大力支持。下面有请×××同志致答谢词。

乙主持:各位领导,各位来宾,女士们、先生们,我们在热情而简约的慈善募捐活动中度过了难忘的时光。让我们祝愿好心人一生平安,让我们的明天更美好、更和谐。

合:携手慈善公益,构建和谐家园,××2021年"蓝天下的至爱　慈善公益联合捐"活动到此结束。谢谢大家!

第四节　广场活动主持

广场活动,顾名思义是以广场为主阵地而开展的活动,常见的有文艺晚会、诗歌朗诵、健身锻炼、商业活动、书画展览、赛事活动、电影放映、赈灾募捐、哀悼纪念、猜灯谜、知识政策宣传教育等。它的内容十分丰富,形式多种多样,很难被确切地定义,但不可否认的是,广场活动已经成为现代城市文化生活的一个重要组成部分。广场活动不仅是政府加强城市精神文明建设的有效方式,也是企业和组织进行促销和宣传的常用利器,更是广大老百姓喜闻乐见的精神享受,是群众文化繁荣和发展的生动体现。

一、广场活动的特点

随着经济的发展和社会的进步,大中城市的基础设施建设不断完善,广大人民群众的物质生活水平有了很大提高,人们对文化娱乐生活的要求也随之提升,参与广场活动的热情日益高涨。广场活动日渐融入了人民群众的日常生活,并且迸发出无限的生机和活力。广场群众性文化活动的广泛开展,使整个社会氛围变得积极向上、欢乐祥和,也促进了城市大众文化的繁荣和发展,甚至形成了每个城市特殊的广场文化。近年来,很多有条件的乡镇、农村也建起了广场,邀请文化团体"送戏进村""文化下乡""电影下乡",组织当地农民开展健身娱乐等活动,深受广大农民朋友的欢迎。

虽然广场活动形式多样,涵盖了晚会、比赛、庆典甚至追悼会等多种类型。但从某些角度上说,广场活动依然有其独特个性。

(一)公共性

广场是城市公共生活最集中的地方,是最能体现政府公益性的地方,也是城市公共文化集中展示的地方。广场上所进行的任何文化活动,均向公众开放。广场活动的公共性主要表现在两个方面:一是广场活动的主体是公众,没有公众的广泛参与就会有名无实。二是其内容要做到雅俗共赏、健康向上,兼顾最广大范围的受众。兼顾受众并不是给广场活动增加更多的限制,而是要增加广场活动的多元性,让有不同爱好和兴趣的人们都能自得其乐。

(二)节庆性

每逢重大节日,如国庆、元旦、中秋、春节及元宵节,各地政府都会组织文艺表演、猜谜赏月、舞龙舞狮等活动,趁着佳节与市民联欢,给他们送去祝福。商场企业也乐于借着节日的商机开展促销,吸引市民的注意,这更增加了节庆的热闹气氛。各种社会团体也常常在普法宣传日、献血日、地球日、无烟日、禁毒日等主题宣传日开展广场活动,宣传公益、扩大影响。如果没有节庆所产生的文化魅力,就吸引不了观众,无法形成气氛。除了法定节假日,很多城市也会根据自身特色举办各种节庆活动,常设文化艺术节,打响城市品牌,吸引更大范围的关注。广西南宁市的"大地飞歌"国际民歌节,自开办以来就成为广场文化中的品牌;大连的国际服装节,邀请世界大牌的艺术团和国际歌星在本市的广场上演出。这些地方节庆活动从不知名走向知名,从地方走向全国甚至国际,为繁荣地方经济和文化发挥了重要的作用。

(三)参与性

广场活动的参与面、观众面之广,是任何其他形式的文化活动难以相比的。广场没有围墙,观众不用购买门票,直接走进广场即可加入活动。广场活动没有受众及时间的限制,大家可以轻松自由地来去,尽兴就好。观众和表演者的距离非常接近,双方的热情互相感染,常常使广场文化活动高潮迭起、气氛热烈。广场文化是以人民群众的参与为原动力的,只有保持它的广泛性和经常性,才会引发群众的参与热情。

(四)自发性、灵活性

广场活动无须专门组织发动,人们可以是广场活动的欣赏者,也可以是参与者,甚至是组织者。广场活动门槛低、形式灵活,既可以有业余、通俗、普及艺术,又可以有专业、高雅、精品艺术;既可以有传统和现代的舞台演出,也可以有民间艺术的群众表演;既可以是音乐、舞蹈、戏剧,又可以是武术、体操、演讲等。总之,广场活动不拘一格,多姿多彩。

二、广场活动的功能

(一)思想教育功能

广场文化活动是寓教于乐的大众课堂。在国庆节、建军节等节日及消防安全日、法制宣传月之时,各地方政府或有关部门通过组织专门的广场活动,可以将爱国主义、社会主义、法制教育的主题寓于丰富多彩、形式多样的文艺演出、体育比赛、科普宣传、书法美术展览之中,吸引广大群众自觉自愿地走进社会教育的大课堂,在潜移默化中陶冶情操。

(二)休闲娱乐功能

广场文化是荟萃群众文化的开放式大舞台,是市民休闲娱乐交际的大客厅。城市的生活压力较大,人们不可能频繁地出游度假,老人与孩子的交际范围又比较小,日常生活比较单一枯燥,广场文化活动就为他们提供了一个近在咫尺的休闲娱乐的舞台。这里不分艺术门类,不论专业业余,群众自娱自乐,从中获得心灵的慰藉和表现自我的满足。

（三）繁荣文化功能

广场文化是大众文化的缩影，大众文化的特点和内容在广场文化中都可以得到体现。来自各行各业的文艺创作者、爱好者，专业的、业余的演员，都可以在这个开放的舞台上尽情展示，相互交流、切磋。社区文化、校园文化、企业文化等在这里得到展现，传统文化在这里得到推广，群众也在参与中受到文化的熏陶。

（四）传播信息功能

广场文化成为连接人与人、政府与市民的纽带，很多全市性的重大节庆活动、社会公益活动等都被安排在广场进行。同时，广场流动人口多，地理位置好，是各种信息发布、传递和辐射的好渠道。商家通过举办促销、推广、展览，或者赞助文艺演出等广场活动，扩大了企业和产品的知名度，实现了企业效益和社会效益的双赢。①

需要注意的是，广场商业活动要报有关管理部门批准，不宜过于频繁举办、挤占公共资源。要选择恰当的时间，不宜结束得太晚，打扰周边居民的休息。因为活动在室外露天举行，所以要考虑天气的影响，可以用帐篷搭设专门的休息区和后台。企业在广场上开展商业活动也要注意不要扰乱公共秩序、危害公共安全，要维护公共设施和环境卫生。

三、广场活动主持技巧

（一）主持人要有专业精神

广场活动是大众文化的一种表现形式，具有公共性的特点，其内容要积极健康、文明向上、雅俗共赏。主持人的有声语言表达、服饰妆容、行为举止都要符合主流的审美观、价值观。主持人言语粗俗、行为怪异会惹人厌弃，而附庸风雅、故作清高也会与普通观众的生活格格不入。虽然广场不是非常正式的场合，但主持人还是要保持高度的专业精神。

（二）主持人要把控现场

举办广场活动的场地具有开放性的特点，观众与主持人的空间距离非常接近，同

---

① 傅敏.关于广场文化的几点思考[J].实践,2000(7):38-39.

时主持人对观众的行为约束力较弱,所以主持人要有良好的心理素质和丰富的临场经验,兼具较强的亲和力和领导能力。观众的反馈不是设定的,有很大的不确定性,现场的条件有限,也难免会出现各种各样的状况,所以主持人要善于化解冷场和尴尬,维持现场秩序,保障活动有序进行,最终取得良好的传播效果。

(三)主持人要能吸引观众

广场活动具有自发性,观众不是特定的,并且来去自由,所以主持人的台词要快速抓住人们的兴趣,忌冗长乏味。可以准备一些简短的笑料,用具有生活气息的语言吸引行人留步。有时可以开展一些现场问答、抽奖等活动,用物质奖励的方式使观众驻足。注意观察现场观众的反应,及时对活动做出调整,避免观众流失。还可以主动向观众发出邀请,调动起人们参与活动的积极性。

第五节 赛事活动主持

赛事活动在日常生活中开展得非常普遍,因其浓厚的竞争氛围以及比赛项目本身的魅力而深受广大群众的喜爱。根据竞赛类型,赛事活动可以分为个人竞赛、团体竞赛、个人及团体竞赛;根据赛程赛制,赛事活动可以分为初赛(预选赛、小组赛)、复赛(淘汰赛、1/8决赛、1/4决赛、半决赛)、决赛、复活赛(落选赛)、附加赛;根据比赛项目的性质,赛事活动可以分为知识性竞赛、文娱性竞赛、体育竞技类竞赛和技能类竞赛等;根据比赛的具体内容,赛事活动可以分为歌咏比赛、知识竞赛、演讲比赛、辩论赛等。

一、赛事活动的筹备

赛事活动举办的基本标准是公正公平、赛出水平。为此,前期策划筹备工作非常重要。大型的赛事活动一般都会设立赛事筹备委员会、组织委员会以及评审委员会分工负责各项工作。

赛事筹备委员会的主要职责是确定活动开展的时间地点、参赛的范围和赛事的规模,筹集资金,成立组委会和评委会。筹备委员会应科学合理地制定比赛的赛制赛程,并及早向公众发布比赛的相关信息(比赛内容、规则、参赛条件、场地、时间、奖励办

法、负责人等),给参赛单位或个人充分的准备时间。筹备委员会还可以给比赛确定一个主题,如"相约平安、走向和谐"消防知识竞赛、"劳动最光荣"五一节职业技能比赛等,增强活动的社会意义。

各种赛事活动的比赛项目多种多样,赛程也不尽相同。一般来说,赛事活动的流程包括:第一,主持人致开场白,内容包括问候观众、介绍比赛主题、活动内容(举办单位、比赛的赛制和赛程以及比赛的盛况等)、评委和嘉宾。第二,嘉宾致辞。第三,主持人宣布比赛开始。如果比赛是参赛选手轮流进行,主持人可直接邀请第一位(或第一组)参赛者,并对其进行简单介绍。如果是所有参赛队伍同时进行比赛,主持人则应一同请出参赛者,并分别予以介绍。第四,进行比赛。第五,比赛结束。有时统计出比赛结果需要一段时间,主持人可以请评委对比赛进行点评,或者请嘉宾表演节目。第六,宣布比赛结果。如果是决赛,还会接着进行颁奖。第七,主持人致结束语。

二、赛事活动主持技巧

(一)主持人要熟悉比赛规则和流程

在赛事活动中,主持人按照既定的赛制和赛程对比赛进行指挥和协调,选手、评委以及嘉宾等都要按照主持人发出的相关信号行事。所以,主持人要熟悉比赛规则和流程,语言简洁准确。特别是在知识竞赛中,主持人一定要口齿清晰、反应敏捷。

(二)主持人要善于调控现场

参赛选手是赛事活动的主角,主持人要突出选手们的风采,不可喧宾夺主。主持人要善于调节赛场的张力,当气氛太过平和时,要促进形成激烈的竞争局面;而当赛场气氛过于热烈的时候,主持人要稳住参赛者的情绪,鼓励落后者不要气馁,提醒领先者戒骄戒躁。在选手过于紧张、出现失误等情况下,主持人要帮助他们化解尴尬,避免冷场。

(三)主持人要照顾观众

除了在场上协调、指挥比赛的进行,主持人也要照顾好场下的观众:一要让观众看懂比赛,二要让观众享受比赛。在观众不熟悉某些项目时,由于距离较远看不清比赛的细节时,或是体育、技能比赛中沉默的时间过长时,主持人需要对比赛过程进行解说。所以主持人应对比赛的项目较为熟悉甚至精通,在赛前做好收集资料的工作。在赛事活动中,主持人适时地"插科打诨"、制造悬念和激情发挥,无疑能够大大增强比赛的趣味性、精彩度和可看性。

（四）主持人要注重公平

比赛最注重公平,主持人要对所有参赛者一视同仁,避免因为自己的言行对参赛者造成压力。无论赛事进行中还是结束后,主持人不应该凭自己的主观判断决定胜负,而要依从比赛的规则,听从组委会和评委的决定。

（五）主持人的形象气质要与赛事相协调

主持人的形象气质应与比赛的项目、类型和规格相协调,一般来说应干练大方,不可矫揉造作、扭扭捏捏。体育竞技类比赛的主持人应运动健康、充满活力,知识竞赛活动的主持人应才思敏捷、博学睿智,文艺类比赛的主持人应举止高雅、富有文艺气质。

三、赛事活动主持应用

"湖南移动·服务领先杯"纪念中国共产党成立××周年红色诗词朗诵比赛暨"感动湖南"全省演讲大赛总决赛

谢伦浩：七月,是历史的纪念碑,凝聚着共产党人执着的追求。

聂　琪：七月,是辉煌的交响乐,奏响了共和国壮丽的华章。

谢伦浩：伟大的中国共产党高举明灯,为我们指引前进的方向。

聂　琪：伟大的中国共产党执掌舵手,为我们引领前进的航程。

谢伦浩：中国共产党经历了风风雨雨,一步一步走向辉煌。

聂　琪：中国共产党历经了浴血奋战,一年又一年走向富强！

谢伦浩：尊敬的各位领导,各位来宾,

聂　琪：亲爱的朋友们,

合：大家好！

谢伦浩：为了隆重纪念中国共产党成立××周年,由湖南省演讲与口才协会和湖南移动公司主办,由长沙市总工会、中南大学企业文化研究中心承办的"湖南移动·服务领先杯"纪念中国共产党成立××周年红色诗词朗诵比赛暨"感动湖南"全省演讲大赛前不久在全省范围内拉开了帷幕。

聂　琪：经过层层的选拔，有十名优秀的选手脱颖而出，来到了今天总决赛的现场。

谢伦浩：在比赛之前，请允许我向大家隆重介绍莅临今天比赛现场的各位领导和嘉宾，他们是……欢迎大家的光临！本次比赛得到了各级领导的大力支持，也得到了社会各界的普遍关注，尤其是得到了湖南移动的大力赞助。他们对演讲事业的支持，对文化事业的关心，令我们非常感动。下面我提议，我们大家把掌声送给支持和赞助本次活动的所有人！

聂　琪：谢谢！

谢伦浩：演讲比赛离不开公开、公正和公平的评判，担任今天比赛评委的是湖南资深演讲专家和演讲理论家。下面我给大家介绍一下……

聂　琪：欢迎各位的到来。接下来让我们用热烈的掌声有请×××先生来为大家宣读比赛的规程，有请！

聂　琪：好的，谢谢×××先生。本次比赛还设置了团体钻石奖、团体金奖、个人钻石奖、个人金奖等奖项。在此我们也预祝各位选手取得优异的成绩。首先，我们有请一号选手×××，他演讲的题目是《长明的灯塔》，朗诵题目是《七律·到韶山》，有请！

谢伦浩：现在前三位选手的分数已经出来了。一号×××，去掉一个最高分××分，去掉一个最低分××分，一号选手的最后得分是××分；二号……下面演讲的选手×××来自株洲，他演讲的题目是《飘扬在大山深处的一面旗帜》，朗诵的题目是《七律·到韶山》。

聂　琪：九号选手的最后得分是……好的，现在十位选手都已经演讲完毕，我们的工作人员正在进行紧张的统分工作，待会儿我们会为大家揭晓最终结果。

谢伦浩：朋友们，今天在比赛的现场，我们请来了一位特殊的嘉宾，她就是2007感动中国年度人物——李丽女士。李丽一岁的时候由于患小儿麻痹不能行走，七岁的时候勇敢地站了起来。但是，32年之后一次车祸却使她只能永远与轮椅为伴，她却用执着的信念支撑起了精彩的人生。

聂　琪：李丽的脸上总是挂满了笑容，虽然只能与轮椅相伴，但她的心扉却永远敞开着。她被亲切地称呼为"湖南的张海迪"，我建议，现场的观众朋友们用最热烈的掌声有请李丽上场！

谢伦浩：非常感谢李丽女士打动人心的演讲，希望她的言行能够成为我们学习的楷模。让我们再次把掌声送给这位身残志坚的好榜样！

聂　琪：我们为了她的坚强，为了她的执着，为了她身上的那股勇气而鼓掌，也为她对生活的热爱而鼓掌。我也记住了李丽女士的一句话，"活着一切都好办"。谢谢！现在我来公布十号选手的最后得分……

谢伦浩：好，下面有请湖南省社科联主席×××讲话，有请！

聂　琪：谢谢×××主席的精彩讲话。接下来我们有请省委宣传部部长×××先生讲话。

谢伦浩：非常感谢×××部长精彩的演讲、动人的朗诵和中肯的点评。朋友们，大家非常关注的时刻已经到来。比赛的结果已经出来了……

聂　琪：我们请到的颁奖嘉宾是……

谢伦浩：下面我们有请湖南省演讲与口才协会会长×××致辞！

谢伦浩：七月的骄阳如火，把豪放的热情挥洒大地。

聂　琪：七月的党旗如日，把真挚的关爱洒满人间。

谢伦浩：鲜红的党旗经历了××个春秋更加鲜艳。

聂　琪：庄严的党徽经历了××载的锤炼更加夺目！

谢伦浩：朋友们，在这举国欢庆的日子里，让我们共同祝福，祝福我们伟大的党更加灿烂、辉煌！

聂　琪：也让我们共同祝愿，祝愿我们伟大的祖国永远年轻、繁荣昌盛！

谢伦浩：尊敬的各位领导、各位来宾，

聂　琪：亲爱的朋友们，

谢伦浩："湖南移动·服务领先杯"纪念中国共产党成立××周年红色诗词朗诵比赛暨"感动湖南"全省演讲大赛到此结束！

聂　琪：朋友们，再见！

第五章
仪式庆典主持

仪式指典礼秩序形式,比如签约仪式、交接仪式、剪彩仪式、奠基仪式、启动仪式等;庆典指庆祝典礼,有颁奖典礼、周年庆典、毕业典礼、开学典礼等形式。仪式和庆典虽然都是"典礼",但还是有一定区别的。前者重在"式",是在人际交往中,特别是在一些比较庄严、隆重、热烈的正式场合里,为了激发出席者的某种情感,或者为了引起人们的重视,而郑重其事地参照合乎规范与惯例的程序,按部就班地举行的某种活动的具体形式。其议程明确,主持人常采用宣读式的语气进行主持。而后者更突出"庆",是为庆祝某一重大事件或成绩而举行的、充满喜庆气氛的活动,内容更加丰富,形式更加自由,参与者也更多。

第一节 签约仪式主持

一、签约仪式概说

签约仪式又称签字仪式,通常是指订立合同、协议、条约的各方在合同、协议、条约正式签署时所举行的正规仪式。举行签约仪式不仅是对谈判成果的公开化、固定化、系统化、文字化,而且也是有关各方对自己履行合同、协议和条约所做出的一种正式承诺。签约仪式虽然是一种礼仪形式,其内容却是严肃的、不容单方面更改的。在签约仪式上签下的合约或合同,具有法律效力。国与国之间缔结条约、约定、协定要经过双方全权代表签字;国家领导人互访时,发表的联合公报、联合声明要经过签字;两国政府有关部门就经济、贸易、文化、科技等各项业务达成的协议、协定、议定书,也要经过签字;国际、国内各企业、团体之间就合作项目达成的协议、合同、契约等也要经过签字才能生效。所有这些经过双方代表签字的文本(有时还要经过其他必要的批准手续),对双方具有约束力,具有相应的法律效力。

签约往往被视为一种有关各方的关系取得重大进展的标志,以及为消除彼此之间的误会或矛盾而达成的一致性见解,因此受到高度重视。在商务交往中,签约仪式可以树立主办单位的良好形象,从而提高其知名度和美誉度,引发社会对主办单位的关注,有助于培养主办单位全体员工的自豪感、归属感和集体荣誉感,表达对合作对象的诚意、对合作的积极态度和重视程度。

二、签约仪式的筹备

举行签约仪式一是对双方合作的初步成功和开始表示祝贺;二是表示双方合作开始生效,权利义务确定并开始履行;三是向社会和有关各方宣布。一般来说,筹备签约仪式要注意以下几个方面。

(一)准备待签文本

应为在合同上正式签字的各方均提供一份待签的合同文本,必要时,还应向各方提供一份副本。如果准备签署的是涉外文件,待签文本应该同时使用有关各方的官方语言,或者使用国际上通行的语言。使用外文撰写文件时要注意用词准确、严谨,避免使用容易产生歧义的单词,不能漏掉任何细节内容。各方签署的文件应内容相同,不可出现差别。待签文本应用高级白纸印制,按大八开的规格装订成册,封面用真皮、软木等材料精装。

(二)布置签约厅

签约厅可以是常设专用的,也可以使用会议厅、会客室代替。会场的装饰风格应庄重整洁、简单素雅。室内铺上地毯,除了一些必要的桌椅布景和音响设备以及少许鲜花,不需要繁复的装扮。需要注意的是签字桌的摆放:正规的签字桌应为长桌,供各方同时使用,体现平等的地位。桌上铺上深绿色台布,显得庄重大气。签字桌应横放于室内,面对正门。除了设一张长形桌,还可以设两张签字桌,双方签约人员各坐一桌,参加仪式的人员坐在签字桌对面。签字桌上要事先安放好待签的合同文本及签字笔、吸墨器等所需文具,仪式开始前工作人员必须仔细检查各项物品,防止出现合同文本错误或者签字笔损坏等状况。若是与外国有关方面签署涉外合同，还要在签字桌前端插放各方的国旗，各方签约人的国旗应摆在该方代表前方。背景墙上也可以悬挂国旗，其位置应与签约旗位置一致。

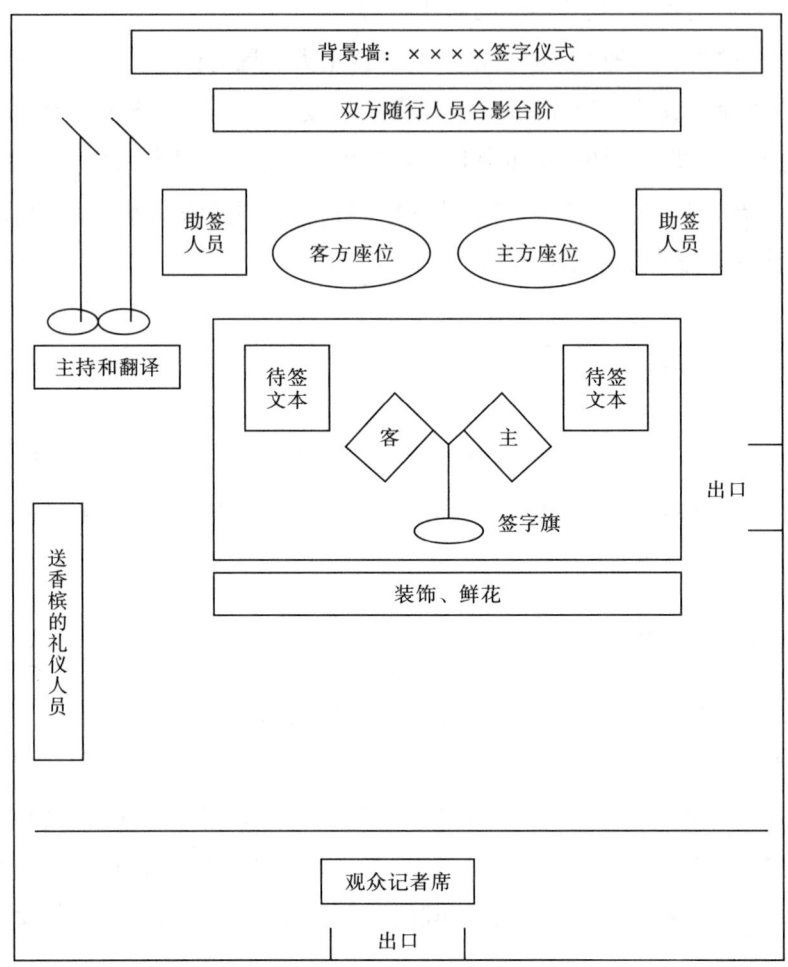

图 5-1　签约仪式场地布置

（三）安排签约座次

商务礼仪对签约仪式的座位安排非常讲究，因为它直接体现各方的礼遇问题，为突出各方平等和对客方的尊重，主办方一定要慎重考虑签约座次。签约仪式的座位安排一般有三种形式：一是并列式。这是签署双边性合同最常见的座位安排方式。每位签约人都应安排一张座椅位于签字桌后，面对正门，客方位于主方的右手边。双方的助签人应分别站立于各自一方签约人的外侧，以便随时向签约人提供帮助。双方随行人员可以按照职位的高低,依次自左至右(客方)或是自右至左(主方)列成一行,站在己方签约人的身后。当一行站不完的时候,可以按照职位高低顺序遵照前高后低的惯例,排成两行、三行或四行。原则上双方随行人员人数应大体相当。如果是多边协议,可以为每位签约人各准备一张座椅,此为并列式排座;也可以只准备一张座椅,让签约人轮流就座签字,即主席式排座。一般三方签约仪式常采用并列式排座。主方位于中间,客方坐两边;或者政府领导坐中间,其左手边为主方,右手边为客方。二是相对式。这种方式和并列式排座基本一致,不同之处在于,相对式排座将双方的随行人员移至各方签约人的对面落座。三是主席式。主要用于多边签约仪式。只设一个签字椅,各方签约人签字时,按照有关各方事先同意的先后顺序,依次上前签字,签字后返回原处就座。各方的助签人应随之一同行动,站立于签约人左手侧。有关各方的随行人员应按照一定的序列面对签字桌就座或站立。

三、签约仪式的议程

(一)宣布开始

主持人宣布签约仪式正式开始,有关各方人员先后进入签约厅,在既定的位置上就位。

(二)签署文件

主持人宣布签约人正式签署合同文本,通常的做法是首先签署己方保存的合同文本,接着签署他方保存的合同文本。商务礼仪规定,每个签约人在由己方保留的合同文本上签字时,应名列首位,这样可使有关各方均有机会居于首位一次,以示机会均等、各方平等。

(三)交换文本

主持人宣布签约人正式交换有关各方已经正式签署的合同文本。为了表示友谊、合作成功,各方签约人应热烈握手,互致祝贺,互相交换各自使用过的签字笔,以示纪念,这时全场人员应鼓掌祝贺。

(四)饮酒庆贺

主持人宣布共饮香槟互相道贺。这是签约仪式的最后一项进程。一般情况下,商务合同在正式签署后,应提交有关方面进行公证,此后才正式生效。在有的签约仪式上,主持人会酌情添加请有关人士讲话或是双方互赠纪念品等简短的环节。在签约人员交换签署文件时以及仪式结束后,所有随行人员应拍照留念。

四、签约仪式主持技巧

（一）主持人要注意着装

因为签约仪式比较正式、庄重,所以主持人的形象气质应沉稳大方,一般由主方公共关系部门或宣传部门的负责人担任。由在促成各方合作的过程中起到重要作用的中间人来主持签约仪式,也是一种比较好的选择。主持人应当穿着具有礼服性质的深色西装套装、中山装套装或西装套裙,并配以白色衬衫与深色皮鞋,男士还必须系上单色领带以示正规,女士妆容宜淡雅大方,忌浓妆艳抹。礼仪接待人员的服装也要正规,男士可以穿工作制服,女士穿旗袍一类的礼仪性服饰。出席签约仪式的签约人员和随行人员也应穿正式的西装套装或套裙,以示尊重。

（二）主持人要推进仪式进程

主持人在签约仪式上主要起穿针引线的作用,最主要的职责就是推进仪式的进程,主持签署协约或合同。所以主持人要熟悉签约仪式的议程和礼节,确认待签的合同文本内容准确。签约仪式的时间不应太长,但程序必须规范,气氛应庄重而热烈,所以主持人要把握好仪式的节奏和基调,控制好说话的速度和声音的强度。签约仪式对细节要求较严格,主持人务必吐字清晰、表达准确、说话得体、简洁明快,要礼貌称呼参加签约的各方人士,平等对待他人。主持人举手投足之间要显示出东道主的风度和对客方的尊重,从而树立良好的形象,增进主客方的友谊。

（三）主持人要注意与翻译的配合

签署涉外商务合同的签约仪式,现场还要有一名翻译将主持人说的话准确翻译传达给外国客人。主持人要注意与翻译的配合,说话不要急、抢。翻译人员应将主持词事先翻译好。

五、签约仪式主持应用

海峡两岸关系协会、海峡交流基金会签字仪式

双方随行人员在背景墙前台阶上站定。

主持人：请海基会江丙坤董事长及夫人、海协会陈云林会长及夫人入场。

请陈云林会长、江丙坤董事长签署三项协议。

请礼宾人员互换已签署完成的三项协议。

请陈云林会长、江丙坤董事长签署三项协议。

请礼宾人员互换已签署完成的三项协议。

请陈云林会长与江丙坤董事长交换协议文本。

下面，请双方互赠纪念品。请礼宾人员引导陈会长、江董事长就位。

请陈云林会长致赠江丙坤董事长纪念品。请海协会×××常务副会长做介绍。

请江丙坤董事长致赠陈云林会长纪念品。请海基会×××副董事长做介绍。

请陈云林会长、江丙坤董事长同两会观礼人员合影。

请陈会长、江董事长及海协会、海基会两会观礼人员举杯互致敬意。

两会签署协议仪式到此结束。谢谢各位！

第二节 开业仪式主持

在单位创建、开业，项目落成、完工，某一建筑物正式启用，某一道路、航道开通，某项活动开幕，或是某项工程正式开始之际，为了表示庆贺或纪念，按照一定的程序所隆重举行的专门的仪式就是开业仪式，也称为开业典礼。开业仪式在日常生活，特别是在商务活动中应用非常广泛，还可以细分为开幕式、奠基仪式、下水仪式、通车仪式等多种形式。开业仪式如果举办得宜，有助于塑造本单位的良好形象，提高知名度与美誉度；有助于扩大事件、项目的社会影响，吸引社会各界的注意，招徕顾客。

一、开业仪式的分类

开业仪式有很多种具体形式,不同的开业仪式议程也有所不同。一般来说,常见的开业仪式有以下几类。

（一）开工仪式

狭义的开工仪式是指厂矿企业准备正式生产产品或开采矿石时举行的庆祝仪式,广义的开工仪式还包括奠基仪式和破土动工仪式。前者是指一些重要的建筑物,如大厦、场馆、园林、纪念碑等在动工修建之际正式举行的庆贺性、纪念性活动;后者是道路、水库、桥梁、电站、厂房、机场、码头、车站等重要工程正式开工之前所举行的特别仪式。开工仪式一般都在生产现场或施工工地举行,其中奠基仪式的具体奠基地点按照常规应在建筑物正门的右侧。

三种开工仪式的议程基本相同:第一,主持人宣布仪式开始,介绍领导和来宾。第二,全体起立,奏国歌。第三,主人致辞,介绍单位和项目的情况,感谢来宾。第四,来宾致辞祝贺。第五,正式开工。三者的区别在于第五项议程的具体操作不同。厂矿开工仪式的正式开工环节是由主持人引导本单位的主要负责人陪同来宾代表来到机器开关或电闸旁,首先对其躬身施礼,然后再动手启动机器或合上电闸,全体人员此刻鼓掌致贺。随后全体职工各就各位、上岗操作,在主人的带领下全体来宾参观生产现场。破土仪式的第五项议程具体是:众人站在破土之处周围,破土者双手执系有红绸的铁锹垦土三次,以示良好的开端,全场鼓掌,演奏喜庆音乐或燃放鞭炮。大型工程也可以用挖土机来进行破土。顾名思义,奠基仪式就是用奠基的方式宣告项目工程的开工。此时应鸣锣敲鼓或演奏喜庆乐曲,首先由奠基人双手持握系有红绸的新锹为奠基石培土,随后,再由主人与其他嘉宾依次为之培土,直至将其埋没为止。

（二）开幕仪式

开幕仪式是指公司、企业挂牌成立,宾馆、商店等正式营业之前,或论坛、文化艺术节、展览会等大型聚会、会议正式启动之前所举行的相关仪式,是开业仪式最常见的形式之一。开幕仪式要办得很隆重,需要较为宽敞的活动空间,如大厦前面的广场、展厅主入口前、室内大型多功能厅等处。开幕仪式主要程序有:第一,观众、宾客及主人入场。第二,主持人宣布仪式开始,介绍来宾。第三,主人致欢迎辞。第四,来宾代表发言祝贺。第五,邀请专人揭幕或剪彩。第六,宣布正式对外营业或聚会开始,主人陪同来宾进行参观,开始接待顾客或观众。有的开幕仪式结束后主人也会安排文艺演出来增添热闹欢乐的气氛。

(三)竣工仪式

竣工仪式又称落成仪式或建成仪式,是指某一重要建筑物或某项设施建设、安装工作完成之后,以及某种意义特别重大的产品生产成功之后,专门举行的纪念性活动。仪式举行的地点一般在新建成的园区内,或是新落成的建筑物旁边。竣工仪式的一般流程如下:第一,仪式开始,介绍来宾。第二,全体起立,奏国歌或本单位标志性歌曲。第三,本单位负责人发言,以介绍、回顾、感谢为主要内容。第四,进行揭幕或剪彩。第五,全体人员向刚刚竣工或落成的建筑物行注目礼。第六,来宾致辞。第七,进行参观。

(四)下水仪式

下水仪式是指在吨位较大的轮船建造、验收完毕,交付使用之际,为其正式下水起航而专门举行的庆祝性活动。下水仪式通常在新船码头上举行,议程有:第一,仪式开始,介绍来宾。第二,全体起立、奏国歌。第三,由造船方介绍新船的基本状况,包括船名、吨位、马力、吃水、载重、工价等内容。第四,主办方致辞。第五,行掷瓶礼,同时用斧头砍断缆绳,新船正式下水。掷瓶礼是新船下水独有的节目,由女士如船主的夫人手握一瓶正宗的香槟,用力将瓶身向新船的船头投掷,使酒瓶破碎,酒沫飞溅、香气四溢。所有到场者行注目礼,并热烈鼓掌。

(五)通车、首航仪式

通车仪式是指在重要交通设施,如公路、铁路、隧道、桥梁完工并验收合格之后,正式举行的启用仪式。地点一般选在新建道路、桥梁或隧道的某一端。通车仪式的一般流程如下:第一,主持人首先宣布仪式开始,介绍来宾。第二,全体起立,奏国歌。第三,主人致辞,介绍新开通的路线基本情况、致谢。第四,来宾代表致辞祝贺。第五,正式剪彩。第六,正式通行首辆车辆,主宾代表一起登车而行,或由主人所乘坐的车辆行进在最前方开路。在开通某一条新航线(航空、航海)之际,所举行的庆祝活动称为通航仪式,又称首航仪式。新造的飞机、轮船正式投入使用前举行的庆祝活动也常称为首航仪式。具体的议程与通车仪式大同小异。主宾代表不必亲自登机、登船、乘坐航班,只需接见航班乘务人员,肃立并目视航班起航即可。注意飞机首航不可放飞白鸽、气球。

二、开业仪式的筹备

举办开业仪式务求气氛热烈、准备周到,显示主办方的良好形象。但过于追求排场、一味铺张浪费会适得其反,引起人们的不满,要注意把握好度。筹备开业仪式,应从以下几个方面入手。

(一)布置场地

如果是在室外甚至施工、作业现场举行开业仪式,一定要注意场地的平整和清洁,注意安排停车位置。还应搭建彩棚,供来宾休息、观礼,并应明确标示停车场、签到处、贵宾室、休息室、洗手间、后台等场所的位置。来宾站立的地方和主要通道要铺上红色的地毯,有的开业仪式需要搭建主席台、准备座椅和背景板。场地四周用横幅、标语、气球、彩旗等装饰。在场地的入口可竖起彩虹门,将来宾赠送的花篮置于门两侧。平行下水仪式、首航仪式,要对船身进行一定的装饰,船头由红绸系上大红花,两侧船舷绑彩旗彩带。通车仪式的现场及沿线两旁应适当地插上彩旗、挂上彩带横幅,处女航的汽车或火车车头应系上红花,车身两侧系飘带等。

(二)约请、接待来宾

要仔细选定应邀请的地方领导、上级主管部门领导、地方职能管理部门领导、合作单位与同行单位的领导、社会团体负责人、社会贤达及媒体人员,提前发出请柬。可选择报纸、电视等大众传媒刊登广告,公布开业仪式的举行日期、地点、主办单位等信息,吸引公众的关注。开业仪式当天要做好来宾的接待服务工作。单位负责人应亲自接待贵宾和主要来宾,一般来宾则由统一穿着旗袍或西装套裙的礼仪小姐在入口处负责迎接。主办单位全体工作人员要有主人翁意识,佩戴好工作牌,热情、负责地回应来宾的要求和疑问。

(三)准备物品

在仪式开始前要仔细检查开业仪式所需的各种工具是否齐全,各种建筑物机械是否就位。如剪彩要用的剪刀、托盘和彩带,揭幕仪式所用的红绸、牌匾,开工仪式要用的铁锹或挖土机,下水仪式中的香槟、斧头等,这需要由专人负责看管。还要准备来宾的签到簿、胸花、座位和桌签(姓名牌),本单位的宣传展示材料、话筒、音响设备、鞭炮以及茶叶、开水等。要精心准备礼品,赠送给到场的来宾。礼品要具有宣传性和纪念性,可选用本单位产品或在包装上印有本单位企业标志、开业日期等。奠基仪式中使用的奠基石,应为一块完整无损、外观精美的长方形石料,文字一般用楷体竖写。右上款刻建筑物的正式名称,中央刻"奠基"两个大字,左下款刻上奠基单位的全称以及举行奠基仪式的具体年月日。在奠基石的下方或一侧,还要安放一只密闭完好的铁盒,内装与该建筑物有关的各项资料以及奠基人的姓名,同奠基石一起被奠基人等培土掩埋于地下。

(四)组织培训员工

开业仪式的内容较为烦琐,要想办得周到顺利,需要主办单位全体工作人员的共同努力。要合理分工,确定负责迎宾接待、后勤保障、节目表演的人员,并事先通知开业仪式具体的程序,明确其具体工作内容。对接待人员进行礼仪培训,统一着装、端正仪容。整齐有序的仪式可以展现员工的素质,增强本单位员工的自豪感和集体凝聚力。开业仪式如果邀请了锣鼓乐队来演奏喜庆的曲目,应与之做好沟通,也可以由音响代替乐队。

三、开业仪式主持技巧

开业仪式对主持人的身份要求较高,一般开业仪式的主持人应是主办单位的领导人或负责人,办公室主任、秘书长或是宣传公关部长也可担任。主持人要有较广泛的社会关系,与来宾熟识,在仪式中能够较为轻松地营造亲切友好的氛围。主持人最好参与开业仪式的筹备工作,掌握仪式的各项细节。商店开业、展会开幕也会聘请专业的主持人,此时主持人更应该熟悉相关情况,心中有数才能得心应手、避免失误。

因为开业仪式的种类很多,主持程序不一,所以开业仪式主持人应该是个多面手,通晓开业仪式的规矩和礼仪。主持人不要以为自己的工作时间只有仪式举行的短短几十分,而应参与到来宾的接待工作中去。在仪式开始前或结束后,可与主要来宾多交流沟通,陪同参观介绍本单位的主要设施,或者在休息室与之座谈,以拉近与来宾的关系。

开业仪式应在上午举行,时间不宜过长,一般为半小时以内,最长不宜超过一个小时。所以主持人说话要简洁,不要长篇大论。要注意与工作人员的配合衔接,确认好各项议程的顺序安排,不要有长时间的等待和中断。主持人着装应正式、庄重,可佩戴胸花增添喜庆的色彩。女主持人应化妆。

开业仪式非常讲究吉利,追求欢乐、喜庆、隆重的效果。主持人要用热烈、具有鼓舞力量的语气调动全体出席者的情绪,避免出现乏味沉闷的场面。如果是主持纪念碑、纪念馆落成,则要庄重肃穆,语调沉稳。户外容易有一些突发状况,主持人要善于打圆场,让会场保持适宜气氛。

一位主持人在下水仪式的主持过程中突然遇到风沙,见来宾的情绪受到了影响,他开口说道:"各位来宾,在这个喜庆的日子里,风婆婆也不甘落后,情意绵绵地跑来助兴,你们看,'新人'(新船)的彩带飘飘,愈发秀美了。"

这一席话引来阵阵掌声,现场的气氛更热烈了。

四、开业仪式主持应用

中国长安汽车集团合肥基地奠基仪式

司　仪:尊敬的各位嘉宾,各位朋友,让我们以热烈的掌声欢迎领导们登台就位。尊敬的各位领导、各位嘉宾、各位朋友,接下来有请本次奠基仪式的主持人——合肥市委常委、合肥市副市长×××先生,有请×××副市长!

主持人:尊敬的各位领导、各位来宾,大家上午好!为贯彻落实工业立城战略,继续深化与中央企业的合作发展,夯实建设区域性特大城市的产业基础,今天,我们在这里隆重举行中国长安汽车集团合肥基地项目奠基仪式,受×××书记委托,在此我谨代表合肥市委市政府,向出席奠基仪式的各位领导、各位来宾表示热烈的欢迎!首先请允许我介绍出席今天奠基仪式的各位领导和嘉宾。出席今天奠基仪式的安徽省和中国兵装集团的领导有……出席今天仪式的长安汽车集团领导有……出席今天仪式的合肥市领导有……让我们再次以热烈的掌声欢迎各位领导和嘉宾的到来!今天的奠基仪式有以下议程:第一项,请合肥昌河公司××总经理介绍项目情况。大家欢迎!

主持人:刚才我们省政府副秘书长×××同志又专程赶到了今天的奠基仪式现场,让我们再次以热烈的掌声表示欢迎!第二项议程,请中国长安汽车集团副总裁、合肥昌河汽车有限公司董事长×××同志致辞,大家欢迎!

主持人：×××董事长说得非常好，下面进行第三项议程，请合肥市委常委、常务副市长×××同志致辞，大家欢迎！

主持人：第四项，让我们用热烈的掌声有请安徽省委常委、省政府副省长×××同志宣布中国长安汽车集团合肥基地项目开工！

主持人：请各位领导为项目奠基培土！

河北航空投资集团　河北航空公司成立大会暨河北航空公司首航仪式

时间：×年×月×日上午

地点：石家庄正定国际机场南停机坪

主持人：尊敬的各位领导、各位来宾，女士们、先生们，今天，我们欢聚一堂，隆重举行"河北航空投资集团、河北航空公司成立大会暨河北航空公司首航仪式"。应邀出席大会暨首航仪式的来宾有……，让我们以热烈的掌声对各位领导、各位来宾的光临表示诚挚的欢迎和衷心的感谢！首先请河北省副省长×××同志宣读省政府《关于同意组建河北航空投资集团暨河北航空公司的批复》。

主持人：现在，受中国民航局委托，由民航华北地区管理局局长×××同志为河北航空公司颁发经营许可证，颁发运行合格证！有请×××局长，河北航空公司×××同志！

现在，请冀中能源集团董事长、河北航空投资集团董事长×××同志发言！

现在，请四川航空集团公司总裁×××同志发言！

现在，请中国民用航空局副局长×××同志讲话！

现在，请河北省委常委、常务副省长×××同志讲话！

现在，有请河北省委书记×××同志、中国民航局副局长×××同志为河北航空投资集团有限公司揭牌！有请河北省省长×××同志和四川省副省长×××同志为河北航空公司揭牌！

现在，请河北省委书记×××同志宣布河北航空公司首航班机起航！

（奏乐，以首航飞机为背景进行歌舞表演。全体起立，目视飞机起航。）

知识延伸阅读

闭幕式

大型会议、展览会、运动会、文化节、系列活动等结束时往往会举行正式的闭幕式。与开幕仪式相似,闭幕式一般在会议、活动的举办现场进行。主办方要做好来宾约请和接待工作,准备一些有纪念意义的小礼品。特别要注意安排人员在闭幕式结束后清理会场,整理物品。主持人一般由活动的组委会成员担任,穿着要正式而又符合喜庆的主旨,可以用砖红色领带、胸花装点。主持人要在适当的时机,用饱满的热情带动全场,营造和突出闭幕式欢乐、庆祝的气氛。闭幕式的一般程序是:与会人员入场;主持人宣布闭幕式开始,介绍来宾;全体起立,奏国歌、会歌;如果有比赛、评奖活动,往往还要进行颁奖;组委会对活动期间所取得的成绩、达成的会议成果等进行总结报告;主办方致答谢辞,感谢上级部门的关心,合作单位的支持,本单位工作人员的努力,新闻媒体以及全社会的关注;一般由出席仪式的最高级别领导宣布活动胜利闭幕;如果是周期性的活动,还应将会旗等标志性物品转交给下一任活动主办方;闭幕式的最后通常会进行文艺汇演,全体与会者联欢或组织与会者参观成就展、图片展等。

第三节 剪彩仪式主持

根据核心议程不同,开业仪式有挂牌仪式、揭幕仪式、剪彩仪式、奠基仪式、破土动工仪式等不同种类。其中,剪彩仪式应用最为广泛。不管是有关单位庆贺公司成立、企业开工,宾馆落成、商店开张、银行开业、大型建筑物启用,或是道路、航线开通、展览会开幕等,都可以采用剪彩仪式进行庆祝。剪彩仪式附属于开业仪式,但由于其礼仪要求较多、应用最广,所以特别单独列出来详细说明。

一、剪彩仪式的筹备

剪彩仪式通常是附属于开业仪式的,所以仪式的各项准备工作可以参考开业仪式的内容。

(一)剪彩用具准备

第一,"彩"。剪彩仪式中的"彩"是一整匹未曾使用过的红色绸缎,在中间结成数朵花团,花团要大而醒目,间隔均匀。花团的数目取决于现场剪彩者的人数,应比现场剪彩者多一个,使剪彩者总是处于两朵花团之间,显得正式。第二,剪刀。要为每位剪彩者准备一把新剪刀,大小合适、锋利好用。剪彩仪式结束后,主办方可将每位剪彩者所使用的剪刀包装后送给对方作为纪念。第三,手套。在正式的剪彩仪式上,剪彩者要戴白色薄纱手套,以示郑重。手套要舒适平整、大小适宜、数量充足。第四,托盘。用来盛放缎带、剪刀、手套,一般为不锈钢材质,铺上红色绒布或绸布。每个花朵都要配一只托盘,由礼仪小姐手托。第五,红地毯。剪彩者站立处要铺设干净的红地毯,要有一定的长度和宽度。第六,手持礼花炮。还可以准备手持礼花炮,在剪彩时拉响,增添会场喜庆的气氛。

(二)剪彩人员

第一,剪彩者。在剪彩仪式上担任剪彩者是一种荣誉,通常由上级领导、合作伙伴、社会名流、员工代表或客户代表担任。为了使仪式更具观赏性,剪彩者人数要适当,与场地大小相适宜,一般在6人以内。要事先获得受邀剪彩者的同意,告知共同剪彩者的信息。剪彩者应着套装、套裙或制服,不能戴帽子和墨镜。第二,助剪者,即礼仪小姐。其工作内容主要有:迎宾、为来宾提供饮水服务、引导剪彩嘉宾上下场、捧花团拉彩、为剪彩者提供剪刀或手套等。应合理安排每位礼仪小姐的工作内容,使剪彩仪式的各项工作有条不紊。礼仪小姐可以从本单位挑选相貌较好、身材颀长、反应敏捷、善于交际的年轻女性担任,也可以外聘。礼仪小姐应化淡妆、盘头发,统一穿着红色旗袍或西装套裙等礼仪性服饰,不宜佩戴过多首饰。

为了避免礼仪小姐人数过多可能导致的场面混乱,有些剪彩仪式会用专用的立柱替代礼仪小姐拉彩。具体做法是为每个花团配一个立柱,事先将花团、剪刀放在铺好红布的托盘上,将托盘放在高度适中、样式统一的立柱上。剪彩时主持人或一名引导礼仪将剪彩嘉宾请到立柱后面站定,嘉宾自行上前剪彩。这种方法操作简单,缺点是不够正规。

二、剪彩仪式主持技巧

剪彩仪式应紧凑有序,一般耗时15分钟至半个小时,不要拖沓冗长。主持人要有条不紊地推进仪式。首先,宣布仪式开始,奏国歌或本单位标志性歌曲,请本单位领导、地方政府领导或主要来宾讲话后即可进行剪彩。在喜庆的乐曲和鞭炮声中,礼仪小姐用托盘盛着缎带花团,从右侧排成一线上场,于台前中央位置站定。拉彩者于两旁拉直缎带,不必拉得过紧。如果花团数目比剪彩者多一个,有时也不必派人拉彩。主持人介绍剪彩者,引导员在剪彩嘉宾左前方引导,从右侧入场。剪彩者上场前应排好次序,不宜在台上做调整。位次的尊卑原则是:中间高于两侧,右侧高于左侧,距中间越远位次越低。如无外宾参加,也可以按照我国以左为尊的传统排次序。剪彩者站定后,礼仪小姐应手捧托盘将剪刀递上,也可以将剪刀放在装花朵的托盘上由嘉宾自取。剪彩者在正式剪彩前应手持剪刀做好剪彩准备,向现场观看仪式的人群微笑致意,在主持人的暗示下协调一致地将花团之间的红色缎带一刀剪断。剪彩以后花团应落入托盘,不可坠地。剪彩者可举起剪刀,向全场致意,然后将剪刀放入托盘,鼓掌祝贺。剪彩者与主人依次握手道喜后由引导员带领从右侧下台。待剪彩者退场后其余礼仪小姐方可列队从右侧退场。至此,剪彩结束,主持人与主办方负责人可以陪同来宾参观,赠送纪念品。

主持剪彩仪式主持人语言要精练准确,语气要鼓舞人心,吐字清晰有力,用寥寥数语营造欢乐的气氛,吸引到场者的注意力,忌平淡冗长。主持人穿着应正式并且符合喜庆热烈的气氛,举止得体,女士应化妆。要注意引导剪彩过程中的礼节,合理控制介绍剪彩嘉宾、请嘉宾就位以及剪彩的时机、节奏。

三、剪彩仪式主持应用

银联在线商城携手上海大众启动网络售车业务剪彩仪式

主持人: 尊敬的各位领导,车主朋友,媒体朋友,下午好!非常感谢各位抽出宝贵的时间来参加由银联在线携手华星集团一汽大众的网络售车剪彩仪式。随着中国电子商务的蓬勃发展,作为中国具有强大影响力和丰富客户资源的银联在线商城与华星集团一汽大众敢为天下先,达成战略合作,开启中国网络售车的新纪元。华星集团也成为银联在线商城售车的又一特许经销商。众所周知,一汽大众一直深受消费者和广大车主的青睐。在这个具有里程碑意义的日子,我们将再次共同创造和见证中国网络售车的奇迹,掀开网络售车的新篇章。我们很荣幸地邀请到了银联在线商城、华星集团及一汽大众的各位领导莅临今天的剪彩仪式现场,他们是……感谢他们的到来,也同样感谢媒体朋友和车主朋友的到来。下面我们有请银联在线的代表×××先生上台致辞!

非常感谢×××先生,下面有请华星集团×××先生致辞!

非常感谢!下面我们将迎来激动人心的时刻。有请……(分别请上六名剪彩者,介绍剪彩者的职务、姓名,待第一位剪彩者在中间位置站定后,再请出第二位,以此类推,先右后左、先中间后两侧站立就位)

请领导开始剪彩!(待剪彩者剪断缎带之时,工作人员拉响手持礼花炮。剪彩者合影留念)

各位领导、各位来宾,我们相信通过银联在线与华星集团的强强联手,一定会开创中国网络售车的美好未来!再次感谢各位的支持!本次活动结束,谢谢各位!

(根据网络视频资料整理,有删改)

 知识延伸阅读

欢迎仪式

欢迎仪式是主办方接待远道而来的贵客、前来视察的上级领导、来访的外国国家元首和政府首脑时,为表尊重而举行的正式活动。欢迎仪式的规格不同,操作流程差别很大。普通规格的欢迎仪式比较常见,企业迎接贵宾、地方迎接上级领导检查时会赴机场迎接,并在单位大楼前或大厅内安排礼仪人员迎宾,有时还组织学生群众或员工手持鲜花和彩旗夹道欢迎,主人简单致辞。这种仪式比较简单,可以不用主持,只要组织好秩序就好。甚至可以省略欢迎仪式,直接用举办欢迎宴会的方式欢迎来宾。

在国际交往中,国家元首、政府首脑正式来访往往要举行隆重的迎送仪式。一般在机场、车站举行,也可在特定的场所举行,如总统府、议会大厦、国际宾馆等地方。要在举行仪式的场所悬挂宾主双方国旗(主左宾右),在行道上要铺设红地毯。欢迎仪式大体包括以下内容:身份相当的领导人和一定数目的高级官员出席,有的还通知各国(或地区)驻当地使节参加;献花;奏两国国歌;来访国宾在主人的陪同下检阅仪仗队;鸣放礼炮,最高规格是21响,为国家元首鸣放,政府首脑鸣放19响,副总理鸣放17响;致欢迎词,也可不做正式讲话,散发书面讲稿;群众欢迎。[①]

---

① 郑务广,陈静和.社交礼仪与服务礼宾艺术[M].厦门:厦门大学出版社,2002:123.

我国欢迎国宾的仪式自1980年9月1日起在人民大会堂东门外广场举行。仪式开始前,我方领导人在人民大会堂东门外台阶前迎接贵宾。贵宾至台阶前下车,少年儿童上前献花(如有贵宾夫人,则有男女儿童二人献花:女童向贵宾献花,男童向夫人献花)。我方领导人与贵宾握手,并把我方出席欢迎仪式的官员介绍给贵宾。接着,贵宾将外方出席的官员介绍给我方领导人。之后,我方领导人陪同贵宾走向检阅台(夫人不上检阅台)。检阅台位于人民大会堂东门外广场中央,其后左右两侧飘扬着中外两国国旗。登上检阅台,客右主左,面向天安门广场站定。军乐团开始奏来访国国歌,同时礼炮在仪式现场对面的历史博物馆西门外广场开始施放。国家元首来访鸣放礼炮21响,政府首脑鸣放19响。来访国国歌奏毕,即奏中华人民共和国国歌,两国国歌奏毕,礼炮也刚好鸣放完毕。在人民大会堂内(北大厅或东大厅)举行的仪式,现已不鸣放礼炮。国歌奏毕,接着就是检阅仪仗队。仪仗队队长,手持军刀离开仪仗队,正步走向检阅台,在台前约10米处,立正报告:"总统(总理)阁下!中国人民解放军仪仗队列队完毕,请您检阅!"我方领导人陪同贵宾走下检阅台,沿红地毯向中国人民解放军军旗方向前进。在军旗前站定,行注目礼。之后,我方领导人与贵宾右转并换位,即贵宾在左,靠近仪仗队一侧,开始检阅。至仪仗队队尾,贵宾向仪仗队队长点头致谢,检阅毕。我方领导人与贵宾换位,即宾右主左,返回检阅台站定,仪仗队开始进行分列式表演。整个仪式用时不过20分钟,但是甚为庄重、激动人心。①

第四节 交接仪式主持

交接仪式应用较为广泛。施工单位将已经建设、安装完成的工程项目或大型设备经验收合格后正式移交给使用方,捐赠方将善款、物资移交给受赠单位或个人,政府机构或大型企业之间的权限交接等,常常会举办交接仪式,以示郑重。在商务活动中,举办交接仪式是对商业合作成功的庆贺,是对给予自己理解和支持的社会各界的答谢,可以提高双方的美誉度和知名度。捐赠财物交接可以显示捐赠过程公开透明,表彰捐赠单位的善举,号召社会对受捐方的关注。主权、政权或职权的交接则是通过庄重的仪式,郑重地向社会宣告接收方的权益。

---

① 马保奉. 如何接待国宾[N]. 人民日报(海外版),2010-3-20.

一、交接仪式的筹备

(一)邀请来宾

拟定邀请名单时,主办单位应征求接收单位的意见,寄发或送达正式的书面邀请。原则上出席交接仪式的人员除了交接双方单位的负责人和部分员工,还包括上级主管部门领导、政府官员,行业协会、社会团体代表以及各界知名人士、新闻工作者和协办单位的有关人员等。如果要邀请海外媒体,要提前报批,遵守外事规则。

(二)布置会场

交接仪式可以在建设安装完毕并验收合格的工程项目或大型设备所在现场举行,但要事先经接收方首肯;也可以安排在东道主(一般是施工单位、捐赠单位,但主权、职权的交接不同,要视情况而定)单位较大的会议厅,或由施工单位与接收单位共同认可的其他场所,如宾馆的多功能厅、外单位出租的礼堂大厅等。主席台上方悬挂红色横幅,上书交接仪式具体名称,如"××工程交接仪式"或"热烈庆祝××工程正式交付使用"。为突出庄重热烈的气氛,要在会场铺设红地毯,并对会场正门入口、干道两侧、交接物四周酌情美化。

(三)准备物品

除了布置会场和接待来宾所需的物品,交接仪式上最为重要的是交接象征物。东道主要将已经公证的由交接双方正式签署的接收证明文件、交付给接收单位的全部物资的名称数目明细表以及具有象征性的钥匙等物品准备好,由专人负责。移交捐款则通常用一张具有象征性的大型支票进行交接。除此之外,主办方可以为来宾略备薄礼。如以被交接的工程或设备为内容的微缩模型、明信片、钥匙扣等具有纪念性和宣传性的小礼品,不宜铺张。

(四)其他注意事项

参加交接仪式的所有人员要着装正式,举止得体,维持各方良好的合作关系。东道主方的人员要平等、友好地对待来宾,在各方代表发言时,一视同仁地报以热烈的掌声,不要厚此薄彼。来宾应邀参加交接仪式,应尽快以单位或个人的名义发出贺电贺信,也可以在出席仪式时面交东道主并口头道贺。为表祝贺之意,来宾可赠送花篮、贺幛等作为贺礼。应准点到场,为东道主捧场,如果受邀在交接仪式上发言,应提前准备书面贺词。

二、交接仪式的程序

交接仪式的一般程序是:第一,主持人邀请有关各方人士在主席台上就座,提醒全场保持安静,宣布交接仪式开始。第二,全体起立,奏国歌,然后可演奏东道主单位的标志性歌曲。这项议程使交接仪式显得庄严隆重,有时也可以省略。第三,进行交接。由交付单位的代表,将有关工程项目、大型设备的验收文件、一览表或钥匙等象征性物品,正式递交给接收单位的代表,然后热烈握手。在此过程中,可演奏欢快热烈的歌曲。有些情况下,这一程序可以由上级主管部门或地方政府负责人为有关工程的项目大型设备的启用而剪彩取代。第四,各方代表发言。依次为交付单位的代表、接收单位的代表、来宾代表等,发言宜短忌长,原则上3分钟之内即可。发言内容点到即止,要符合会场庄重、热烈的气氛。第五,交接仪式结束,全体与会者热烈鼓掌。可安排全体来宾就地参观或观看文艺表演。东道主一方应安排富有经验、善于交际的陪同解说人员,使各方来宾通过现场参观深化认识。

三、交接仪式主持技巧

交接仪式应简短紧凑,总长不宜超过一个小时。因此,主持人说话要控制时间,简短精练,对来宾致谢后可就交接项目进行简要的介绍,适当发挥即可。同时,交接仪式程序比较固定,主持人要熟知程序,事先要主动与有关各方沟通,确定要发言的各方代表的职务、姓名。主持人参与交接仪式的准备工作,包括来宾邀请、现场布置、物品准备等,主持时才会游刃有余。因为代表东道主的形象,所以主持人对待各方来宾要一视同仁,热情有礼,展示良好的修养。另外,主持时还要注意两个重要问题。其一,必须在大的方面参照惯例执行,尽量不要标新立异,另搞一套。其二,必须实事求是、量力而行,在具体的细节方面不必事事贪大求全。

四、交接仪式主持应用

×××学院 KAB 创业俱乐部第五届理事会交接仪式

女主持:仪式开始前,请到场的各位将通信工具调为静音或震动状态。

男主持:尊敬的各位领导、各位嘉宾,

女主持:敬爱的老师,亲爱的同学们,

合:大家晚上好。欢迎来到×××学院 KAB 创业俱乐部第五届理事会交接仪式现场。

男主持:在这个青春洋溢的舞台,

女主持:在这个色金秋暖的时刻,我们自豪地在这里宣布——

合:×××学院 KAB 创业俱乐部第五届理事会交接仪式正式开始!

男主持:请在场全体来宾起立,奏国歌。

女主持:下面由我介绍到场的嘉宾,他们是……

男主持:让我们再次以热烈的掌声欢迎他们的到来!

女主持:下面有请 KAB 指导老师×××为本次交接仪式致辞。掌声欢迎!

男主持:感谢老师慷慨激昂、振奋人心的致辞,我们由衷感谢长久以来为我们 KAB 无私奉献、呕心沥血的众位指导老师,让我们用热烈的掌声感谢他们的栽培!

女主持:KAB 的繁荣离不开在场所有社团的支持与厚爱,而其中社团联的调节与努力促进了我们的发展与进步!下面有请社团联代表讲话。

男主持:感谢社团联对我社团的支持。下面请观看 KAB 第四届理事会的工作剪集。

女主持:因为有他们的付出,KAB 才有今天的成绩,让我们再次把掌声送给他们。

男主持:时光荏苒,一年前的现在,他豪情万丈地在这里发表了他的就职演讲,

女主持:岁月如梭,一年后的今天,他也将无比自豪地在这里总结自己的工作。

男主持:下面有请×××学院 KAB 创业俱乐部第四届理事会会长×××为我们做年度工作总结。掌声欢迎!

女主持:感谢 KAB 第四届理事们给我们留下的无价珍宝。

男主持:下面有请第四届全体理事上台接受聘书。

女主持:感谢第四届理事们。带着老师以及第四届理事们的殷切希望和信任,第五届新理事会即将登上KAB的舞台,尽情挥洒他们的激情和热血。

男主持:下面进行新理事会授牌仪式。请第四届策划部理事为新一届策划部理事授牌……请老理事下台就座。欢迎新理事发言!(其他部门理事授牌与此类似)

女主持:下面有请第四届理事会会长×××上台为第五届理事会会长×××授牌、授会旗!

男主持:接过了KAB的旗帜就扛起了KAB的责任,作为新一届会长,他必须有强烈的责任感和历史使命感,必须要有强大的意志力和执行力。下面有请KAB新一届会长×××上台进行他的就职演讲,掌声欢迎!

女主持:相信新会长的演讲已经让我们感受到了他内心对社团工作的那份热爱,让我们相信他并支持他,把掌声送给他。

男主持:请×××老师做最后总结。

女主持:感谢老师的精彩总结,从这一刻起,KAB的大旗落在了新一届理事们的手中。

男主持:我们将坚持不懈,我们将勇往直前;

女主持:我们将不辞辛苦,我们将风雨兼程!

男主持:我们坚信,我们会做得更好,请相信我们一定会给KAB一个不一样的明天。现在我宣布——

合:×××学院KAB创业俱乐部第五届理事会交接仪式到此结束。感谢大家的参与。祝大家身体健康,工作顺利,学业有成!

男主持:请所有领导嘉宾以及理事合影留念。

女主持:请各位同学有序退场。

知识延伸阅读

香港回归政权交接仪式

说到交接仪式,对很多中国人来说,不得不提起1997年香港回归祖国时的政权交接仪式。1997年7月1日0时0分,鲜艳的五星红旗在紫荆花绽放的香港区旗相伴下冉冉升起在香港的上空,标志着香港正式回到了祖国的怀抱。庄严神圣的交接仪式让全国人民见证了这一激动人心的时刻,也向世界宣告了中华人民共和国恢复对香港行使主权。下面将用文字回顾那次交接仪式,那个伟大的历史时刻。

6月30日23点20分,在香港会议展览中心五楼大会堂,中英两国军乐团轮流演奏事先确定好的乐曲。英皇家军乐团主要演奏西方古典名曲,我方依次演奏了《茉莉花》《爱我中华》《民族团结尽歌舞》《辉煌时刻》《歌唱祖国》。23点30分,中英两国政府代表团分别从东西两侧走上主席台。23点44分,双方仪仗队分别从主席台前东西两侧上台列队。23点46分,双方军乐团的礼号手吹响礼号。中国国家主席江泽民、国务院总理李鹏、国务院副总理兼外交部长钱其琛、中央军委副主席张万年和香港特别行政区首任行政长官董建华步入会场登上主席台主礼台。英国方面同时入场并登上主席台主礼台的有查尔斯王子、首相布莱尔、外交大臣库克、国防参谋长查尔斯·格思里、末任港督彭定康。23点47分10秒,双方仪仗队行举枪礼。23点49分5秒,查尔斯王子讲话。23点55分,司仪宣布降旗仪式开始,双方礼号手吹响了礼号,双方国旗升旗手、护旗手走上主席台,中方护旗手向中方领导人展示中国国旗和香港区旗;英国升旗手、护旗手向英国领导人致敬。23点59分15秒,英皇家军乐团奏英国国歌,英方护旗手降英国国旗和香港旗。7月1日0时0分0秒,雄壮激昂的《义勇军进行曲》准时奏响,五星红旗在香港区旗相伴下冉冉升起。0时3分27秒,江泽民主席发表重要讲话。随后中英两国领导人走到主席台前,握手合影。0时12分,香港政权交接仪式结束。[①]

第五节　庆祝典礼主持

庆祝典礼简称庆典,比一般仪式更为隆重,议程也更为丰富多样,常常会带有歌舞表演、舞龙舞狮等活动,甚至可以是持续数天的系列活动。企事业单位在成立周年之际、荣获某项荣誉、取得重大业绩或显著发展之时举办庆祝典礼,能够增强单位上下的集体荣誉感和凝聚力,提升单位的社会影响力。高等院校和中小学通常都会在新学期开始以开学典礼的方式总结上学期的成绩,部署新学期的工作;在学年结束时用毕业典礼为毕业生庆祝,表达对他们的期望和祝福。

[①] 王光明.回顾香港回归交接仪式[J].百年潮,2007(7):30-33.

一、庆祝典礼概说

顾名思义,庆祝典礼以庆祝为中心,所以主办方要尽可能地将活动组织得热烈欢快而隆重。根据庆典的规模、影响力及本单位实际情况,可将地点选在本单位礼堂、会议厅、广场以及酒店的多功能厅、体育场馆等,注意不要选择禁止噪声、容易妨碍交通治安的地方。为渲染欢乐喜庆的气氛,要精心装饰会场内部和四周,搭建主席台,用彩虹门、喷绘背景、大气球、条幅、彩旗、鲜花等装饰会场。

二、庆祝典礼的筹备

为使活动有秩序地进行,主办方宜成立专门的庆典筹备小组,在公关、礼宾、财务、会务、节目排演等各个方面合理分工,应对方方面面、琐碎繁杂的筹备工作。

要广泛邀请社会各界人士参与,包括地方党政领导、上级主管部门领导、兄弟单位、与主办方有长期合作关系的单位负责人以及社会名流和大众媒体。除了本单位的在职员工外,也可以邀请退休职工一起参与。宜尽早发出通知和邀请,除非特殊情况,不能将庆典取消、延迟或改期。受邀参加庆典的上级对口部门、兄弟单位、业务伙伴等应准时到场,并赠送花篮、条幅为主办方捧场;如不能或不便到场,应发去贺信贺电,以表尊重和祝贺。

庆典活动要突出礼仪性特点,展现主办方良好的整体形象。接待礼宾的工作应由形象气质较好、语言表达能力和交际应变能力较强的年轻男女担任,负责来宾的迎送、引导、陪同和招待。礼仪小姐要统一穿旗袍,其余负责接待的员工可以穿适合正式场合的工作服,佩戴工作牌。因为参加庆典活动的来宾很多,礼宾人员务必热情周到地接待各方来客,不要疏忽了前来捧场的客人。要将其余不参与庆典准备工作的单位员工组织起来,统一穿工作服,作为观众为庆典活动活跃气氛、增添人气。

庆典开始之前应安排乐队演奏一些欢快的曲目暖场,也可以表演一些助兴小节目,但注意不要抢了正式仪式的风头。待来宾到齐后,主要领导和贵宾在主席台上或台下前排就座,主持人宣布庆典开始并介绍到场的领导和嘉宾;然后请全场起立,奏国歌,接着奏唱本单位标志性歌曲;本单位主要负责人致辞,对来宾表示感谢,并说明举办庆典的事由,也就是传捷报喜;出席庆典的上级领导、兄弟单位、合作单位、社区关系单位以及本单位员工都应安排代表依次发言致辞,不必一一宣读外来的贺电贺信,但应当公布其署名单位或个人,党政官员发来的贺信要根据其职务的大小排序,其余贺信按先后顺序或以姓氏笔画为序排列;进行文艺演出;邀请来宾参观单位的建筑、设施或有关展览。

开学典礼、毕业典礼与厂矿企业举行的庆典不同,涉及面比较单一,一般只有教育部门的官员、本校领导、教师与学生参加。因为常年举办,所以场地布置也比较简单。开学典礼、毕业典礼一般由副校长主持,开学典礼的流程通常是:主持人宣布典礼开始,介绍到场的校领导;升国旗,奏国歌;国旗下宣誓;校长致辞;教师代表讲话;老生代表发言;新生代表发言;为上一年度表现优异的学生颁发奖状;典礼结束。毕业典礼的流程是:主持人宣布典礼开始,介绍到场的校领导;升国旗,奏国歌;校长致辞,向毕业生表示祝贺;教师代表、毕业生代表、校友代表依次发言;颁发毕业证书、表彰优秀毕业生;观看文艺演出。

三、庆祝典礼主持技巧

庆典活动的主持人最好是有一定身份地位的本单位负责人,还要有良好的形象、得体的装束、优雅的风度。或者由与主办单位颇有渊源的社会知名人士担任。还有一种常见的方式,即由具有良好外形条件的司仪与单位的负责人共同分工主持。主持人负责庆典的会务,请各方代表致辞,宣读贺电贺信,接待主要领导和来宾;司仪面向全体观众和来宾,负责庆典的其他议程,如文艺表演。主持人和司仪都应穿着正式,举止得体。特别是女司仪应穿礼服,妆容得体,外形靓丽。

主持人要善于营造喜庆欢乐的气氛,语气高昂、庄重而充满激情。但要注意过犹不及,太多华丽辞藻只会让来宾和观众感觉有些失真,反而不如朴实易懂、言之有物的语言更能引起共鸣。要提前写好主持稿,上下场时沉着冷静,不慌不忙,讲究礼貌。庆典不像一般仪式那样有严格的时间限制,相反,为了突出喜庆与欢乐,庆典活动不宜太短或太快结束,短的庆典活动应在一个半小时左右,有的庆典活动甚至要分数次持续数天。在庆典活动上,主持人说话过于简短,会使语言干瘪,不能够带动现场的气氛。所以主持人要适当发挥,在庆典的适当时机调动来宾和观众的热情,使整个庆典活动有张有弛,洋溢着热情和欢乐。

庆典主持人还要善于即兴演讲。即使制订了详细的计划,庆典活动现场依然有可能出现各种突发状况,主持人要善于救场、用幽默为各种失误和状况打圆场。庆典结束后,主持人还应与东道主一起热情地送走来宾。

四、庆祝典礼主持应用

岳麓书院创建1030周年暨湖南大学定名80周年
校庆典礼大会

男主持：尊敬的各位领导、各位来宾，

女主持：亲爱的校友们、老师们、同学们，

男主持：大家上午好！

女主持：欢迎各位光临今天的盛典！

男主持：今天是一个特别值得我们骄傲的日子，不仅岳麓书院1030周岁了，而且，从岳麓书院一路走来的湖南大学也已经定名80周年了。

女主持：麓山因此含笑，湘水为之欢歌。

男主持：从岳麓书院到湖南大学，到今天1030年了。1030年的沧桑岁月使这片热土不断地旧貌换新颜。但是，唯一不曾改变的，是千年办学的弦歌。

女主持：而且更加令人惊叹的是，从潭州三学到著名的书院，从古代书院到现代大学，从"211工程"到"985工程"，湖南大学从岳麓书院一路走来，经历了战火与硝烟，跨越了体制改革与调整，始终屹立在中国高等教育的第一方阵，成为中国高等教育发展史上的典范和奇迹。

男主持：那么下面就让我们通过一个短片，一起来回顾一下千年学府这1030年来的峥嵘岁月！

女主持：我相信此时此刻在座各位的心情一定和他们一样，非常激动，也有非常多的心里话想要讲。那么接下来我们就采访几位现场的朋友，有请我们的现场主持人。

现场主持人：谢谢主持人！今天是岳麓书院创建1030周年暨湖南大学定名80周年的大好日子，站在我身边的这位是84级经济学院的×××校友，相信此时此刻他有很多的心里话想要对母校说。您好，现在您想说什么？……谢谢，名师一般的语言也表达了我们共同的心声。好的，我们马上来采访一下第二位校友。您好！请问您是湖南大学哪一级的学生？您现在最想对母校说的话是什么？……谢谢您对学校的祝福以及您对她所寄予的厚望。下面我们来采访一下湖南大学的老师。您好！您现在最想对湖大说的话是什么？……谢谢！刚刚我们采访了湖南大学的校友还有老师，现在我们听听湖南大学的同学想要对母校说些什么。同学你好！请问您是哪一级哪个学院的学生？……谢谢！我相信现场所有的老师、校友、同学都有很多的心里话想在校庆这天、湖南大学生日这天对学校说，但是因为时间有限，我们千言万语就汇成一句话，祝福我们湖南大学未来更美好！好的，我们把现场交给台上的主持人。

男主持：好，感谢现场主持人！朋友们，岳麓书院创建1030周年暨湖南大学定名80周年校庆的消息发布之后，引起了社会各界的广泛关注。许多人通过各种形式表达了对我们的祝福。

女主持：全国政协副主席、中国工程院院长×××，香港特首×××，澳门特首×××以及教育部副部长×××等领导同志也亲临湖南大学视察和指导。他们对千年学府的关怀和祝福也深深地激励着我们。

男主持：特别是远在境外和国外的朋友们，由于时间的原因，他们不能来到我们的现场，但是，他们通过录像的形式，表达了他们的祝福。他们的祝福，同样温暖着我们。

女主持：那么接下来就让我们一起来看看他们对千年学府的期望和祝福。

男主持：感谢他们的祝福！除了VCR，有许多单位和个人也发来了热情洋溢的贺词、贺电和贺信。当然也有很多领导和嘉宾亲临我们庆典的现场。

女主持：下面我们就有请湖南大学党委常务副书记×××教授介绍这方面的情况，有请！

副书记：各位校友、老师们、同学们，出席今天校庆庆典大会的各级领导和各界嘉宾有五百多人，有两百多个单位和个人发来了贺词、贺电和贺信。发来贺词、贺电和贺信的个人有……发来贺电、贺信的上级领导部门和党委有……发来贺电、贺信的国外院校有……发来贺电、贺信的国内兄弟院校和科研院所有……另外，各地校友会也纷纷来电来信表示祝贺，他们有……各位来宾、校友，老师们、同学们，参加今天庆典大会的各位领导和嘉宾现在已经来到大会会场，让我们以最热烈的掌声对他们表示最诚挚的欢迎和最衷心的感谢！承千年学脉，展世纪风华。朋友们，在庆典仪式开始前，让我们一起把所有美好的祝福浓缩为一句话——湖南大学，生日快乐！（彩球放飞）各位领导、各位来宾、各位校友，老师们、同学们，庆典仪式现在就要正式开始了，我们有请湖南大学党委书记×××教授主持庆祝大会！

主持人：尊敬的各位领导、各位来宾、各位校友，老师们、同学们，今天我们欢聚一堂，隆重庆祝岳麓书院创建1030周年暨湖南大学定名80周年华诞。现在我宣布——庆祝大会正式开始！

大会一共有十三项议程，现在进行大会第一项，请全体起立，奏唱中华人民共和国国歌！……请坐下。

现在进行大会第二项，请允许我介绍出席今天庆祝大会前排就座的领导和嘉宾。

他们是……让我们以热烈的掌声对各级领导、各位嘉宾、各位校友牺牲宝贵的法定假日,莅临我校参加校庆庆祝大会表示热烈的欢迎和衷心的感谢!

千余年血脉相继,八十载岁月如歌。从公元976年岳麓书院创立,到1926年湖南大学正式定名,这块全省闻名的圣地,湖湘文化的重镇一直受到世人的关注。新中国成立后,湖南大学得到党和国家领导人的亲切关怀。1950年毛泽东主席亲笔题写湖南大学校名,刘少奇、江泽民、李鹏、朱镕基、吴邦国、温家宝、贾庆林等几代党和国家领导人先后多次到学校视察,给全校师生以巨大的鼓舞。在岳麓书院创建1030周年暨湖南大学定名80周年前夕,×××、×××、×××为我校校庆亲笔题词。×××、×××、×××来信祝贺。×××、×××、×××也先后专程来校与部分学生座谈,对校庆表示热烈祝贺。中华人民共和国教育部、中国人民解放军空军、中国银行业监督会、中国人民银行、中国机械工业联合会等上级部门和各兄弟高校、企事业单位以及广大校友,也纷纷发来贺信、贺电表示祝贺。

现在进行大会第三项,请工作人员宣读党和国家领导人和上级部门的题词和贺信。……谢谢党和政府对学校的关怀和鼓励。

现在进行大会第四项,请湖南大学校长、中国工程院院士×××致辞。……谢谢×××校长。湖南大学的发展建设一直得到许多老领导的关心和指导,他们对我校的发展建设给予了极大的支持。

现在进行大会第五项,请全国人大常委会委员、九三学社中央副主席×××先生致辞。……谢谢×××主席。现在请全国政协常委、中国机械工业联合会名誉会长×××先生致辞。……谢谢×××会长。

建立以来,湖南大学能够抓住机遇,快速健康地发展,得益于教育部和中国高等教育协会的亲切关怀和指导。现在进行大会第六项,请教育部原副部长、中国高等教育协会会长×××先生宣读教育部贺信。……谢谢×××会长。

千年风雨,千年弦歌。湖南大学自诞生之日起,就坐落在麓山脚下、湘水之畔。它得到了湖南省委省政府的大力支持,受到了三湘人民的深情厚爱。下面进行大会第七项,请中共湖南省委副书记×××同志讲话。……谢谢副书记。

长期以来,湖南大学坚持开放式办学的优良传统,与海内外兄弟院校开展了广泛的合作与交流,建立了深厚的友谊。这次校庆,我们收到了美国耶鲁大学、清华大学等124所海内外著名大学的贺信、贺电。也非常荣幸地邀请到了海内外121所大学的领导前来参加庆典。现在进行大会第八项,请国外大学代表英国诺丁汉大学常务副校长×××先生致辞。……谢谢×××先生。

下面进行大会第九项,请国内高校代表吉林大学校长×××致辞。……谢谢×××

校长。

　　湖南大学始终以社会进步为己任,培养了一批批经世致用之才,赢得了广泛的赞誉。唯楚有才,于斯为盛。这幅岳麓书院的门联就是千年学府英才辈出的充分写照。现在进行大会第十项,请校友代表中国工程院院士×××院士致辞。……谢谢×××院士。现在请校友代表×××先生致辞。……谢谢×××先生。

　　教师是立校之本、强校之源。千百年来,支撑这座学府的最大动力就是一批批为人师表、教学育人的教师和学者。现在进行大会第十一项,请湖南省教学名师、土木工程学院博士生导师×××教授致辞,欢迎。……谢谢×××教授。

　　育人以学生为本。学生是高校的主体和生命,更是祖国的希望和未来。现在进行大会第十二项,请学生代表×××同学发言。……谢谢×××同学。

　　尊敬的各位领导、各位来宾、各位校友,老师们、同学们,今天的大会是湖南大学发展史上承前启后、继往开来的历史盛会。大会热烈隆重、催人奋进。我们一定要以这次校庆为契机,奋发图强、开拓创新,全面提升办学水平和综合实力,为建设综合性、开放式、研究型的高水平大学再奏新篇。现在进行大会第十三项,请全体起立,奏唱湖南大学校歌。……请坐下。

　　大会各项议程全部进行完毕,现在我宣布——岳麓书院创建1030周年暨湖南大学定名80周年庆祝大会圆满结束!

知识延伸阅读

贺　信

　　贺信,是指行政机关、企事业单位、社会团体或个人向取得重大成就、有突出贡献或喜庆之事的单位和个人表示祝贺时使用的一种礼仪文书。贺信由标题、称呼、正文、结尾和落款五部分组成:第一行居中用较大字体书写"贺信"两字,在报刊上发表的贺信,其标题一般为"给×××的贺信";标题下一行顶格写被祝贺单位的全称或个人的姓名,可以加"同志""先生"等相应的称呼;另起一行空两格写贺信的正文,一般要叙述当前的形势,概括对方取得的成就,表达热烈的祝贺;如果是祝贺会议召开,要说明会议的重要性;如果是祝贺寿辰,则要说明对方的贡献和品德;结尾要写一些祝愿的话;落款另起一行,在右下方写发信单位或个人的姓名,下面写日期。贺信的感情要真挚热烈,语言要简练流畅。

　　如果是上级单位对下级单位的贺信,一般要提出希望和要求;下级单位对上级单位的贺信,要表明完成有关任务的信念和决心;平级单位之间发贺信,要表达虚心学习的态度和保持良好关系的共同愿望。①

第六节 颁奖活动主持

一、颁奖活动概说

在日常生活中,为了对先进集体和个人进行表彰,政府机关、企事业单位、各种社会团体常常举办各种颁奖活动。大型比赛、评选先进等活动,也都离不开颁奖礼。根据主办方权威性的强弱、奖项影响力的大小,颁奖活动的规格也有高低。一般规格的颁奖礼通常称为颁奖大会或表彰大会。学校对表现优秀的教师和学生进行表彰、厂矿企业向先进员工颁发荣誉证书、比赛结束后向优胜的队伍和个人进行颁奖,一般都采取这种形式。其特点是议程简单明确,重在奖励先进。

较高规格的颁奖活动称为颁奖典礼或颁奖晚会。为了宣传获奖者的事迹、弘扬时代精神、倡导良好的社会风气,颁奖典礼要办得颇为隆重。组委会通常要为获奖者精心准备颁奖词,获奖者发表感言,过程中还会穿插文艺表演或对获奖者进行采访。每到年末,各种媒体主办的评奖活动,如年度风云人物、十大杰出青年等颁奖典礼总是成为人们关注的焦点,有着较大的社会影响力。

二、颁奖活动的筹备

举办大型的颁奖活动,要提前确定时间和场地,不能随便更改。可以选在大型酒店或会展中心举行,并提前数周在大众传媒上进行宣传,为活动的气氛进行预热。一般要精心设计、搭建舞台。如果要播放获奖者的短片,还要准备大型的电子屏幕。活动现场的布置要高雅、大气,灯光、音响都要有专业人员负责。

组委会要选择有一定社会地位的专业人士担任评奖人,由他们评出的奖项才更有权威性。为增加颁奖典礼的可看性,还可以邀请业内知名人士担任开奖嘉宾。邀请政

---

① 王金星,谭国应.现当代应用写作[M].成都:四川大学出版社,2007:247.

府官员、主办单位领导或社会名流担任颁奖嘉宾后,要在颁奖开始前明确告知其要颁发的奖项和出场次序。如果不是特殊情况(最后时刻揭晓奖项),应提前通知获奖者或入围获得提名者,确保其按时到场。

颁奖典礼的规格较高,尤其是大型颁奖礼,电视媒体和网络媒体通常都会进行录播甚至直播。所以组委会要做好这方面的准备,有条件的话要进行彩排,确保颁奖典礼当天进行得顺利、圆满。颁奖典礼中间往往会穿插歌舞表演、诗歌朗诵等,节目内容要与颁奖典礼的主旨吻合,有良好的观赏效果。

颁奖典礼的物品筹备非常繁杂,要细致地准备各种礼仪接待用品、会场装饰品、灯光音响器械,制作剪辑获奖者的视频资料。最重要的是制作独特的奖杯,有时奖杯还要刻上奖项的名称和获奖者的姓名。在颁奖典礼会场要设立更衣室、休息室、化妆室以及卫生间,并保持清洁。

颁奖典礼的程序一般是:第一,主持人致开场白,内容主要为介绍活动的主旨、评选的组织以及来宾。第二,主办方致辞。第三,各个奖项逐一开奖,致颁奖词。第四,获奖人领奖,发表获奖感言。第五,所有奖项揭晓颁发结束,主持人致结束语。有些颁奖典礼开始前还会有走红毯的环节,相应地要设红毯主持人。颁奖典礼中间可以穿插歌舞表演。

三、颁奖活动主持技巧

颁奖活动对主持人的综合素质要求很高,一般要聘请专业的主持人。由知名的电视节目主持人主持颁奖更能凸显奖项的权威性,提升颁奖典礼的档次。一般要设两名主持人,男女搭配。主持人要适当化妆,男士穿西装礼服,女士穿长裙礼服、盘发。若奖项比较庄重,女主持人可穿西装套裙。主持人要注意自己的举止,一举手一投足都应显示出高雅的气质和沉稳的台风。

主持人要写好开场白和串联词,要有较高的文化修养。措辞要文雅含蓄,不可显得粗俗肤浅。在介绍获奖者事迹时,朴实自然的话语往往更能引起人们的共鸣,一味地辞藻华丽、拔高立意可能会适得其反。颁奖典礼上主持人的台词很多,所以主持人一定要做好台下的准备工作,背好串联词,尽量少看台词卡。主持人之间也要相互配合,不要出现抢话、赶话的情况。

在颁奖典礼的过程中,主持人可能要对获奖者进行采访,所以主持人要有即兴采访的能力,善于倾听、善于总结,收放自如。主持人要抓住获奖者的特点——卓越的能力或者高尚的品格,进行提问和介绍。获奖者在台上可能会因怯场而紧张,主持人要适当给予鼓励;在获奖者领奖时,主持人可以说些祝贺或赞扬的话来营造更为热烈的氛围。主持人要明白颁奖典礼的主角是获奖者,所以应处处以获奖者为先,不要与之抢风头。

四、颁奖活动主持应用

"×××杯"××市首届电视歌手大奖赛颁奖晚会

男主持:各位来宾,各位朋友,女士们、先生们,

女主持:现场和电视机前的观众朋友们,

合:晚上好!

男主持:繁荣群众文化,构建和谐××。这里是"×××杯"××市首届电视歌手大奖赛颁奖晚会现场。大家好,我是×××。

女主持:我是×××。"×××杯"××市首届电视歌手大奖赛是继前不久举办的企业文化展播之后举办的又一次大型群众性文化活动,是对我市群众文化工作的一次展示和检阅。

男主持:这次歌手大赛历时两个多月,有来自市内外×××名文艺爱好者参加了比赛。参与人数之多,比赛规模之大,在全市尚属首次。

女主持:本次大赛得到了社会各界朋友的大力支持和各级领导的重视关心。今天,我们尊贵的领导和嘉宾也光临了现场!

男主持:他们是……让我们以热烈的掌声对他们的到来表示衷心的感谢!

女主持:下面进行颁奖。首先颁发的是三等奖。

男主持:获得"×××杯"××市首届电视歌手大奖赛少儿组三等奖的是……

女主持:获得"×××杯"××市首届电视歌手大奖赛流行唱法三等奖的是……

男主持:获得"×××杯"××市首届电视歌手大奖赛民族唱法三等奖的是……

女主持:请×××为获奖选手颁奖。

(获奖人员上场,颁奖嘉宾随后,礼仪小姐配合。颁奖结束之后,选手与颁奖者合影)

男主持:朋友们,本次电视歌手大奖赛设立了才艺展示环节,各位选手都表现了不凡的身手,舞蹈、说唱、魔术、诗朗诵,精彩纷呈。

女主持:接下来要为大家呈现的是一组代表不同风格与特色的才艺串烧。有请!

（才艺串烧）

女主持：下面继续颁奖。接下来颁发的是二等奖。

男主持：获得"×××杯"××市首届电视歌手大奖赛少儿组二等奖的是……

女主持：获得"×××杯"××市首届电视歌手大奖赛流行唱法二等奖的是……

男主持：获得"×××杯"××市首届电视歌手大奖赛民族唱法二等奖的是……

女主持：祝贺你们！

男主持：请×××为获奖者颁奖。（获奖人员上场，颁奖嘉宾随后，礼仪小姐配合。颁奖结束，所有人员退场，主持人上，请选手代表留下采访）

女主持：下面继续颁奖。接下来颁发的是一等奖。

男主持：获得"×××杯"××市首届电视歌手大奖赛少儿组一等奖的是……

女主持：获得"×××杯"××市首届电视歌手大奖赛流行唱法一等奖的是……

男主持：获得"×××杯"××市首届电视歌手大奖赛民族唱法一等奖的是……

女主持：请×××为获奖者颁奖。（获奖人员上场，颁奖嘉宾随后，礼仪小姐配合。颁奖结束，所有人员退场，主持人上，请选手留下采访）

男主持：来不及等待，来不及沉醉，年轻的心向着太阳，一同把那希望去追；

女主持：来不及感慨，来不及回味，多彩的梦满载理想，一同向着未来放飞。

男主持：朋友们，在我们的颁奖晚会即将结束之际，从台上台下依依不舍的掌声中，我们听到了期待，

女主持：是呀，我们都在期待，期待第二届电视歌手大赛的举办，期待那令人心醉的累累硕果，期待××那美好的明天。

男主持：朋友们，让我们一起高唱《再相会》，

女主持：带着星光的深情与梦幻，我们在这里真情相聚；

男主持：带着金秋的喜悦和祝福，我们唱响了奋进凯歌！

女主持：朋友们，让我们记住今天，记住这个收获的日子，记住这个难忘的日子；

男主持：朋友们，让我们一起去创造，共同创造更加美好的明天！

女主持：晚会到此结束，

合：祝大家晚安！

第六章
婚丧祝寿主持

婚礼是男女双方结为夫妻的重要仪式,无论古今中外,人们都非常重视举办结婚典礼,并且形成了很多与此相关的风俗与传统。丧礼是人去世后由其家人、朋友等操办的纪念仪式。人们以此悼念故人,寄托哀思,并安慰生者。祝寿是晚辈为祝贺老人延年益寿而举办的仪式。政府机关一般也为德高望重的老艺术家、教授和科学家举办祝寿活动。祭祀仪式一般是由当地政府、事业单位等为缅怀先祖、伟人或革命烈士而举办的纪念活动,表达对先人的敬仰,并激发人们的爱国之情、奋斗之志。婚丧祝寿类活动的特点是主旨明确,人情味重,讲究礼节。

第一节 婚礼主持

每一位新郎、新娘都希望自己的婚礼热烈喜庆而又浪漫温馨,希望在人生最重要、最美好的时刻接受亲朋好友的祝福,与来宾分享这份喜悦和幸福之情。婚礼举办成功的重要因素之一是要有一位口才出众、善于调动气氛的主持人。而主持人要想主持好婚礼,除了要具备相应的语言能力、掌握主持技巧外,还要熟悉婚礼的流程和礼节。

一、婚礼的流程和礼节

我国古代的婚礼分为六个阶段:纳采、问名、纳吉、纳征、请期、亲迎,称为"六礼"。旧式婚礼十分繁复,也有不少封建糟粕。现代婚礼的程序相对简单,而且形式新颖多样,主要有家庭婚礼、旅游结婚、集体婚礼以及各种创意婚礼等。

一般来说,婚礼的流程包括:第一,奏乐。第二,主婚人、介绍人及男女来宾入席。第三,新娘新郎入席。第四,证婚人宣读证婚书。第五,新郎新娘行结婚礼。第六,致辞。第七,新郎新娘答谢来宾。第八,退席。第九,喜宴。婚礼的流程比较自由,前后顺序并不是一定的,可以根据婚礼策划的需要,增加或删去某些环节,但新人入场、证婚、致辞、行结婚礼这几个环节一般是不可缺少的。常见的婚礼流程还包括给父母敬茶、宣誓、播放短片、交换信物、倒香槟、切结婚蛋糕等。

对于新郎新娘来说,婚礼的筹备工作十分繁杂、耗费精力。新郎新娘首先要确定一个最佳日期举行婚礼,然后联系婚庆礼仪公司,确定婚礼的流程和主持人、化妆、摄像、婚车;落实婚礼邀请人数、被邀请人名单、举办婚礼的地点、宴请的规格等问题,提前制作、发放请柬;置办婚礼中所需的物品,如结婚礼服、喜糖喜酒、婚戒、喜字鲜花等装饰用品。还有一点非常重要,即选出合适的亲朋好友担任证婚人、伴郎、伴娘以及婚礼招待人员等。

二、婚礼主持要求

婚礼主持人又叫婚礼司仪,可以由德高望重的长辈或是知名人士担任,也可以专门聘请婚庆公司的婚礼司仪。主持人在婚礼中主要承担两个任务,一是推进婚礼的流程,使婚礼热闹而有秩序地进行;二是营造热烈喜庆的气氛,使宾客感受到婚礼的喜悦,给新人留下人生中最美好的回忆。

(一)主持人要具备高超的语言能力

主持人的主持风格可以多样,但总体上应注意营造喜庆祥和的氛围。要充分发挥语言的艺术性和幽默色彩,使婚礼气氛高雅而不失活泼,让来宾都能感受到新人的喜悦和幸福,宾主尽欢。但要注意的是,婚礼主持人的幽默不能格调低下、粗俗无聊,要意味深长、含蓄隽永。婚礼主持人还要有即兴演讲的能力,能够借题发挥、出口成章。

(二)主持人要熟悉当地的风俗

经验丰富的婚礼主持人往往都对当地的风俗习惯特别是婚嫁习俗非常熟悉,能够通过一些小插曲、小节目来增加婚礼的乐趣,使婚礼更加贴近生活、具有当地特色,也使长辈们感到满意。主持人还要善于控制现场气氛。因为是喜庆的场合,个别宾客可能由于兴奋而闹得过火,使场面变得尴尬,这时就需要主持人挺身而出,用机智与口才化解尴尬、为新人解围。

(三)主持人要做好充分的准备

即使是经验丰富的婚礼主持人,如果不进行充分的准备,也难以从容应对婚礼的各种突发状况。主持人应事先写好主持词,在主持婚礼时表达流畅,也要根据婚礼现场的气氛和状况对主持词做出相应调整,不可死记硬背、生搬硬套。主持人应更多地了解新郎新娘的家庭背景和恋爱故事,将主持词写得更贴近新人的生活,更有利于营造浪漫而温馨的婚礼氛围。婚礼主持人还要熟悉婚礼的各项流程,能够解答各方对婚礼细节的疑问,与婚礼上的其他接待人员做好沟通。

婚礼主持人应穿着正式而低调的服装,要与新人的礼服有明显的区别,男士不用化妆,女士则略加修饰即可,不可盖过新郎新娘的风头。婚礼上的焦点是一对新人,主持人要牢记这一点,不要时时刻刻把自己置于人前。注意说话的语气、语调,面部表情和肢体动作,符合喜庆热烈的婚礼气氛,忌夸张过度、举止轻浮。

三、婚礼主持技巧

婚礼主持最重要的就是营造喜庆、浪漫和感动的氛围。下面,介绍几个实用的主持技巧。

(一)准备一个精彩的婚礼开场白

主持人常采用开门见山的方式宣布婚礼开始,即直白地说"×××先生与×××小姐的结婚典礼现在开始!"仅仅如此,不足以营造出浓郁热烈的婚礼氛围。主持人在开始之前先说几句对仗工整、意蕴深远、切合情景的祝福语,更能够吸引宾客的注意力,使开场增色不少。在新郎新娘入场的间隙,主持人也可以不失时机地插话:"红杏枝头春意闹,玉栏桥上伊人来。一对璧人踩着《婚礼进行曲》的旋律,心贴着心、手牵着手,面带着微笑向我们款款走来。朋友们,让我们衷心地为他们祝福,为他们祈祷,为他们欢呼,为他们喝彩!"这样,婚礼从一开始就出现了隆重热烈的场面,能让来宾很快沉浸在热闹的氛围中。

(二)婚礼过程中巧妙进行即兴主持

主持人的即兴发挥可灵活穿插于婚礼的各个环节之中,既要调节气氛避免冷场,也要注意时间,适时地推进婚礼的流程,使婚礼在众人的欢笑声中自然流畅地进行。婚礼中的即兴主持方法,主要有以下四种:第一,解说式主持法。主持人以现场介绍、解说的方式插话,进行即兴主持,以活跃婚礼气氛。例如,婚礼中,主持人邀请证婚人上台宣读结婚证书前,可以对证婚人身份和其当证婚人的原因做解说,证婚人宣读完毕,主持人可以见缝插针地说:"祝贺你们,从今天起你们不仅是合法的夫妻,而且是公开的合法夫妻。此时此刻,你们一定百感交集,激动万分。下面我给你们一个公开表示爱意的机会,请新郎新娘互相致意!"这样的解说有很强的承启性,既活跃了气氛,也使婚礼的各项流程衔接自然。第二,采访式主持法。主持人通过简短采访新郎新娘或来宾来即兴主持。这种方式特别能够调动新人和来宾的热情,总是能制造婚礼中的高潮。需要注意的是,主持人的提问应简短、得体,便于回答,以免出现僵持或冷场情况,适得其反。第三,讲故事式主持法。主持人通过披露新郎新娘恋爱过程中的趣事来进行主持,语言宜简短而形象生动,富有戏剧性。第四,假借式主持法。主持人可以假借来宾的名义即兴插话,推进婚礼流程。①

(三)用隽永的语言为婚礼画上圆满的句点

婚礼结束时,主持人通常用简洁的话语宣布婚礼结束,婚宴开始。但如果主持人只说简单的几句话,难免会有热闹的气氛戛然而止的感觉,所以要多说一些祝福的话语,为热闹的婚礼来个漂亮的收尾。表达美好的祝福可多用排比句式,增强语言的感染力。也应代新人对宾客表达感激之情,让来宾感受到主人的用心招待。

四、婚礼主持应用

结婚典礼主持

主持人: 尊敬的各位来宾、各位亲朋好友,大家好!天赐良缘,云端上月老含笑;花开并蒂,绿阳春新人踏歌。新婚宴尔日,良辰美景时。今天是×××小姐与×××先生喜结良缘的大好日子,我是×××,非常荣幸能够为这一对新人主持婚礼。首先我代表新郎新娘及双方的家长,向光临婚礼的各位来宾、各位亲朋表示热烈的欢迎!我和大家一样,都等不及要看看美丽的新娘子和英俊的新郎官了。吉时已到,现在我宣布,×××小姐与×××先生的结婚典礼正式开始!美妙的音乐已经响起,现在请各

---

① 碧泛,陈枫.主持人是怎样炼成的[M].北京:北京工业大学出版社,2005:482.

位起身,迎接新人入场!伴着《结婚进行曲》神圣的旋律,带着所有亲朋好友最美好的祝福,一对新人肩并着肩、手牵着手、心贴着心,踏着红毯款款而来,许下执子之手、与子偕老的美丽誓言。让我们用热烈的掌声表达对他们的衷心祝愿!

主持人:下面请允许我向大家介绍这一对璧人。这位风度翩翩、玉树临风的帅哥就是今天的新郎×××……真可谓是年轻有为、一表人才啊。而这位人比花娇的新娘叫×××……大家说新娘子漂不漂亮!真是郎才女貌、天作之合啊!新郎是怎么追到这么俊俏的姑娘的?大家想不想知道?(问新郎)新娘子又是怎么看中新郎的?他做过的最浪漫的事是什么?(问新娘)新娘子的幸福已经难以用语言来形容了,新郎也有些迫不及待了,别急,我们得先检查你们是不是合法夫妻!下面请证婚人×××宣读结婚证书!

主持人:一对新人即将迈进他们人生的新阶段。此时此刻,他们的父母面对自己用半生精力哺育的儿女,一定有很多很多的祝福、很多很多的叮咛、很多很多的感触。下面就请双方的家长讲话!

主持人:看到新郎新娘的父母,我就明白了为什么新郎如此潇洒帅气、新娘如此温柔美丽,遗传基因好啊!我更明白了是谁赋予了新郎新娘诚实善良、宽厚待人的优秀品质。现在,请新人在今天到场的所有来宾面前一拜天地!一鞠躬,苍天为凭,你们的爱与日月同辉;二鞠躬,大地作证,你们的情似江河奔腾;三鞠躬,人心所向,你们的生活将比蜜甜美!二拜高堂!一鞠躬,养育之恩终身无以为报;二鞠躬,孝敬父母,晚辈理所应当;三鞠躬,不当之处,还请多多包涵。夫妻对拜!一鞠躬,夫妻恩爱,相敬如宾;二鞠躬,早生贵子,诗礼传家;三鞠躬,风雨同舟,共度一生!现在,请新郎新娘喝交杯酒!喝了这杯酒,今生今世不分手;喝了这杯酒,来生还要一起走!礼成!

主持人:好,朋友们请坐。一对新人为大家准备了丰盛的婚宴。一会儿,新人还会走到您的面前,为您斟上一杯酒。请大家在送出最衷心的祝愿的同时尽情享受面前的美食和佳酿,吃好喝好!

天津钢管集团第三届集体婚礼

合:尊敬的各位领导、各位来宾,现场的朋友们,大家上午好!

女主持:我是主持人×××。

男主持:我是主持人×××。真的非常荣幸,接受天津钢管集团的邀请,来主持

"美好天津、和谐无缝、盛世婚典"的集体婚礼。

女主持： 金秋十月，丹桂飘香。在这美好的日子里，我们相聚在美丽壮观的金湾广场，今天钢管集团的160对新人即将集体步入婚姻的殿堂，让我们同母亲河海河一起，共同见证这一神圣而又庄严的时刻。

男主持： 首先我们非常荣幸地向大家介绍出席今天活动的领导和贵宾。他们是……

女主持： 今天到场的还有钢管集团的领导、新人所在单位的领导以及新人的亲属们，在这里让我们以热烈的掌声对他们的到来表示热烈的欢迎和衷心的感谢！

男主持： 欢迎大家！接下来，就让我们大家用祝福的掌声和那首经典的《婚礼进行曲》迎接这160对新人登场！有请！

女主持： 十月的海河沽水流霞、风情万种。

男主持： 十月的津城钟灵毓秀、政通人和。

女主持： 就在此时此地，来自钢管集团的160对幸福的恋人将在欢声笑语中开始播种新的幸福、新的希望、新的未来！常言道，百年修得同船渡，千年修得共枕眠。拥有一份幸福而美满的婚姻，是每一位年轻人乃至他们的家属热切盼望的一件大喜事儿。

男主持： 是的，今天160对新人得以在天津钢管集团这块充满希望的热土上喜结连理。在此，我们应该向天津钢管集团道喜，向所有参加今天盛典的160对新人道喜，向你们的亲属道喜，并且由衷祝福你们事业进步、家庭幸福！

女主持： 天津钢管集团俗称大无缝，是目前我国规模较大的石油管材生产基地。大无缝的建设和发展始终得到党中央、国务院的特别关怀和巨大支持。

男主持： 经过十多年的不懈努力，大无缝在科学发展的道路上阔步前进。

女主持： 与此同时，公司的各级领导也全心全意地依靠职工办企业，让企业发展的成果更多地惠及广大职工，不断改善职工的生产生活条件。坚持为职工办好事、办实事，并形成了长效机制。

男主持： 如今的大无缝人豪情满怀、阔步前进，完全有信心加快集团化、国际化步伐，打造世界知名的跨国集团，为民族工业和天津经济腾飞作出新的更大的贡献。

女主持： 应该说今天参加此次盛大婚典的160对新人，你们幸福生活的开启离不开父母的养育之恩，也离不开钢管集团各级领导的悉心关爱和辛勤培养。俗话说，滴水之恩当以涌泉相报。因此，在祝福你们生活如蜜的同时，我们也祝愿你们永怀一颗感恩之心，用你们的智慧、你们的才能和你们的汗水回报你们亲爱的父母、回报你们尊敬的领导、回报你们可爱的大无缝。

男主持:现在,让我们大家用热烈的掌声有请×××同志宣布典礼仪式正式开始。有请!

男主持:谢谢×××!此时此刻,洁白的信鸽和彩色的气球飞向了天空。彩色的礼花代表了我们对所有新人的祝福。有请新人们挥挥手中的鲜花!

女主持:让我们的新人挥挥手,向你们的父母挥手,向你们的幸福挥手!

男主持:礼炮鸣响、音乐奏响,彩旗飘飘、气球升空。此时此刻,我们的婚礼现场一片欢腾。按照我们中华民族的传统,婚礼是人生中一个非常重要的仪式。婚姻大事需要有威望的人士来进行主婚,对不对?

女主持:对,好,接下来我们就有请天津钢管集团股份有限公司的总经理、党委副书记×××同志致主婚词,有请!

男主持:谢谢。×××同志的致辞代表了天津钢管集团所有职工对于160对新人的祝福,我们也希望新人们将这美好的祝福牢记在心底,将这幸福的时刻永记在心中。

女主持:是啊,昨天我们曾一起走过,今天我们一起成长,明天我们将共同迎接更加璀璨的未来!

男主持:现在,我们请所有的新人在这神圣的时刻,集体宣誓!

女主持:让我们以爱的名义,面对美丽的天津,发出誓言:今生有缘,让我们情缘到永远;今生有爱,让我们真爱永不变。让同心结紧紧相连,让连理树终身相伴。携手共创钢管集团美好的明天!

男主持:今天是160对新人大喜的日子,我们看到现场新人的父母、亲属有的已经是白发苍苍。孩子从呱呱坠地、蹒跚学步、牙牙学语、长大成人到今天建立自己的家庭,此时此刻作为父母的他们一定是感慨万千。接下来让我们用热烈的掌声有请新人家属代表说一说他们的心里话,有请!

女主持:谢谢新人家属代表的精彩发言,我想他的发言代表了我们所有新人家长的心声。俗话说,谁言寸草心,报得三春晖。正是新人父亲母亲博大的胸襟、温馨的怀抱成就了新人的过去和现在,激励着他们拥抱更加美好的未来。在这里,请允许我们代表所有的新人,对所有的家长说一声——爸爸妈妈,你们辛苦了!也让我们全场响起热烈的掌声,祝所有的爸爸妈妈身体健康、平安喜乐!

男主持:好,接下来让我们听一听今天的主角——新人的肺腑之言。掌声有请新人代表!……谢谢×××夫妇,你们的发言也代表了所有新人对于钢管集团的感谢,对所有领导、嘉宾的感谢。今天,在我们集体婚礼举办之时,市长也在百忙当中赶到了现场,参加我们的活动。接下来,让我们用热烈的掌声,有请×××讲话!……谢谢您!谢谢!

女主持：应该说，今天的160对新人是幸福的，更是幸运的，因为有这么多亲属和领导在现场见证他们的婚礼。接下来，有请我们的市领导为160对新人颁发新婚纪念品。有请……

男主持：让我们衷心祝愿所有的新人，心心相印、永结同心。

女主持：也让我们把美好的瞬间定格成永远，永远地珍藏在记忆当中。接下来有请我们的领导、嘉宾和新人合影留念。

男主持：百鸟争鸣歌盛世，千花放飞展宏图，牵手同谱和谐曲，共创无缝艳阳天。朋友们，"美好天津、和谐无缝、盛世婚典"集体婚礼到此礼成！

女主持：让我们祝愿新人的明天更加幸福美满，祝愿天津钢管集团的明天更加辉煌灿烂！谢谢朋友们，再见！

（根据网络视频资料整理，略有删改）

知识延伸阅读

西式婚礼简介

与中式婚礼注重喜庆热烈的气氛不同，西式婚礼显得更加庄重、浪漫和神圣。虽然原则上举办西式婚礼的新人应至少有一方加入基督教会，但随着越来越多的中国年轻人青睐西式婚礼的形式，这一标准已经不那么严格了。西式婚礼一般选在教堂或是合适的酒店礼堂、花园、草坪等处举行，如果选定在教堂举行，则要事先和教堂联系，商定具体的时间（一般是下午）。西式婚礼的主持人可以由神父、牧师或是司仪来担任。

西式婚礼的具体流程有：奏序曲，来宾入席；牧师（或神父、司仪）入场并宣布婚礼开始；伴郎、伴娘入场；新郎入场；戒童入场；奏《婚礼进行曲》，新娘由女方男性家长带领入场，前行时一男一女两个花童手提花篮，把花瓣洒在红毯上，新娘站在新郎的左侧，伴郎和戒童站新郎右侧，伴娘和花童站在新娘左侧；牧师证婚；新郎新娘签字；新人互戴戒指，婚戒戴在左手的无名指上，宣誓，点燃"同心烛"；新郎揭开新娘面纱，亲吻；证婚人致辞；礼成退场，奏退场曲，一对新人走在前面，然后是戒童和花童，伴郎、伴娘两两一对退场。婚礼过后，新人及亲属朋友可以拍照留念，然后参加晚上的宴会。白天的仪式简单而神圣，晚上的宴会则热闹而精彩，新郎、新娘要倒香槟酒塔，切结婚蛋糕，合跳第一支舞，新娘还要扔花束，新郎扔袜圈等。

西式婚礼的主持词较为简短，往往夹杂着较多《圣经》的节选。牧师或司仪用平缓而庄重的口吻宣告婚礼开始,询问是否有法律等因素阻拦婚礼的进行,以祷告祈求上帝赐福,询问双方家庭是否祝福,接着就可以进行婚约问答,签署结婚证书,宣布一对新人正式成为夫妇。

第二节　葬礼主持

葬礼是人们为悼念亡人而举行的纪念仪式。它气氛悲怆、庄严肃穆,缅怀亲人、悼念故友,是对生者的安慰,表达人们善意的关切和愿望。生有所养,死有所悼。无论古今中外,葬礼都被视为一种庄严而重要的仪式。

一、葬礼的筹备

中国传统的葬礼一般有这样几个步骤:报丧;停灵;入殓;出殡和下葬。逝者家属要尽快为逝者清洁身体、整理仪容、穿上寿衣。知道消息的亲友要携带礼金、挽联和花圈,及时赶来奔丧。停灵期间,逝者家属特别是晚辈要轮流守灵,接受奔丧者的吊唁。在下葬之后,每隔七天亲友应给逝者上坟,称为"烧七",其中"头七"最为重要。其后每年清明、春节等节日还要修理打扫墓地。

传统葬礼非常讲究礼节,各地的风俗也有所不同。在国家大力提倡文明丧葬,特别是火葬代替土葬以后,城市的葬礼习俗已经有了很大的改变。我们主要介绍的是现代城市所普遍采用的葬礼形式,主要是丧葬悼唁、追悼会仪式。

人去世以后,其家属或治丧机构要尽快发布讣告,将逝世的消息告知逝者的亲人、朋友、同事等相关人士,说明葬礼举行的日期和地点。讣告可以以信函的方式发出,所用的信笺、信封带有黑色的边框,也可用电话、电报传递讣告。如果逝者有较广泛的社会关系,还应登报发布讣告。接到讣告的亲友,应及时赶来吊唁,帮助逝者家属治丧。参加吊唁的亲友可以赠送花圈,附上写有吊唁字句的飘带,写上赠花者姓名;可以写挽联诗或文章悼念逝者;也可以准备一些礼金,用白色信封包好。因故不能登门吊唁,应说明情况,写唁函或致唁电给逝者家属,以表慰问和哀悼。

在遗体火化前要举行追悼会,又称遗体告别仪式。追悼会一般在殡仪馆的灵堂举行,也有一些面向社会公众的追悼会选择在广场、会堂等公共场合举行。灵堂的布置要庄严肃穆,在大厅入口处上方,悬挂黑底白字的横幅,门边放置吊唁簿,并为吊唁者准备白花。大厅内正面墙上悬挂逝者遗像,镶有黑边或黑纱,有时遗像上方墙面可挂一个大大的黑色的"奠"字,在上边悬挂黑底白字横幅以及黑黄两色挽幛。遗体置于遗像下大厅中间,周围饰以白色和黄色菊花、松、柏及其他常青花木。遗像两侧放置各界人士送的花圈。

参加追悼会的有关人士应在追悼会前,先以个人或集体名义送去花圈表示悼念。追悼会当天,参加者的服饰应清淡素雅,以白、黑、灰色系为主,不要穿颜色鲜艳的服饰。追悼会的气氛是肃穆、沉痛的,参加者应怀着极其沉痛的心情,认真参与每项仪式。与亡人关系较亲近的参加者应劝慰家属节哀顺变、保重身体,感情应真挚,讲话要有分寸,让逝者家属真正得到慰藉,早日走出悲伤的阴影,重新树立起面对生活的信心。

追悼会的流程一般是:奏哀乐;主持人宣布×××同志的追悼会开始;默哀三分钟;单位或直系亲属致悼词;家属致答谢词(如果是直系亲属致悼词则不用再致答谢辞);向遗像三鞠躬;向遗体告别。在默哀和遗体告别的时候也要奏哀乐,主持人及致悼词者发言时全场肃静。追悼会过后,逝者家属应对曾来电、来信、送挽联花圈、协助治丧的单位或个人,以适当的方式致谢。

某些著名人士去世后,在社会各界产生较大影响,但受追悼会的场地和时间限制,很多人不能前来参加追悼会。在这种情况下,追思会这种不受时间限制的形式也成为一种缅怀故人、表达哀痛的常用方式。追思会的流程可以比较灵活,围绕对逝者的怀念即可,没有遗体告别仪式。它可以在逝者去世后、追悼会开始前举行,也可以在追悼会之后举行,甚至逢周年举行,还可以在不同的地点相近的时间举行多次。

二、葬礼主持技巧

主持人要了解丧葬礼仪,举止得体。一般来说,葬礼主持人由有一定身份的人担任,多为男性。主持人要对逝者生前的功绩给予适当评价,表达对逝者的敬意和怀念。有一定身份地位的主持人做出的评价更加令人信服,使追悼会更显隆重。

葬礼主持人要精心准备主持词,并协助他人写好悼词和答谢词。主持词包括:宣布追悼会开始;介绍参加追悼会的单位领导、生前好友,介绍送来花圈、挽联等的单位和来宾的名字,对因故不能参加追悼会而采用其他方式表示哀悼的情况一并加以说明;宣读重要的唁电;对逝者表示哀悼、对参加追悼会的人士表示感谢、对亲属表示慰问;宣布各项流程。主持人说话要简短,注意称呼适当。用低沉、缓慢的语速和悲痛的语气宣读主持词,语调平直;感情要真挚自然,忌矫揉造作;服饰以朴素的黑色西装为宜，夏天也可穿白色衬衫，系黑色领带，穿黑色皮鞋。不要化妆，如果是女主持人，简单上底妆即可。要注意手表、皮带等配饰不要过于耀眼。对于突发事件，如亲友宾客悲伤过度可能出现一些意外情况，要及时妥当地处理，防止葬礼受到影响。

追悼会主持关键是准备好悼词。悼词又叫凭吊词，是在追悼会上，由有一定身份的人宣读，用以追悼逝者的生平业绩，向逝者表达哀悼和敬意，勉励人们化悲痛为力量的一种演讲文件。悼词一般不由主持人宣读，但主持人必须熟悉悼词的写作，对悼词把好关。悼词的主要内容有：写明自己怀着何种心情悼念何人；介绍逝者生前身份、职务、逝世原因、时间地点及其享年；追述逝者的主要生平，进行恰如其分的评价；表达对逝者的悲痛惋惜心情，激励生者化悲痛为力量，学习逝者的品质和精神，继续前进。悼词应较全面地介绍逝者生平，言之有物；一般不提逝者的缺点和错误，或用委婉含蓄的语言一带而过；要抓住能够充分体现逝者道德品质的典型事例，强调逝者未完成的遗志，选择亲身经历的事例更能打动别人；语言宜朴素，篇幅不宜过长，一般以1200字以内为宜，最多不能超过3000字。①

三、葬礼主持应用

追悼会主持

主持人：×××同志追悼会现在开始。

各位领导、各位来宾、各位亲友，今天，我们怀着无比沉痛的心情在这里悼念×××（职务、姓名）同志，×××同志因病经医治无效，不幸于××××年××月××日下午××时××分与世长辞，享年××岁。

前来吊唁和出席追悼大会的领导有……

祭悼并敬献花圈的单位有……

发来唁电的有……

在此，我代表×××同志治丧领导小组对×××同志的逝世表示沉痛的哀悼；向前来悼念的领导和各单位表示诚挚的谢意；向为举办×××同志丧事提供了支持和帮助的有关单位、戚族亲友及全体工作人员表示由衷的感谢；向×××同志的孝眷表示

---

① 郭红玲，杨涛.非节目主持艺术［M］.北京：中国广播电视出版社，2003：257.

亲切的慰问,请孝眷节哀顺变。

向×××同志遗像默哀三分钟(奏哀乐)。

默哀毕。

现在,请×××同志致悼词。

请×××致答谢词。

现在,向×××同志遗像三鞠躬。

一鞠躬,再鞠躬,三鞠躬。

现在,向×××同志遗体告别(奏哀乐)。

天使的选择——陈琳挚友追思会

李静： 请大家起立,请在场的每一个人牵起身边人的手,不管是熟悉还是陌生,让我们凝聚彼此的力量,共致祈祷词。时间在某一刻停止,没有起点,没有终点,唯有歌声。牵手的力量传递温暖和对生活的感恩。纪念我们的每一次相识与重逢,让一刹那的光阴成为永恒。带着你的微笑,还有我们的勇敢,前路或许陌生,请相信,我们一直在你身边,彼此深深地怀念。好,谢谢大家,各位请坐。各位好！今晚我们相聚在"天使的选择——陈琳挚友追思会",我们用这种温暖的方式,与我们共同的朋友、家人告别。天使虽然短暂地留在人间,她却给我们留下了难以忘怀的歌声,还有她对这个世界最诚挚的爱。那么今天,所有的朋友,让我们一起用歌声来纪念她,怀念她。首先,我们请出的就是,陈琳的好朋友那英,来为我们演唱那首经久不衰的歌曲《你的柔情我永远不懂》。

李静： 今天给陈琳办追思会,我们说好了不哭,要高高兴兴地用陈琳的歌曲来纪念她。可是我做不到,对不起,请原谅。我记得在1993年,我第一次见到她,她刚来北京,穿得土土的,自己拿了一盘带子来电视台找我,我们都很喜欢她,因为她特别可爱,很随和。天使做了自己的选择,我们要把天使的歌声留在人间。我们看一段VCR吧。

李静： 刚才看到的是陈琳整个艺术生涯的成长记录,我相信在座的很多人都陪她走过其中的某个时刻。接下来我要请上的一位,跟她一直都有合作,也是在她生命中非常重要的一个人。让我们有请郭亮,带来一首他最好听的《雨夜》。

戴军： 今天我们用这个特殊的方法来送陈琳最后一程,我不希望在这个舞台上有太多的泪水,我希望用我们的鲜花、我们的歌声把这最后一段路上的荆棘铺完,就算陈琳光着脚走在上面也不会有疼痛的感觉。说到我们早年间一起在外面演出的那段岁月,印象中的陈琳是那么开心,像个小女孩。令我印象很深刻的是有一次,我,还有陈琳、朱桦,在西安演出没有收到劳务费,然后我们就坐在路边,喝红酒,三个人都喝多了,最后唱着歌回去了。虽然很多这样的记忆都不快乐,但现在回忆起来都是财富。今天有一位也是陈琳生前的好朋友来到现场,让我们掌声欢迎朱桦小姐。

李霞:谢谢,谢谢朱桦。刚在后台的时候,我们四个主持人,李静、戴军还有柯蓝互相拉着说上台时一定不能哭,我们要带领大家平静地送走我们可爱的天使,因为她给我们留下的记忆太多了、太美好了,她给我们的爱太多了、太美好了。所以让我们大家一起平静地回忆她给我们留下的点点滴滴,让她永远活在我们的记忆当中……她是中日音乐的交流大使,她也是我们女足世界杯的形象大使,同时她也是终身绿色使者的获得者,她还在西藏捐助了贫困家庭的儿童,同时还捐助了两所希望小学,每一所学校都有两百多名学生得到了陈琳的爱和帮助。她非常热心环保事业,无论是在国内还是国际上,她都做了非常多的公益演出,下面的时间我想请大家通过一个短片来看看陈琳的公益爱心之路。

李霞:今天,这些得到陈琳的爱的代表也来到了现场,我们有请……

戴军:各位来宾,对不起,因为我们今天的活动是在时间非常紧张的情况下准备的,所以有些地方出了一些问题,请大家原谅。

李霞:趁着这个间隙,我们再邀请几位朋友上台来,刚刚看到齐秦大哥赶到了现场,我们现在邀请他上台,大家有请。

李霞:今天在现场,大家看到我们四个主持人都带上了一顶黑色的礼帽,这是我们的天使在生前最喜欢的。现在我也要请在座的各位来宾,把你们手上的黑色礼帽戴起来,向我们的天使致敬。接下来要有请……(所有歌手)给我们带来歌曲《放心走吧》。

柯蓝:我们非常感谢这次追思会的发起人杨坤先生、沈永革先生,是他们为了这个活动请了大家来,也感谢各位。

李霞:请现场所有的朋友起立,台上的朋友,请摘下我们代表着天使的礼帽,我们一起给我们的天使深深鞠上一躬,祝她一路走好。

李静:感谢生命里的每一次相遇,祝福天使的选择。爱会让我们彼此相认。让我们一起热爱生命,热爱生活。天使飞走了,接下来平凡的我们,好好拥抱自己身边的朋友、亲人,好好活着。今天晚上大家不说再见,希望大家一起好好地活着。谢谢大家,感谢各位的光临,今天的追思会到这里结束了。

(根据网络视频资料整理、节选)

知识延伸阅读

家属答谢词 （悼词）

尊敬的各位领导、各位亲朋、各位好友：

"树欲静而风不止,子欲养而亲不待。"××××年××月××日下午××时××分,我们亲爱的爸爸走完了他坎坷而又绚丽的一生,永远离开了我们。今天,我们怀着万分悲痛的心情,在这里举行告别仪式,寄托我们的哀思。

首先,谨让我代表我的母亲,代表我的兄弟姐妹,向今天参加追悼会的各位领导、各位来宾、各位亲朋好友表示诚挚的谢意！感谢你们在百忙之中来到这里,和我们一起,向我们的爸爸做最后的告别。

在我爸爸住院期间,承蒙各位领导和亲朋好友的关怀,多次探望、慰问,给了爸爸莫大的安慰！作为家属,我们也心存感激。在这里,我们也要向多年来一直关心、照顾我爸爸的×××单位领导和同事们表示衷心的感谢！

爸爸的离世带给我们深深的哀痛。作为儿女,任何语言都不能表达我们失去至亲至爱的父亲的悲痛。我们也无法用简单的言语去总结他平凡而又伟大的一生。

"清清白白做人,勤勤恳恳做事"是父亲一生的写照。爸爸的一生是任劳任怨、无私奉献的一生。在他四十多年的工作生涯中,他始终保持着对工作的热忱,对国家和人民的高度责任感,克己奉公、勤奋耕耘。无论对于事业还是对于家庭,他总是尽职尽责。他用自己的言行为我们树立了一个热爱生活、热爱工作、尊老爱幼、善待他人的模范和榜样。我们为有这样一位好爸爸而感到骄傲,同时也为失去这样一位好爸爸而感到万分悲痛。

现在,敬爱的爸爸走了,我们再也无法亲耳聆听他的谆谆教诲,再也无法亲眼看到他的音容笑貌,只能在心中深深地缅怀敬爱的爸爸,这怎能不令人感到极度哀痛呢？爸爸,您放心地走吧,我们会化悲痛为力量,孝顺健在的母亲,让她老人家晚年更加幸福；我们会牢记您的遗训,清白做人、踏实做事,不教人生虚度；我们一定继承您留下的良好家风和优良品德,教育好自己的子女,将他们培养成才。因为我们知道,这是对您在天之灵的最大告慰,也是我们回报社会,回报各位领导、各位尊长、各位亲朋最好的方式。

敬爱的爸爸,今天,您疼爱的儿孙们来送您了,您生前的好友们都来送您了。您知道吗？此时此刻,我们想以泰戈尔的一句诗为您送行：生如夏花之绚烂,逝如秋叶之静

美。亲爱的爸爸,您安息吧!

最后,我代表我的母亲和家人,再次向出席告别仪式的各位领导、同事以及所有的亲朋好友,表示衷心的感谢!谢谢大家!

第三节 寿礼主持

孝敬老人是我国的优良传统,在日常生活中,当遇到老人过生日时,家庭中都会举办庆祝寿诞的家宴,尤其是老人的六十、七十、八十大寿等。但一般而言,"庆九不庆十",给老人祝寿通常提前一年,即五十九岁过六十大寿,因为九是阳数中最大的,比较吉利。寿宴举办的时间不限于生日,有些地方的风俗是选在农历正月进行,一般在正月初八以前。祝寿是晚辈尊敬老人、孝顺长辈的一种方式,是家庭生活幸福的一种体现。除了家庭祝寿之外,在政府机关中,一般也为德高望重的艺术家、教育家、科学家等举办祝寿活动。

一、寿礼的筹备

为老人祝寿,通常都要准备寿筵,祝寿的地点可以是酒店,也可以是家中。按照我国的传统习俗,布置寿堂很有讲究。如果是给男性长者祝寿,一般在正厅墙壁上悬挂南极仙翁图,给女性长者祝寿则悬挂瑶池王母图,或者八仙庆寿图、福禄寿三星图等象征高寿的画轴。也可以用金色大"寿"字代替,两边贴上寿联。寿堂正中设礼桌,摆上寿桃、寿糕、寿面、水果等。地上要铺红色拜垫,以备后辈行礼。

祝寿一般由子孙发起,应提前三天派送请柬,邀请亲朋好友前来道贺。寿礼请柬与其他活动的请柬不同,给父亲祝寿应使用"家严""家父"代称,给母亲祝寿则使用"家慈""家母",如果是给父母同时做寿,则"家严""家慈"并列使用。请柬由长子长孙或家族晚辈中最有声誉的人具名,数代同堂可署"率子孙鞠躬"字样。要给寿星准备新衣,一般是唐装。现代社会祝寿礼仪大大简化,吃长寿面、切生日蛋糕、子孙鞠躬拜寿等是祝寿活动的主要流程。

给老人拜寿要衣着整洁、举止大方、彬彬有礼,不可衣着暴露、奇装异服、浓妆艳抹。可以提前一天登门祝寿,这叫作暖寿。要多说赞美的话和吉祥话,如"福同海阔,寿与天齐""松鹤延年,高风亮节""福如东海长流水,寿比南山不老松"等。可送老人一些字画、玉石、丝绸、盆景、茶叶等实用、有价值的礼品,也可送保健品、按摩仪,还应考虑老人的爱好。礼品礼金应正式郑重地交给老人,如身在异地,也可托人带上贺礼,以示孝敬。

二、寿礼主持技巧

祝寿讲究欢乐喜庆,对主持人并没有过高的要求。寿礼主持人可以由善于表达的亲友担任,也可以专门聘请司仪。如果是为有一定社会地位的人祝寿,主持人也得有一定的身份才比较合适。寿礼主持人着装应正式,打扮要喜庆,不能穿着一身死板的黑色上场。

(一)主持人要熟悉祝寿的礼节和程序

寿礼主持人要了解和熟悉祝寿的礼节和程序:主持人宣布祝寿宴会开始;宾客向寿星致祝词;宾客向寿星唱祝寿歌;晚辈向寿星鞠躬行礼;寿星发言致谢;宴会开席。在我国,不同的寿辰有不同的雅称,如五十岁称半百或知命之年,六十岁称花甲、耳顺,七十岁为古稀之年、从心之年,八十岁到九十岁称耄耋之年,一百岁称期颐。寿诞也有别名,如六十一岁寿辰称还历寿;七十七岁寿诞称为喜寿,因为"喜"字的草体很像"七十七";八十岁又称伞寿,因"伞"字的简写可读作"八十";八十八岁为米寿,"米"字分开可为"八十八";九十九岁称白寿,"百"字的第一画去掉即为"白",一百少一就是九十九;一百零八岁为茶寿,"茶"字上面是"廿",下面为"八十八",相加得一百零八。

(二)主持人要善于即兴发挥、活跃气氛

主持人在祝寿活动上要多说赞美和祝愿的话,结合寿星的具体情况,真挚恰当、热情洋溢地进行祝贺,不仅仅只是一句简单的"祝您福如东海,寿比南山"。虽然寿礼主持词一般要求措辞文雅,注意分寸,但偶尔"插科打诨"往往能取得不错的效果,引来阵阵笑声。当然,要避免低级粗俗的语言和无聊的玩笑。寿礼不宜过于喧闹,乱哄哄的场面不仅影响人的心情,也容易引起年事已高的寿星身体上的不适。事先多准备一些祝寿词,如果寿星是自己的领导或是德高望重的人,祝寿词应尽量使用书面语言,文雅而庄重;如果是家庭寿宴,祝寿词最好多使用口语,简短而亲切。主持人在说祝寿词时要避免多说"老"字。

(三)主持人要善于处理意外事件

主持人还要善于处理意外事件,不要让意外事件破坏了寿礼上的欢乐气氛。

在一次祝寿宴会上,有位女服务员在上茶时,一不小心竟然把茶水洒在一位男客人的裤子上。眼看男客人要发火了,主持人抢先对女服务员说:"小姐是傣族人吧,我知道在这喜庆的日子,给别人身上洒水,是你们对人最真诚的祝愿,当年周总理也接受过这样的礼遇,但你不该把这礼遇给了我们这位先生,应该送给我们的大寿星才对啊。"众人一听都笑起来,那位要发火的先生听后也笑了。一番现场即兴说的话,顿时使气氛变得生动活泼。

三、寿礼主持应用

祝寿仪式主持

主持人:各位来宾、挚爱亲朋,大家中午好!新年共享天伦之乐,欢声笑语寿满堂。怀着喜悦的心情,我们迎来了×××先生的八十寿诞。值此新春佳节来临之际,我们欢聚一堂,在这里热烈而隆重地举行×××先生八十大寿的庆典仪式。这是亲人大团圆、好友大团聚的盛事、喜事,真可谓"天增岁月人增寿,春满乾坤福满门"。首先,请允许我代表×××先生及家人,向大家表示最热烈的欢迎和衷心的感谢!我十分荣幸地接受长辈的重托,担当寿宴的司仪,我提议,让我们共同以热烈的掌声祝愿寿星×××先生生日快乐!下面我宣布——祝寿庆典仪式正式开始!

云鹤千年寿,苍松万古春,有福称寿星,八十正辉煌。我们用热烈的掌声欢迎×××先生偕夫人×××女士上座。看,在儿女子孙的簇拥下,×××先生神采奕奕地向我们走来。看到二老幸福的笑靥,这一刻暖意融融,我们依然感觉到青春的岁月在燃烧!这一刻爆竹声声,我们依稀听到儿时的歌谣在回荡!这一刻夕阳正红,阳光下弥漫着最甜最美的生活味道!这一刻深情相望,搀扶着五十载风雨与共的至爱亲情!

寿星带来欢乐景,满室喜气入春风。真可谓一家喜事千人喜,无限欣慰在心里。×××先生在多年的工作生涯中,认真负责、积极肯干,深得领导的重视和信任,同时也获得同事的肯定与赞扬。在生活中,更与妻子彼此支持、互相照顾,一路相敬如宾、相濡以沫,才有了今天的儿孙满堂的幸福美满的人生!人生难得有知己,浓情厚谊贺八旬。有请老朋友、老同事送上贺寿花束,为寿星挂红添彩。花迎喜气日日新,鸟唱春光岁岁好。下面由大孙子为爷爷披上红红的喜绸,由外孙女献上美丽的鲜花!请大家同唱生日歌,让我们祝福×××先生永远拥有开心的一刻、快乐的一天、平安的一年、幸福的一生!

春来日暖莺声脆,腊去风和燕语喧。父母是上天赐予我们的最好的守护神,是我们的缔造者,我们的生命之根。有请长子×××、儿媳×××、次子×××、儿媳×××、长女×××、女婿×××、小女×××、女婿×××,给父母拜寿。一鞠躬,感谢父母养育之恩重如山,祝福如东海,寿比南山;二鞠躬,感谢父母教诲之情似海深,祝松鹤长春,多福多康;三鞠躬,感谢父母恩泽温暖像太阳,祝生活甜蜜,永享天伦!

女孝子贤围身旁,儿孙满堂绕膝欢,父母的养育之恩如滔滔江河不绝,寸草之心难报三春艳阳光辉!八十年的风雨历程,八十年的甜酸苦辣,八十年来开花结果,给这世界带来了一片欢乐。如今,子女们也开始承担起为人父母的责任,更能体会老人的慈爱和养育子女的艰辛。我想,这时候儿女们一定有许多想说的话——有请长子×××代表子女送上深情祝愿。

亲朋高座,笑语朗朗,今天请来了这么多的亲戚和朋友,非常荣幸,下面我们有请一位来宾代表,致祝寿词,有请×××代表我们所有来宾说几句祝福的话。……感谢您的美好祝福,我们也把这份祝福回敬给您及您的家人!

喜看儿女堂前站,淳朴家风代代传。请摄像师拍下这珍贵的难忘的幸福时刻。儿女祝福父长寿,幸福不忘爹娘颜。兄弟连理同根生,阖家欢聚喜团圆。

我想此时此刻,×××先生一定有很多很多的感慨想对大家说,下面有请寿星讲话。

开筵依北斗,祝寿颂南山,有请寿星入席。我宣布:祝寿仪式现在结束,酒宴开席!我们共同举杯,共同祝愿。同时也请各位尽情享用美味佳肴、琼浆玉液。最后,新年伊始,春回大地,祝大家:万事如意、阖家幸福、牛年吉祥、平安康健!

老干部祝寿会主持

主持人: 天增岁月人增寿,春满乾坤福满门。尊敬的各位领导、各位寿星,你们好!秋风送爽,丹桂飘香。在这重阳佳节来临之际,我们欢聚一堂,为本市七十、八十、九十

岁的老干部举行集体祝寿大会,共同庆祝他们的寿辰。首先,我代表×××向各位寿星表示热烈的祝贺,衷心祝愿各位前辈健康长寿,幸福安康!出席今天祝寿活动的领导有……今天的祝寿大会第一项议程,请×××宣读寿星名单!

主持人:让我们用热烈的掌声对这些为我市的建设和发展作出贡献的寿星表示祝贺!下面进行第二项议程,请×××同志致贺词。

第三项,请×××同志通报老干部工作情况。

第四项,请寿星代表讲话!大家欢迎!

各位寿星,市委、市政府为这次老干部祝寿大会特意发来了贺信,市重要领导也亲自到会祝贺,显示了市委、市政府对老干部工作的重视和关心,体现了中华民族敬老爱老的传统美德。广大的老干部曾在我市的各条战线上付出青春和汗水,现在虽然从工作一线退了下来,但依然关心着城市的建设和发展,用各种方式发挥着余热。各位老干部赤诚报国、无私奉献的精神值得我们学习。今后,我们会一如既往地为老干部办实事,办好事,排忧解难。让老干部们安享晚年,老有所乐。我们衷心地希望各位保养好身体,继续关心和支持我市的各项工作,为建设和谐社会作出贡献!

健康长寿福星照,七十八十不称老。喜逢盛世常开颜,晚年生活乐逍遥。常言道:"最美莫过夕阳红。"最后,让我们再次祝愿老同志们福如东海、寿比南山,阖家欢乐、万事如意!今天的祝寿大会到此结束,请大家到宴会厅吃长寿面,切蛋糕,谢谢!

知识延伸阅读

在母亲八十大寿喜宴上的贺词①

粟 涛

各位亲朋好友:

你们好!感谢各位参加我母亲八十大寿的喜宴。在这里,我作为长子,代表儿孙们祝母亲福如东海、寿比南山!

母亲一生坎坷,青年时代恰逢战乱,用父亲一人的薪水维持一家六口人的生计,全仗母亲勤俭持家。母亲有一手好女红,我记得儿时的衣服都是母亲一针一线亲手缝制的。母亲四十岁那年,父亲因病去世,我们四个子女还未成人,家庭生活的重担全落在母亲那柔弱的肩上。作为长子,我曾向母亲恳求退学,帮母亲支撑这个家,可母亲拒绝

---

① 谢伦浩.演讲写作技巧[M].北京:石油工业出版社,2006:162.

了。她要让儿女有知识、有文化,这样才对得起英年早逝的父亲。为了我们,母亲日夜操劳,她的每一根白发、每一条皱纹都彰显着她那伟大的母性。母亲的养育之恩是我们永远也报答不完的,母亲是我们儿女心灵的港湾。我们在事业上有所成就就是对母亲的报答,她的四个儿女没有辜负她的期望,都成了对社会有用的人才。我是一位有三十年教龄的教师,大弟现在是总工程师,小弟在政府机关工作,小妹现在是公司经理。母亲晚年过上了稳定的生活,她的心又扑在了孙子、孙女身上。孙子、孙女也没有让祖母失望,小伟现在在美国攻读博士学位,小华大学毕业后在公司任职颇有成绩,小玲现在成了记者,小丽正在大学读书,小宇今年也考上了理想的高中。

母亲是平凡的,她把一生献给了她的家庭;母亲是伟大的,她用言传身教使我们儿女一生不做亏心事,对得起自己的良心。

今天是母亲的八十大寿,这八十年的人生,母亲走得直、走得稳,与母亲相识的人都说母亲是善人,善有善报。我们儿孙要说,有这样的母亲、祖母,是我们这一生最可贵的财富。

这杯酒献给母亲,一位平凡而伟大的中国妇女,祝她身体健康,晚年幸福!母亲用她那伟大的母爱养育了她的儿孙,我们儿孙要让母亲在爱的氛围里安度晚年,祝母亲长寿!越活越年轻!

第四节　祭祀活动主持

祭祀文化在中国有着悠久历史,与神话故事、民族图腾、宗教以及宗法等级制度有着密切的联系,因此,传统祭祀风俗不可避免地包含很多封建迷信的内容。在现代祭祀习俗中,需要专人主持的祭祀活动主要有两种:一是由传统官方祭祀典礼改良而来的祭祖仪式,另一种是由民间扫墓的传统演变而来的祭扫仪式。

一、祭祀活动概说

在古代,祭祀是华夏礼典的一部分,更是儒教礼仪中十分重要的部分。"礼有五经,莫重于祭,是以事神致福。"祭祀的对象分为三类:天神、地祇、人鬼。在中国古代,"神不歆非类,民不祀非族",祭祀有严格的等级界限。天神地祇只能由天子祭祀,诸侯、大夫可以祭祀山川,士、庶人则只能祭祀自己的祖先和灶神,清明节、寒食节、端午节、中元节、重阳节是祭祖日。少数民族的祭祀文化同样源远流长,具有丰富的文化意蕴。

出于对中华民族传统文化的寻根和对非物质文化遗产的保护,近年来,祭祀典礼又重新得到官方的认可,民众参与的积极性很高。

根据祭祀的对象不同,祭祀活动可以分为祭天地、祭神灵、祭祖先、祭烈士、祭死难者等类别。根据祭祀的主办方不同,可以分为官方祭典(公祭)、民间祭祀两大类,民间祭祀又包括家祭,祭饭(祭席)、祭食。有一些地方为发展旅游业,也开展了一些规格高低不一的祭祀活动。祭祀的种类不同,流程也不一样。大型祭祖活动的程序一般为:全体肃立;鸣钟击鼓,敬奏祭乐;上香奠酒;敬献花篮;恭读祭文;行鞠躬礼;乐舞告祭;典礼告成,瞻仰圣殿。参加祭祀典礼要衣着正式,可穿汉服等中华民族传统服饰。

祭祀活动一般在清明节举行,也有些活动在五四青年节、历史事件纪念日举行,如"一二·九运动"纪念日等。地点常选在烈士陵园、纪念馆、历史遗址等地。祭烈士、死难者的流程一般是:全体肃立;升国旗并敬礼;默哀,奏乐;敬献花篮;三鞠躬;致悼词,讲话;全体向烈士宣誓;敬献小白花;结束,瞻仰烈士陵墓,参观烈士事迹展。

二、祭祀活动主持技巧

公祭典礼的主持人一般是有一定身份地位的男性,作为旅游项目或民俗展示的祭祀活动可以聘请司仪主持。学校、厂矿等企事业单位的清明祭扫仪式对主持人的要求较低,普通话较好、语言组织能力较强的学生、教师或者单位职工就可以胜任。

主持公祭特别是祭祖典礼要事先多做准备,对历史典故有所了解。主持词一般是由工作人员代为拟好,内容包括宣布祭扫仪式的各项流程、阐述烈士事迹、颂扬民族精神等。主持人应予以把关,检查是否有不当的地方。主持词中可能会有一些文言文、生僻字,所以主持人事先要通读主持词,避免读错或是卡壳。主持人的语速宜平缓,吐字有力,符合庄严恢宏的祭祀氛围。主持人要提前到场,以免误了吉时。有时,公祭典礼会专设一位司仪对祭祀的各项流程进行讲解。

祭祀活动的男主持人应穿深色西装、中山装或白色衬衣,身上不要有过于艳丽的颜色。女主持人的穿着要朴素简单,化淡妆。祭扫仪式的氛围庄严肃穆,主持人的表情应沉静而充满希望,语气也要坚定、略带悲伤。

三、祭祀活动主持应用

中华大祭祖:辛卯年清明公祭轩辕黄帝典礼

参加典礼的各方宾客依次穿过轩辕桥,于轩辕庙前拾级而上,浏览庙内历代炎黄子孙祭祀先祖的祭文、题诗、题字,缓步来到祭祀广场。

上午9点50分(取九五之尊寓意),公祭开始。

奏乐。

司　仪:有请中共陕西省委常委、常务副省长×××主持公祭典礼。

主持人:辛卯年清明公祭轩辕黄帝典礼即将开始。今天参加公祭典礼的有……参加今年公祭典礼的海内外中华儿女共一万多人。辛卯年清明公祭轩辕黄帝典礼现在开始!

第一项,全体肃立。

第二项,击鼓鸣钟。

第三项,有请×××敬献花篮(奏乐)。

……

第四项,请陕西省省长×××恭读祭文。

第五项,向轩辕黄帝像行三鞠躬礼。

　　一鞠躬;

　　再鞠躬;

　　三鞠躬。

第六项,吟诵《振兴中华赋》。

第七项,乐舞告祭。

第七章
舞会宴会主持

舞会作为常见的社交形式,因气氛轻松愉悦、场所高雅舒适而广受欢迎。在柔和美妙的灯光中,人们和着优美的乐曲翩翩起舞,不仅可以陶冶情操、放松身心,还可以结识新朋友、联络老朋友,与事业伙伴交流信息、沟通情感。宴会也是一种应用非常广泛的交际活动形式,在公务往来、商务活动以及私人交往中都占有重要的地位,发挥着不可替代的作用。舞会与宴会有很多共同之处,除了均适宜在舒适优雅的环境中进行,注重情感上的交流沟通,最突出的共同点是礼仪性强。

第一节 交谊舞会主持

舞会是一种外来文化,是人与人之间,特别是年轻异性之间,进行交往的轻松愉快的良好形式。舞会文化传入中国后也广受国人的喜爱,是颇受欢迎的文艺性社交活动。

一、交谊舞会的筹备

(一)选择时机

在商务活动中,举办舞会大都是为了开辟一个纯粹的社交场合,与相关人士进行良好互动,便于业务工作的顺利开展。在欢度佳节、款待贵宾、周年纪念以及庆祝企业取得重大成就、开展重要合作等时机,举行舞会都是比较适宜的。具体时间一般选在周末和节假日的19—23点,时间不要过长,2—4小时为宜。

(二) 确定嘉宾

围绕举办舞会的目的确定要邀请的嘉宾,提前一周发出邀请函。主办方应对嘉宾的背景资料有一定的了解,以便在舞会上进行问候与致意。要注意邀请的男女宾客数量应大体相当,陌生宾客的数量不宜过多,避免因比例失调、互不熟识使舞会场面冷清、宾主不能尽兴。

(三) 选择场地

在选择舞会的场地时,要考虑来宾人数、舞会的档次规格以及交通是否安全便捷等。舞池的大小与跳舞的总人数大致匹配,人均一平方米最佳。地面干净整洁,过滑过糙都不适宜。环境优美高雅,衣帽间、洗手间、停车场、桌椅、饮料茶点等配套齐全,满足来宾舞会上所有可能的需求。

(四) 选择舞曲

舞会的音乐伴奏十分重要。规格较高的舞会一般都会请一个乐队做伴奏,如果条件有限也可以用音响代替。舞会往往追求高雅的情调和浪漫的气氛,节奏明快、旋律优美的音乐能使人心旷神怡,陶醉其中。除了要准备助兴音乐,还要精心选择和安排伴舞乐曲。主办方和主持人应考虑不同客人的喜好,选择众人熟悉的、节奏鲜明清晰、旋律优美动听的曲目。可将不同国家、不同风格、不同节奏的曲目穿插在一起,使舞曲时而婉转抒情、时而热烈奔放,不仅满足众人所需,也使舞会的节奏快慢结合、有张有弛。选定舞曲后,主办方应准备曲目单,供客人查阅。按照惯例,人们一般将《友谊地久天长》作为开场舞曲,将《一路平安》作为最后一支舞曲。

(五) 调试灯光、音响

舞池的灯光宜柔和,并随着音乐的节奏而有所变化;注意调试音响,音量适度以防扰民。此外,主办方还可以准备一些助兴节目,或请多才多艺的宾客一展才能,在舞会进行到一定阶段时表演,激发大家参与的兴趣,烘托愉快的气氛。

二、交谊舞会主持技巧

舞会主持人应有两位,一男一女,和谐搭配,在主持风格上应一致或互补。正式的舞会对主持人的身形条件要求较高,要有优美的舞姿、高雅的谈吐,因此,一般选择主办方公关礼仪部门熟悉社交艺术的高级职员担任舞会的主持人。对于家庭舞会而言,男女主人一般就是舞会的主持人。舞会男主持人应穿燕尾服或西服,女主持人可以穿旗袍或晚礼服。因为所有参与者均是盛装出席,所以男女主持人更有必要精心修饰仪表,力求出众而不招摇。男女主持人的妆容服饰、言行举止应当是所有参加舞会者的典范。

舞会主持人说话应热情明快、文雅大方,体现内涵与气质,引导舞者文明起舞。主持人在舞会开场时要表达对来宾的感谢,点明舞会举办的目的,营造高雅愉快的氛围。舞会过程中如果有特别的助兴节目,主持人也应予以介绍。散场前主持人要表达对来宾的祝愿,用优美的语言为舞会画上令人回味的省略号。主持词要适应接下来舞曲的氛围,如果是抒情怀旧的舞曲,语气应温馨柔和,制造浪漫缠绵的气氛;如果是热烈欢快的舞曲,语气要热情高亢、有活力。为了给予宾客更多的时间自由交际,舞会的主持人要掌握好分寸,不宜长篇大论。

主持人要熟悉舞会的礼仪规范。主持人在步入舞池时应女先男后,用自己优美的舞姿引导舞者文明起舞,在舞池中应自然舒展、潇洒优美。在家庭舞会中,第一支舞应由主人夫妇和主宾夫妇共舞,如果夫人不跳,也可以由成年的女儿代替。自舞会第二支曲子开始,男主人依礼宾序列邀请男宾的舞伴各跳一支舞曲。男主人应陪伴无舞伴的女宾跳舞或为她们介绍舞伴,并要照顾其他客人。在正式舞会上,如果主持人仅仅发挥司仪的作用,则不一定要跳开场舞。舞会的主持不仅体现在主持词中,更体现在整场舞会的优雅举止和对舞会上所有来宾礼貌周到的关照中。舞会进行时不宜穿越舞场,应顺边绕行。如有人出现不雅举止,主持人应善意委婉地提出劝告,维持会场良好的气氛,忌疾声怒斥。

第二节 正式宴会主持

宴会是一种以会餐形式举行的常见的社交聚会,不论在东方还是在西方社会,不论在政界、商界还是在日常生活中,都广受欢迎。

根据活动目的、规格规模、举办时间和地点、邀请对象及经费开支等的不同,宴会有多种分类方式。综合考虑宴会的规格、形式等特点,可以将其粗略分为正式宴会、招待会、便宴三大类。正式宴会有国宴等,招待会有酒会、冷餐会、茶话会等,便宴则主要指家庭宴会和各种普通的会餐。

一、正式宴会的筹备

正式宴会的规格较高、目的明确、礼仪性强，一般都会安排座次，席间主人和主宾还要分别发表祝词和答谢词。为了使宴会的气氛热烈、庄重有序，达到预期目的，一定要重视宴会的筹备工作。首先要明确的是宴会的目的和缘由，据此确定宴会的规格、宴请形式和受邀宾客的名单。大型宴会可适当多邀请一些客人，但范围不宜过大，以免招待不周；小型宴会宾客名单要逐个敲定。邀请夫妇一同参加的活动，要注意有些人是独身，写请柬时要有所区别。出席宴会的主人同客人的人数比例要适当。

具体宴请的地点视宴会的性质、规模、宴请方式和实际条件而定，有条件的可以在本单位的礼堂或者专门的宴会厅举行。大型的宾馆、酒店、食府等商业会所对宴会接待有丰富的经验，是很好的选择。

宴会不要选在重要的节假日，还要避开某一方的禁忌日。确定小型宴请的时间，应首先征询主宾意见。按照时间，宴会可以分为共进早餐、午宴和晚宴。从隆重和重视程度来看，晚宴要比早餐和午宴更为正式。以上要素明确以后，宴会的主办方应慎重而及时地发出请柬，请柬内容包括宴会的主题、形式、时间、地点、涉及的人名、单位名称、活动名称等应用全称以示庄重。安排位次的宴请活动因为要掌握具体的出席人数，需要客人答复是否可以出席。此时可以在请柬上予以注明，并附上联系电话。

宴会场所要整洁安静、环境优雅、设施安全。最好在宴会厅之外另设一个休息厅或等候厅，供宾主在宴会前交谈使用；如有需要还应设置吸烟区、存衣处等。要对负责迎宾、引导和接待的工作人员做好礼仪方面的培训，要求统一着装或者佩戴工作卡以方便宾客问询。

正式宴会的座位安排有时是十分烦琐和微妙的。为了使宴会参加者入席时井然有序，维持双方的礼节、避免引起不快，组织者应慎重对待。有时也可只排好主桌席次，其他只排桌次。中式宴会一般采用圆桌，8—12人为一桌，人数较多时可以分成几桌，每桌人数均为双数。

举行宴会时，主人应站在大厅门口迎接客人，如果是官方的正式活动，还可以有少数主要官员陪同主人夫妇排列成行迎宾。客人同主人握手后进入休息厅。待主宾到来后，主人和主宾走在前面，其他宾客随之步入宴会厅就座。如果还有其他客人陆续前来，则由其他人员代表主人在门口迎接。用餐入席时，主人要向客人打招呼，客人不要急于入座，就座之际应向其他客人表示礼让。全体客人就座，宴会即正式开始。

二、正式宴会主持技巧

正式宴会的主持人,通常为宴会主办单位的最高负责人,一般来说,也就是宴会的主人。外交宴会的主持人一般应由我方出面接待外宾的官员中身份最高者担任。在宴会进行的过程中,主持人的主要任务是发表致辞,对来宾表示热烈的欢迎并举杯祝酒。有时也会另设一位司仪,简要地按照既定的程序,邀请宴会的主人、主宾上台致辞,对宴会的一些细节事项进行说明。为了与正式宴会的庄重、欢乐的氛围相适应,男主人应穿深色中山装、西装,做好个人形象护理,不要化妆;女主人可穿西装套裙,或是高贵素雅的连衣裙,宜化淡妆。保持温和轻松的微笑,不要过于严肃使人拘谨,也不可举止夸张令人感觉轻浮;应熟知就餐礼仪,事先了解主要宾客的饮食习惯。

(一)祝福时机

为了营造友好轻松的氛围,把宴会气氛推向高潮,宴会的主持人通常会带头举杯祝福。祝福的最佳时间主要有三个:一是宴会开始时,说一些简短而热情的欢迎词,再介绍坐在贵宾席的贵宾。二是餐会进行到一半时,主持人为活跃现场气氛,向客人祝福。三是餐会结束时,香槟酒杯端上餐桌,是餐会结束的暗示。此时主持人应等每个人的酒杯都盛有香槟后,站起来祝福贵宾。祝福的话应措辞文雅、含义隽永,理由恰当、言之有物。每次祝福控制在 1 分钟左右,最主要的举杯祝福时间在 3—5 分钟。

(二)致辞内容

为了向来宾表示热烈的欢迎,主持人要精心准备致辞(欢迎词)。致辞的内容包括:一是代表主方向客人表示真诚的欢迎和感谢,语气热烈,语言质朴,使主宾双方都感到彼此的友好情谊,营造和谐的氛围。二是讲明贵宾来访的目的和意义,用精练的文字交代双方交往的历史和现状,用优美的语言描绘双方未来的前景,从而表达对来宾的重视和主方的合作诚意。三是再次表示感谢和欢迎、希望和祝福。

在致辞时,应注意:真诚的赞美能迅速获得来宾的好感与认同,但过度的吹捧也会引起反感;适当引用来宾熟悉的事例、谚语、方言等,可以拉近彼此的心理距离,使来宾感到亲切;主持人对来宾了解得越全面深刻,下笔越有内容,致辞越能打动对方。

三、正式宴会主持应用

周恩来总理在欢迎美国总统尼克松的宴会上的祝酒词

总统先生,尼克松夫人,

女士们、先生们,朋友们:

首先,我高兴地代表毛泽东主席和中国政府向尼克松总统和夫人,以及其他的美国客人们表示欢迎。同时,我也想利用这个机会代表中国人民向远在太平洋彼岸的美国人民致以亲切的问候。

尼克松总统应中国政府的邀请,前来我国访问,使两国领导人有机会直接会晤,谋求两国关系正常化,并对共同关心的问题交换意见。这是符合中美两国人民意愿的积极行动,这在中美两国关系史上是一个壮举。

美国人民是伟大的人民。中国人民是伟大的人民。我们两国人民一向是友好的。由于大家都知道的原因,两国人民之间的来往中断了二十多年。现在,经过中美双方的共同努力,友好来往的大门终于打开了。目前,促使两国关系正常化,争取缓和紧张局势,已成为中美两国人民的强烈愿望。人民,只有人民,才是创造世界的动力。我们相信,我们两国人民这种共同愿望,总有一天是要实现的。

中美两国的社会制度根本不同,在中美两国政府之间存在着巨大的分歧。但是,这种分歧不应当妨碍中美两国在互相尊重主权和领土完整、互不侵犯、互不干涉内政、平等互利和和平共处五项原则的基础上建立正常的国家关系,更不应该导致战争。中国政府早在1955年就公开声明,中国人民不想同美国打仗,中国政府愿意坐下来同美国政府谈判。这是我们一贯奉行的方针。我们注意到尼克松总统在来华前的讲话中也说道,"我们必须做到的事情是寻找某种办法使我们可以有分歧而不成为战争中的敌人"。我们希望,通过双方坦率地交换意见,弄清彼此之间的分歧,努力寻找共同点,使我们两国的关系能够有一个新的开始。

最后我提议:

为尼克松总统和夫人的健康,

为其他美国客人们的健康,

为在座的所有朋友和同志们的健康,

为中美两国之间的友谊,

干杯!

(据新华社一九七五年十二月一日讯)

第三节 慈善宴会主持

慈善宴会,即通过宴会这种轻松愉快的方式,针对企业家和社会名流等进行募捐的聚会。随着更多的慈善活动融入晚宴、舞会、演出、品酒会、赛马等时尚活动,欢娱慈善——这种国际通行的做法让人们在轻松愉快的氛围中参与慈善活动,促进了中国慈善事业的发展。

一、慈善宴会概说

慈善宴会最早在我国上海、北京等地流行。从 1997 年开始,上海波特曼丽嘉酒店每年都举办慈善晚宴,为上海市慈善基金会"家庭寄养"项目进行募捐。几乎同时,北京的一些国际性的慈善机构也成为欢娱慈善募捐形式的最早提倡者。① 如今,"时尚芭莎慈善晚会""嫣然天使基金慈善晚宴""胡润慈善榜富豪晚宴"等很多慈善宴会已经为人们所熟知,具有较大的影响力。

二、慈善宴会主持技巧

慈善宴会的主持人要有良好的公众形象,有一定的号召力和较强的社会交际能力,一般由慈善宴会的发起人担任。慈善宴会的主持人与来宾应穿着正式的礼服,精心装扮,谈吐高雅,举止彬彬有礼。

慈善宴会募集善款的方式主要有收取入场和席位的费用、现场募捐、将征集来的物品义拍义卖三种方式。入场和席位费用视宴会的规格而定,从几百元到数千元不等。现场可设置位置明显的募捐处,接受并登记善款,也可以安排专门的募捐人员手捧募捐箱在席间接受捐款。在筹办之初,慈善宴会的发起人和主办方就可以向社会知

---

① 王辰龙.慈善创意时代[N].天津日报,2007-4-20.

名人士征集物品用于拍卖,也可以购买一些价格合理的艺术品。对用于拍卖的物品配发图片和文字介绍,在发送请柬时一并送达客人手中。宴会开始前,还可以专门安排一处展台,对所要拍卖的物品进行展示,提前吸引与会者的兴趣。在拍卖进行中,可对物品的内涵进行深入阐释以打动来宾竞相出价。主持人要以身作则,带头出钱出物。

不同于传统的慈善活动形式,慈善宴会整体上不追求悲悯动人的氛围,常常是在欢乐温馨中进行。所以慈善宴会的主持人语气可以轻松一点儿,语言要既文雅又亲切。要对所有的与会者表示感谢,特别是对在募捐、义卖环节中表现突出的客人,可颁予有意义的纪念品或是"标王""标后"的称号。客人之间捐款数目有高有低,主持人要一视同仁,肯定每一笔钱的重要性。既然是欢娱慈善,就要让每一位客人都能从宴会中感受到自我的价值,享受"精神之宴"。在宴会的最后,主持人应公布善款数额和流向,再次感谢来宾的出席,恭送客人离去。

三、慈善宴会主持应用

嫣然天使基金上海慈善晚宴

上海外滩。

来宾签名、留影、参观拍卖品,进入宴会厅。

童声合唱《雪绒花》,

播放嫣然天使基金会宣传片,

两对主持人分别自我介绍。

柯　蓝:这是一个大家庭的聚会。从去年的第一届嫣然天使基金晚宴到现在,从北京到上海,真的非常高兴看到这么多的老朋友还在,而且更加高兴的是,有那么多新朋友的加入,谢谢你们的到来,谢谢!

吴大维:是的,那么这也是我和柯蓝第二次参加嫣然天使基金的慈善之夜。刚才柯蓝也说了,看到很多新朋友,而且看到去年也参与了我们活动的老朋友。大家都看过今天的拍品,而且很多朋友反应都非常热烈、非常热情。

沈　星:嫣然天使基金一直以来都秉承和推崇一个理念,就是传递。从主持队伍到参与嘉宾,我们可以看出这个大家庭的壮大。

尉迟琳嘉:嗯,这种接力的效果特别好。在接力之时,我这会儿也特别想听一听,在过去的一年嫣然天使基金做了哪些事,给我们带来了哪些收获和感动。我们一起来看看嫣然天使基金的年度报告。

柯　蓝：接下来有请中国红十字会常务副会长×××女士上台致辞,有请!

沈　星：接下来我们要荣幸地公布一项决定,那就是每年嫣然天使基金都会选择一位最有影响力的艺人,来担任嫣然年度大使。

尉　迟：有请刘嘉玲女士上台致辞,有请!

沈　星：人因为善良而美丽,正是因为有许许多多的朋友不懈努力,才使嫣然天使基金有了今天的成就。那接下来呢,我们要为这些最美丽、最善良、最热心肠的人颁一个奖,叫"个人特别贡献奖"。

尉　迟：好,接下来我向大家公布一下获奖人的名单。第一位呢,就是嫣然天使基金医疗委员会的总监××先生,有请××先生。因为在过去的一年中,××先生为发展嫣然天使基金的定点医院、组建慈善医疗队、开展学术交流等事业作出了卓越贡献。……

沈　星：接下来我们有请中国红十字基金会常务副理事长×××和×××女士上台为他们颁奖。让我们再次用热烈的掌声为台上这些朋友在过去一年所做的努力表示感谢,好吗?

吴大维：刚才两位医生的话呢,可以说代表了嫣然医疗队全体医生的心声。他们刚才说不喜欢用"高尚"这样一个词来形容他们。他们觉得这样做事情更有意义。

柯　蓝：所以用"棒"来形容他们。刚才大家都看到了,去年嫣然天使基金到底做了些什么。接下来就要看我们能做些什么了。

吴大维：好了,刚才朋友们在外面已经看了我们这些参加竞拍的非常精美的画了。今天一共有十七幅竞拍的作品。第一幅拍品是什么呢? 柯蓝。

柯　蓝：第一幅拍品呢,是一个摄影的作品。这个作品是来自杜英男的 *London NO.5*,我们起拍价是5000元,请大家开始踊跃地拿出你们的标牌,可以叫出你们心目当中的价钱。

吴大维：好的,5000元开始。28号朋友××,……×万元第一次,×万第二次,×万三次! Thank you very much! 谢谢!

柯　蓝：谢谢您! 我们的颁奖人是《财富圈》的出版人×××,请上台。请把这个 *London NO.5*,杜英男的作品交给我们的得标主,谢谢,恭喜您!

尉　迟：其实听了这么多,我觉得社会环境的营造真的非常重要。

沈　星：没错。有时候命运的改变就是来自人们心态的改变和环境的改变。一直以来我们媒体的作用是不可以忽视的。那接下来我们要颁出的奖呢,就是"媒体基金贡献奖",有两个媒体获奖,它们分别是……

尉　迟:它们分别是搜狐和凤凰卫视,有请……接下来我们请出颁奖人,有请……

沈　星:现在在我们凤凰卫视都已经蔚然成风了,一说要捐钱,做慈善,大家都会说,不如把钱捐给嫣然。

尉　迟:没错,好像我们凤凰的同事,都为嫣然捐过钱。

沈　星:感谢这两位媒体代表。希望能够在今后的日子里面,继续为嫣然天使基金做一些有影响力的事情,谢谢两位!非常感谢。接下来的时间,我们要请出的也是一位美女,赵薇小姐,她给我们带来一首很好听的歌——《天使旅行箱》,有请!

柯　蓝:谢谢,谢谢赵薇!

吴大维:好,那么刚才我们头五个拍品已经顺利拍了出去。成绩非常不错,谢谢各位。接下来有四样拍品会拍出来。

柯　蓝:也希望我们在座所有的嘉宾可以再接再厉。

沈　星:我手里拿到了今天晚上总共募得善款的数字,这个数字包括刚才的慈善拍卖,还有认购座位的金额,即个人捐款。大家一定猜不到总共有多少钱,因为这个数字一直在更新。无论如何我们要感谢的是以下的这些人,包括有一对夫妇,他们成立了嫣然天使基金;有很多画家捐出了今天拍卖的作品;有很多的艺人他们来到这里奉献了自己的爱心;还有就是为了制作这一台晚会,有很多的工作人员,他们付出了才华和精力,每个人在今天晚上都体现出了人性最真挚、最善和最美的一面。

尉　迟:真的谢谢你们,谢谢!其实大家在一起也是为了影响天下人共同付出自己的爱心。所以说我们在这里要颁出今天的最后两个奖,这两个奖非常特别、意义非凡。

沈　星:是今天的"标王"和"标后"。

尉　迟:他们分别是……有请二位。我们向他们颁发"特别一拍贡献奖"。

沈　星:我们请出的颁奖嘉宾是李亚鹏、王菲。

尉　迟:那接下来这个奖很有意义。

沈　星:也就是第一对购买晚宴座位的夫妇,让我们有请……

李亚鹏:从我们基金会的工作人员第一次来上海,从我和嘉玲说我们今年要在上海做慈善晚宴,从我们到上海来选酒店开始到今天已经7个月了。台前幕后,包括所有的人,我觉得是在大家的帮助之下,这个事情才算是得以成行,远非我们两个人的力量。那我想说句什么呢,今天这个钱是捐到嫣然天使基金了,这是一个国家监管的基金。我在这给大家一个保证,请大家相信我们两个,相信嫣儿的父母,我们会把每一分钱负责任地用于帮助像嫣儿那样的孩子,谢谢大家!

沈　星：谢谢！在爱的奉献这件事上面，在座的每一位不管是捐了1万还是捐了500万，都是在量力而行，尽力而为。无论如何我们非常感谢他们，谢谢大家，再次感谢王菲和李亚鹏。

尉　迟：正式庆功的时间已经到了。今天这一晚上我们究竟战果如何，现在有请中国红十字基金会秘书长×××上台接受今晚募集的善款的支票。最后的数额将会呈现在支票上，最后的数额我念给大家，×××××××××！

秘书长：谢谢今天晚上的各位朋友！你们的爱心不仅温暖了上海，也温暖了中国。谢谢你们！

（《歌声与微笑》音乐响起）

沈　星：这首歌让我们想起了童年，好熟悉，《歌声与微笑》。

尉　迟：嗯，柯蓝，你有没有想到将来给自己的孩子留下什么样的精神财富？

柯　蓝：我相信很多朋友都会问这个问题。曾经有一位朋友说过，不知道以后留给孩子们除了钱之外，还有些什么。一定有些什么！

吴大维：其实今天这个钱可以给很多朋友带来帮助，也就是说给需要帮助的朋友们一个礼物，使他们的成长的过程可以更顺利、更成功，今天可以说是远远超乎我们所料，跟去年比起来，钱数是去年的两倍多将近三倍了。所以在这里真是再次谢谢各位的帮忙，也希望今天大家能够尽兴、开心！

沈　星：嫣然天使基金慈善晚宴到此结束。感谢各位嘉宾朋友的光临，谢谢！

尉　迟：祝愿各位新的一年事事快乐，事事顺利，圣诞快乐，新年快乐！

第四节　招待会主持

招待会是一种正式程度介于正宴和便宴之间的宴请形式，常见的有冷餐会、酒会、茶话会。它有很多优点：经济实惠、灵活便利，不用安排座位，客人更加轻松自由，主宾之间有更多的时间和空间互动交流。

一、冷餐会及主持

冷餐会也称自助餐会，菜肴以冷食为主，兼有热菜、热汤，种类很多、分量充足，分门别类地摆在餐台上。餐具一般在桌子的两头，客人排队拿餐具、按照自己的喜好随意取食，每次不宜取量过多，吃完后可多次取食。酒水陈列在桌子上，也可以由招待员端送。冷餐会一般在室内举行，天气好、来客多的话也可在露天、环境优雅的庭院、花园里举行。冷餐会不排座次，甚至常常不设座椅，让宾客站立进食，自由活动，边吃边与他人交谈。冷餐会的时间比宴会短，一般在一个半小时左右，通常在12—14点或17—19点进行。在商务交往中，冷餐会常常是附属于正式的商务活动而存在的，如安排在签字仪式、周年庆典之后用来招待来宾，一般不作为一项单独的正式活动。

举行冷餐会有很多好处：它免去了正式宴会需要排座次的麻烦；不备正餐、不上高档酒水，节省了用餐费用；来宾可以自取所需，主人也不必费力精心设计菜单；当来宾人数众多、具体数目不能确定时，举行冷餐会可以灵活地应对；根据主办方的意图和主客双方的身份，冷餐会所备的菜肴品种可多可少，档次可高可低；宾主间可以广泛交际、自由攀谈，来宾也不必严格按照宴会的起止时间入席、离场。

冷餐会的主人应照顾好到场的宾客，特别是主宾，陪同其就餐、与之交谈。但也要注意留给主宾一些自己的空间，不要全程跟随陪同在主宾身边。既然是交际场合，主人要尽可能地为彼此不熟识的客人牵线搭桥，充当引见者，当然在引见之前要征得双方的同意，不可一厢情愿、贸然行事。

冷餐会虽然简便，也有一些需要遵循的礼仪。就餐者在取菜时，应用公共餐具将食物装入自己的餐盘，挑选食物时不要犹豫不决，以免让后面的就餐者久等，不可在菜肴中挑挑拣拣、翻来翻去，取菜的顺序一般是冷菜、汤、热菜、点心、甜品和水果。冷餐会是交际的场合，宾客应主动与他人攀谈，不可埋头大吃。最后，就餐者如有事要提前离开，应和主人打招呼、致歉。

二、酒会及主持

酒会是一种轻松简便的招待会形式，不设正餐、不设座椅，仅摆放若干小桌或茶几方便人们短暂休息。酒会上一般不安排正式讲话，有时主人会简短地说一些祝酒词。因为酒会以供应鸡尾酒（用多种酒类和果汁等调制而成的混合饮料）为主，所以也称为鸡尾酒会（Cocktail Party）。

酒会有三种类型，一种是正宴之前举行的酒会，一种是正宴之后举行的酒会，还有一种是专门举行的酒会。餐前的酒会一般在18点左右开始，两个小时之内结束，作为正式宴会开始前招待客人、等候开宴的序幕。而正宴之后的酒会和专门举行的酒会一般在21点左右举行，规模较大、时间较长，有时还设有舞池，供来宾跳舞。这两种酒会没有严格的时间限制,客人自行决定离场的时间。

酒会要提供各种酒水,也要准备雪碧、可乐、牛奶、苏打水、矿泉水、果汁等其他软饮。另外还要提供一些小食佐酒,如三明治、面包片、小串烧、炸薯片、炸春卷等,宾客可用牙签取食。

与冷餐会类似,鸡尾酒会待客量大,相对更经济;省去了排座次的麻烦;来宾到场离场时间自由,并且可以自由走动。与冷餐会不同的是,酒会特别是餐后酒会和专门的酒会往往比较正式,主人和宾客都应穿着华美的礼服,精心修饰自己的仪表。会场也应布置得高雅浪漫,营造舒适的交际环境。宾客应选择恰当时机告辞,向女主人致谢后低调离开。

三、茶话会及主持

茶话会是一种非常简便的招待形式,多为企事业单位和其他社会团体用来联系和结交朋友,具有对外联络、招待性质的社交性集会。

茶话会也叫茶会,顾名思义,即以品茶作为款待客人的主要方式。茶话会不安排主食、酒品,只向与会者提供一些茶点和软饮。对中国人而言,绿茶老少皆宜,而欧美人更喜欢红茶。茶话会上的茶具最好选用成套的陶瓷器具。根据国际惯例,茶话会举行的最佳时间为16点左右,有些时候也可安排在10点左右。持续的时间可长可短,由主持人视现场情况灵活掌握。不过在一般情况下,茶话会大都讲究适可而止,将其限制在1—2个小时,效果往往更好一点儿。举办茶话会的地点可以是主办单位的会议厅、宾馆的多功能厅,或者主办单位负责人的私家庭院,以及高档的营业性茶楼或茶室,环境宜静雅舒适。

根据茶话会的主题,可以将其分为三种类型:以联谊为主题的茶话会(联谊会)、以娱乐为主题的茶话会(联欢会)、以专题为主题的茶话会(座谈会)。前两种的目的都在于加强主宾之间的联系和感情,不同之处在于以娱乐为主题的茶话会往往会安排一些即兴的、自由参与的文娱节目,气氛更加欢乐喜庆。以专题为主题的茶话会,是一种较为务实的会议性聚会。在某一特定时刻,为了某些专门的问题,主办单位借召开茶话会的机会收集意见建议,听取某些专业人士的见解,或是同相关人士进行对话。

会场座位一般有四种排法:第一,环绕式排位,常用于以联欢为主题的茶话会。不设立主席台,而将沙发、茶几、座椅摆放在会场的四周,不明确座次的具体尊卑,而听任与会者入场之后自由入座。第二,散座式排位,多见于室外的茶话会。座椅、沙发、茶几的摆放可以杂乱无序、自由组合,甚至可以由与会者根据个人要求自行调节,随意安排。第三,圆桌式排位。在会场上摆放圆桌(椭圆形会议桌),请与会者在其周围自由就座。也包括在会场上安排数张圆桌,与会者自由组合、各自在其周围就座,这是专题座谈性质的茶话会常常采用的方法。第四,主席式排位,一般用于以联谊为主题的茶话会。主人和来宾被有意识地安排在一起就座,并且按照常规,主持人居上座,如中央、前排或者会标之下面对正门之处。为了便于大家交际、营造良好的沟通氛围,茶话会上的座次安排不宜尊卑过于明显。一般允许自由活动、不排座次、不摆与会者名签。

一般来说,茶话会主持人就是组织茶话会的主人、单位的负责人,有时也会由负责外联或者秘书工作的部门负责人担任。茶话会主持人不必像其他会议的主持人那样具备伶俐的口才、专业的知识,但要具有亲和力,能够坦诚地与来宾相处,并有会议主持的经验,能够控制会议的全局。就形象而言,茶话会主持人没有特别的要求,符合茶话会的主题,庄重大方即可。

茶话会的一般流程为:第一,主持人提请与会者各就各位,宣布会议开始并对重要的与会者略加介绍。第二,主办单位的主要负责人,有时就是主持人,阐明茶话会的主题,代表主办单位对全体与会者的到来表示欢迎与感谢。第三,与会者发言(或表演节目)。通常不对发言者进行指定和排序,也不限制发言的具体时间,倡导与会者自由进行发言,有时与会者可以数次发言。第四,主持人略做总结,之后结束茶话会。

知识延伸阅读

浅谈酒吧、歌舞厅主持人

在现代都市生活中,酒吧、歌舞厅是朋友聚会的天堂,是过"夜生活"的最佳场所。来自各行各业的顾客进入这些娱乐场所就是为了寻找快乐、追求时尚。而满足"上帝"的需求,就是娱乐场所的演艺人员包括主持人在内的第一要务。

受众的高要求以及演出的高频率,使得酒吧、歌舞厅的主持人不得不绞尽脑汁,迅速地更新资讯、搜集素材,变换风格。再加上这些场所的表演人员流动性很大,没有足够的彩排时间,舞台离观众很近,互动很多,突发状况也比较多。这对主持人的临场即兴发挥能力是一个很大的挑战。

做好娱乐场所主持人的一般要求是:充满激情、语言幽默、造型独特、多才多艺、善于应变。因为酒吧、歌舞厅的主持人有分寸地"插科打诨",适当运用方言和俚语,可以营造热烈欢乐的氛围;可选择恰当的节日、纪念日等时机,用创意和主题包装演出的风格,并据此改变自己的主持套路,给观众带来新鲜感;主持人要有一定的表演功底,不仅是口才上的即兴发挥,舞蹈、唱歌、模仿等十八般武艺也要能即兴表演一段;当观众情绪失控或者对演员提出过分要求的时候,主持人不能放任不管,更不能粗暴制止,应不卑不亢、机智灵活地打圆场,化解尴尬。①

---

① 易彬.媒体娱乐口才[M].长沙:湖南人民出版社,2003:257-262.

第八章
会议聚会主持

聚会是一个非常宽泛的概念,是指多个人的聚集、会合,例如舞会、宴会、商务会议、晚会等。在各种形式的聚会之中,人们平日接触最多、最为正规的就是会议,即人们聚集在一起,按照一定的议程,围绕议题进行有组织的研究、商议、展示和学习。舞会和宴会注重礼仪和人际交往,晚会活动的文艺性突出,仪式庆典重在形式,而会议则更加务实、信息量大。

会议是一个较为宽泛的概念。在英语中,就有 meeting、conference、congress、convention、assembly、session、symposium、seminar、summit、forum、exhibition、exposition 等单词表示不同种类的会议。结合日常生活中常见的会议种类和形式,考虑到各种会议的组织和主持特点,我们对展览会、发布会、洽谈会、报告会与观摩会以及包括赞助会、慰问会、听证会在内的其他类型会议展开论述。

第一节 展览会主持

展览会是组织或个人为了展示成就、产品、实力或者作品等,所组织或参加的宣传性聚会,是通过集中陈列实物、模型、文字、图表、影像资料和示范性的表演等供人参观了解的平台。对企业来说,展览会多角度、多层次利用了多种传播媒介,是一种十分直观、形象的复合性传播方式,具有较强的说服力和良好的传播效果,是公共关系活动的一种常规手段。对于公众来说,展览会上的展品琳琅满目,可供触摸、试用、品尝和体验,非常具有娱乐性和吸引力。

一、展览会的筹备

（一）确定参展单位

对于展览会的组织方来说，其首要工作是根据所要举办的展览会的预期目标和类型确定参展单位。对于小型、微型展览会，单位内部的陈列展以及个人举办的展会来说，参展单位就只有主办方。对于其他具有一定规模的展览会来说，主办方应以适当方式对拟参展的单位发出正式的邀请或召集，如刊登广告、寄发邀请函、召开新闻发布会等，将展览会的宗旨、展出的主要项目、参展单位的范围与条件、举办展览会的时间与地点、报名参展的方式方法、咨询有关问题的联络方法、主办单位拟提供的辅助服务项目、参展单位所应负担的基本费用等信息详细告知对方。对于报名参展的单位，主办方应予以审核，确定正式参展单位的名单后应以专函通知。

（二）宣传策划

若想取得理想的传播效果，展览会的宣传策划工作至关重要。主办方可以聘请专业的会展策划人对展览会的宣传策略、活动创意等进行全面的策划，成立专门的对外宣传的组织机构，通过刊登广告、张贴海报、举办新闻发布会、现场散发宣传材料等多种方式大力宣传展览的内容，吸引社会人士的关注。

（三）规划场地，分配展位

对于展览会的组织方来说，合理地规划场地、分配展位是一项非常重要的工作。所有的参展单位都希望能够在展览会上拥有理想的展位，所以面积适当、人流量大、设施齐全并处于展览会的醒目位置的展位往往会引起激烈的竞争。组织方可以用竞拍、招标、抽签，或者按照先来后到的顺序分配展位，并且尽可能满足参展单位的合理要求。

（四）做好安保工作

展览会人流密集，主办方一定要重视安保工作：在举办展览会前必须依法履行常规的报批手续，主动将展览会举办详情向当地公安部门进行报告，争取支持、配合和理解。举办较大规模的展览会时，应从合法的保安公司聘请专业保安人员，向声誉良好的保险公司进行数额合理的投保。所有工作人员也要保持警觉，提高安全意识，尤其应针对火灾、偷盗、骚乱、踩踏等事故进行准备,有备无患。

(五)提供相关服务

主办单位作为展览会的组织者,还有义务为参展单位提供相应的辅助服务项目:展品的运输与安装;车船机票的订购;与海关商检防疫部门进行协调;跨国参展时的有关证件、证明的办理;电话、传真、电脑、复印机等现代化的通信联络设备的提供;举行洽谈会、发布会等商务会议所使用的适当场所;餐饮以及有关展览时使用的零配件的提供;供参展单位选用的礼仪、讲解、推销人员等。需要注意的是,主办方要切实履行服务承诺,切忌虚张声势、名不副实。

二、展览会主持技巧

不是所有的展览会都需要设置主持人,更确切地说,展览会的"主持人"是多层次的:整个展览会的主持人、单个展台的主持人、展览会现场活动的主持人等,共同或单独存在于一个展览会上。在一些展示高新科技的博览会上,虚拟主持人也是比较常见的。虚拟主持人对观众比较有吸引力,传递信息量更大,但并不能真正实现即时互动,并且它的"主持"工作实际上也是由设计虚拟主持人形象和主持语言的工作人员承担的。

展览会往往是新闻媒介追踪报道的对象,是企业和单位建立良好的形象或打开产品销路的有效途径。所以,展览会主持人要有良好的身形条件,穿着打扮应大方得体,态度诚恳亲切,以赢得观众的信任。不仅是主持人,在展位上工作的人员也应统一着本单位制服或深色西装套裙,佩戴标明本人单位、职务、姓名的胸卡,礼仪小姐例外。

因为展览会提供了与公众直接进行双向沟通的机会,在商务性的展览会上,展览者还可以了解消费者的需求,搜集市场信息,直接听到社会对新产品或样品的反馈。所以一般来说,展览会的主持人要富有亲和力和良好的沟通能力,不仅善于传播理念,也要善于倾听。由女性来担任会展主持工作有一定的优势,但这并不是绝对的,比如男性作为车展主持人有时更符合展品本身的特质。主持人事先一定要了解展览会的性质目标、展品的性能特点、宣传资料等,还要多做巧思,平铺直叙和照本宣科会使主持词枯燥无味。

主持人在向观众介绍说明展品时要善于因人而异、有针对性,在实事求是的基础上扬长避短,突出产品的特色,有时可邀请观众动手操作或主持人亲自示范。当观众走近展位时,主持人应面带微笑主动欢迎,向对方发出邀请。当观众进行参观时,主持人应随行其后,等待对方向自己进行咨询,也可以请观众自便,不加打扰。若观众较多,主持人可在左前方引导。主持人应认真回答观众提问,最后欠身施礼,恭送对方离去。

展会主持往往在展览期间要周而复始地进行,机动性很强,工作量大。长时间保持高度饱满的精神状态和细致耐心的工作态度是很不容易的,主持人要注意休息和调整,控制好每场主持的节奏,最好能根据每次主持的情况及时总结经验、加以改进。

三、展览会主持应用

第四届南昌国际汽车展上海大众汽车展区主持词

舞蹈开场

主持人:一曲异域风情十足的康康舞,显示出上海大众这个同样有着异域血统的品牌的青春和活力。这个来自德国的品牌与中国本土汽车企业携手,创造出一个又一个汽车神话,我们可能还记得"拥有桑塔纳,走遍天下都不怕"这样妇孺皆知的广告语。如今,上海大众在不断开拓与创新当中,逐步推出了帕萨特、POLO、途安、志俊、朗逸等多个产品,并仍然在书写着一个又一个的销售传奇。

亲爱的朋友们,本次车展,上海大众派出了豪华阵容高调参展,其中包括帕萨特新领域、LAVIDA 朗逸、POLO Sporty、POLO 劲取、途安新一代等已取得火爆市场销量表现的精品车型。同时值得提醒的是,本次车展,上海大众还特别将 LAVIDA 朗逸解剖车拿出来供各位深入了解上海大众德系品质的精髓。在今天车展的一开始,我们首先有请靓丽的车模们登场,有请!

首先出场的是车模×××,她将为大家展示的是帕萨特新领域。帕萨特新领域在造型设计方面延续帕萨特品牌豪华大气之风,并强调了"精简洗练、大气磅礴"的特点。双 U 形镀铬水箱隔栅体现了鲜明的大众特征,与两侧全新造型头灯相衔接,赋予其明显"横向扩展"的视觉效果,展示出自信和硬朗的风格。新领域简洁有力的线条符合设计界"简洁即大气"的精髓,动感流畅中体现了驾驭者洗练大气、蕴意深远的行事风格与处世态度。帕萨特新领域车型主要有:2.8V6 手自一体豪华型、2.8V6 手自一体顶级版、1.8T 手动舒适型、1.8T 手自一体舒适型以及 1.8T 手自一体豪华型共计 5 种不同配置的车型。

主持人： 下面请您自由鉴赏上海大众为您奉上的这几款精品车型,若遇到任何疑问,请您向我们的销售顾问提出,我们将一一为您解答。同时值得一提的是,上海大众特别针对在车展期间购车的用户推出"看车有礼、购车油礼"活动。即在 11 月 6 日到 9 日期间购车的用户在签订购车合同之后,上海大众将赠送您一张 2000 元油卡。您可以选择在现场签订购车合同,也可以到省内各大展厅购车。

主持人： 下面请欣赏魔术……一段精彩的魔术再次让我们领略了魔术的神奇魅力,很多人为之惊叹,为之着迷。我们接下来要为大家介绍的是 LAVIDA 朗逸的解剖车,在看过真实的解剖车之后,LAVIDA 朗逸上市时间不长但销量惊人的真相,或许将大白于今天的车展之上。……无论是外观造型,还是内饰设计和空间营造,LAVIDA 朗逸在最具表现力的方面博采中西方设计之所长,在大众品牌传统稳重的基础上,添加了更多具有中国特色的元素。得益于中外设计思想的有机融合,LAVIDA 朗逸更加趋向于时尚化和生活化,而面对将来的受众群体,它将最大限度地迎合他们的诉求,在国内中级车市场再树一个上海大众经典品牌形象。以上就是我为您介绍的 LAVIDA 解剖车的一些信息,若有任何疑问请您向我们的销售顾问咨询,我们将竭诚为您服务!

第二节　发布会主持

发布会又称记者招待会,有新闻发布会、新品发布会、见面会、通气会等形式。它是政府、企事业单位、社会团体和个人把各新闻机构的记者召集在一起,宣布某一有关消息,并让记者们就此进行提问,然后由召集者回答的一种特殊会议。发布会以新闻的形式发布消息,比较正规、正式;传播面广,报刊、广播、电视和网络集中发布,迅速形成舆论、带来轰动效应;主办方与新闻记者双向互动,记者灵活提问、发掘新闻线索,主办方也能及时了解受众和媒体的关注热点、给予回应。发布会省略了可能存在的中间环节,直接由新闻源主动(或被迫主动)向社会或记者提供重要的信息,真实性较高,是一种常见的用于发布权威信息、对某一重大事件或事实进行说明或解释、面向社会的会议。

发布会一般都围绕某一重大事件有一个集中的主题,有宣传性和解释性之分。在政府机构向社会公众宣布重要决策、企业在市场上推出重要产品或宣布重大战略行动、组织和个人公布重大科学发现等情况下召开的发布会是宣传性发布会,通过对事件的详细说明促进公众的认知与认同,主动寻求广泛的关注。而当发生重大灾害、事故,企业产品质量出现问题受到社会谴责,政府机关决策、行为受到质疑时召开的发布会则属于解释性发布会,其目的是安抚公众的不满情绪、平息舆论压力。

发布会讲究规格,对发言人和主持人要求很高,思维敏捷、有良好的风度和说话技巧,并且具有一定权威的人才能胜任。对于信息的事先掌握将决定主持人和发言人的表现,决定发布会所取得的宣传效果和社会影响。

一、发布会的筹备

（一）确定发布会的主题,选定召开的时机

发布会应主题明确、集中,不要同时发布几个不相关的信息。根据主题慎重考虑发布会举办的时间、场所和规格、邀请对象等,如果是宣传性的发布会应选择合适的时机,以追求最佳效果。尽量避开节假日和有重大活动的日子,照顾记者的需求,不宜太仓促。如果是解释性的新闻发布会,特别是发生重大责任事故、突发公共安全事件或是严重的产品质量问题而受到公众质疑时,考虑到时间的紧迫性,则应迅速反应,在最短的时间内做好召开新闻发布会的准备,避免流言四起、加深公众的不满情绪。

（二）选定具体的时间和场地

为了便于新闻记者们写稿发稿,举行发布会的最佳时间在周一至周四的上午10—12点,或是下午15—17点。发布会的举办地可以是主办单位的办公场所,也可以是活动或事件的发生地,必要时可在不同地点举办几场内容相似的发布会。具体地点应交通便捷、面积适宜、条件舒适,如单位的会议厅或是宾馆的多功能厅、当地最有影响的建筑物等。

（三）发邀请函或电话通知有关各方

邀请媒体时要从以下几点出发:选择中央媒体和全国性媒体,借助其权威性和影响力;选择有实力的网络媒体,发挥其覆盖面广的作用;还应考虑"专业对口"的媒体,增加专业性;与公司长期保持联系的媒体也一并邀请,继续保持良好的合作。需要注意的是,召开解释性的发布会特别是当本单位处于守势时,邀请新闻单位的范围不宜过于宽泛,应优先邀请那些影响巨大、主持正义、报道公正、口碑良好的新闻媒体。如邀请国外新闻单位,需遵守有关外事纪律,事先报批。

(四)布置会场

主席台设主持人位和发言席,摆放席卡方便记者记录发言者的姓名,对面摆放记者座席。用红毯、横幅、背景墙、鲜花装饰发布会会场,若是解释性发布会则应一切从简。企业推出主打产品时则可根据产品的特性精心布置会场、展示台,务求使来宾眼前一亮。

(五)选定工作人员

与其他会议有所不同的是,新闻发布会的主持人、发言人选择是否得当,往往直接关系到会议成败。这是因为参加发布会的来宾大都是记者,这对于发言人和主持人提出了很高的要求。要精心挑选负责接待的工作人员,按照惯例,应选择品行良好、相貌端正、工作负责、善于交际的年轻人。应统一制作工作卡,内容包括姓名、职务、单位与部门。

(六)提供相关信息

发布方事前一定要注意收集信息,对会上可能出现的问题多做设想,取得共识。为了方便记者的工作,发布单位可按顺序整理好资料,包括会议议程、新闻通稿、演讲发言稿、发言人的背景资料介绍、公司宣传册、产品说明资料、有关图片、纪念品或领用券、主办方新闻负责人名片、空白信笺和笔,用文件袋装好提供给记者朋友们。

新闻发布会的一般流程是:迎宾签到,分发资料,宣布会议开始,介绍详细情况,接受记者提问,会议结束。整体时间一般控制在 1—2 个小时。主办方可以在会后安排一些活动,如参观、小型宴请等。需要注意的是,发布会结束后主办单位还应该对传播效果进行检测,评估发布会是否达到预期目标,观察社会舆论的动向继而开展后续工作。

二、发布会主持技巧

(一)主持人和发言人的选择

一般而言,发布会的主持人应由组织方的宣传负责人担任,需要有诚实可信、温文尔雅的个人形象;在社会上具有良好的口碑,与新闻界关系融洽;思维敏捷、善解人意、能言善辩、彬彬有礼,有较高的文化修养。

（二）发布会前的准备

在发布会前，主持人应与主办方一起准备材料，了解发布会的主要内容，将会议主题、发言稿和报道提纲在单位内部通报一下，统一口径，以免在会上出现自相矛盾的情况。主持人和发言人事先应对记者有可能提出的问题进行预测，并准备答案。为了保证发布会能取得良好的宣传效果，主持人和相关人员不要事先向外界透露关键的信息。

（三）发布会的流程

发布会开始后，按照既定流程，主持人首先简要说明召开发布会的目的和所要公布的信息或发生事件的简单经过；然后请发言人进行主旨发言，请专家和负责人讲话。在重要的发布会上，主办方有时会安排多位发言人同时出场，主持人要明确他们各自的分工。主持和引导记者提问的环节最考验主持人能力：要以庄重的言谈活跃会场气氛，引导记者踊跃提问；当记者的提问离主题太远，要巧妙将话题转向主旨；在不违反组织纪律的前提下，尽量引导发言人满足记者深度发掘新闻的要求；如果新闻记者的提问过于尖锐，或者与发言人针锋相对，主持人要想方设法转移话题，缓和会场的紧张气氛。最后，主持人要有全局观念，在适当时机宣布发布会结束，不要随便延长预定的会议时间。

（四）主持人的注意要点

新闻发布会的主持人要注意说话的分寸，发言简洁明了、坦诚相待。不要故意卖弄口才，要尊重新闻界朋友的自主判断。尤其是会议时间有限，而与会记者提问踊跃时，主持人应将更多的时间留给记者朋友们。在选择记者发问时，要注意尽可能对与会的新闻记者一视同仁，不要亲疏有别、厚此薄彼。当会场出现冷场或者混乱时，主持人要及时干预，维持紧凑的会议节奏。

三、发布会主持应用

"明谢"——姚明退役新闻发布会

主持人：女士们、先生们，各位媒体朋友，大家下午好。欢迎大家参加今天的"明谢"——姚明退役新闻发布会。其实今天已经没有什么新闻可言，而是心情。请以热烈的掌声有请我们今天的主人公姚明。

谢谢姚明。大家的掌声似乎有点儿依依不舍，我建议大家再用热烈的掌声欢迎姚明回家。

明谢天下，感人至深。我想此时此刻生他、养他、关注他的城市最想说的就是欢迎他回家。掌声有请上海市体育局×××局长。

非常感×××局长。我们知道，姚明不仅是上海的骄傲，也是中国的骄傲，在这里我受中国篮球协会的委托，向大家发布一个通知：为了表彰姚明对中国体育事业和篮球事业作出的突出贡献，国家体育总局、篮球运动管理中心、中国篮球协会决定于7月25日在国家体育总局召开姚明退役及表彰典礼。

届时，国家体育总局的领导，相关各司局的领导，相关篮协的领导和姚明昔日的教练、队友以及媒体、球迷的代表都将出席这个典礼，欢迎今天到场的媒体朋友届时也能到达。大家可以从中国篮协的官方网站上下载相关的具体信息。再向大家强调两个非常重要的信息：第一，7月25日；第二，在国家体育总局训练局举行。谢谢大家。

我们知道今天这个特殊时刻，很多人都送来了他们的祝福。像刚才姚明在这里所说的，休斯敦是他的第二故乡，NBA是他更大的舞台。NBA总裁×××先生也为姚明送上了最真诚的祝福，请允许我为大家宣读一下这份祝词。

为姚明送上祝福的还有休斯敦火箭队的老板×××，这个祝福我刚刚拿到手。

其实我们今天的新闻发布会还有很多的祝福想送，由于时间的关系，我们在日后会向大家逐个发表。在这一时刻，我想在场为姚明送上祝福的有很多人，为了表达这种祝福，为了让我们大家都感受到这份亲情和友谊，下面我们进入一个特别环节，有请姚明和家人到台上来。

我们大家都非常熟悉姚明，也在不同场合看到过姚明和叶莉以及他的父母。请我们的摄影记者拍下这温馨的一刻。谢谢。

现在进入新闻发布会的问答时间。首先请中央电视台的×××，也是伴随姚明和中国篮球多年的朋友提问。

下面这一环节请嘉宾进行提问。

我们再把话筒交回媒体席。

因为时间的关系，我们新闻发布会的媒体问答就到此结束。姚明还要接受很多媒体的专访，在此我们再次用热烈的掌声感谢姚明。"明谢"两个字写在墙上非常清楚，"明"就是姚明，"谢"有两个意思：一个是感谢天下、感谢大家；二是谢幕，我想谢幕只是他人生的一个阶段，谢幕的同时开启了另外一个大幕。我们再次用掌声感谢姚明。

知识延伸阅读

危机公关中的新闻发布会

在近年来公共危机事件频发的背景下,随着国人公民意识的觉醒,召开新闻发布会作为处理危机事件时的重要渠道和对外沟通方式,正成为一种普遍机制。因为危机事件一般涉及公共利益,会迅速在社会上引起广泛的关注。如果相关责任单位不能在第一时间内发布最新最快的消息,争取舆论的主动权,那么各种谣言和小道消息将会迅速在社会上传播开来,激化危机的局势。在危机事态下及时召开新闻发布会能够快速地树立权威,选择信息源和传播渠道,从而有效地控制新闻传播的导向性。

新闻发布会要想实现预期的目标,除了要靠保持内部信息通道的通畅,快速收集突发事件各个方面的数据和情报外,新闻发言人在发布会上的表现也至关重要。新闻发言人的职责是不断向社会公众和新闻媒体说明危机发展的情况,唤起社会对危机管理行为的支持;同时及时向本组织内部和有关各方通报信息,以便使外界社会和媒体准确并持续获取相关信息。美国著名的危机管理专家库姆斯在其出版的专著里专门阐述了危机发言人和媒体打交道时的任务、应该具备的知识和技能:发言人要在镜头面前表现自然,注意自身的副语言信息表达;有效地回答问题,快速思考,避免长时间的停顿,掌握倾听的技巧;理解回应的必要,避免使用"无可奉告";在压力下保持冷静,避免和记者争论;准确地表述危机信息,理解专业术语,但避免使用晦涩难懂的术语;能够处理复杂的问题,能够确认问题、要求对方重复问题、质疑不准确的信息、有技巧地处理与解释不能回答的问题。①

危机发言人必须明白,坦诚面对和开放沟通自然是首要态度,但实事求是不等于不讲究沟通技术,态度诚恳不等于大包大揽地接受所有的质疑。在确信自身没有问题的情况下,不要盲目向公众低头致歉。不要将媒体定位为敌对的角色,以免同媒体发生冲突。对于在会上可能出现的一些敏感的甚至对企业不利的问题,新闻发言人要心中有数,从多角度考虑问题并预想到可能发生的情况,澄清事实,消除疑惑。

此外,如果能邀请第三方权威机构人员,如当地行业的主管部门领导、行业协会领导甚至政府部门领导出席发布会则再好不过。第三方客观公正的角色和特有的权威性都有利于为外界提供更加强有力的声音。

---

① 薛澜,张强,钟开斌.危机管理[M].北京:清华大学出版社,2003:126-127.

第三节 洽谈会主持

洽谈会一般是指有潜在或实际贸易关系的组织之间（不一定仅限于企业）为了寻求或达成合作意愿而召开的会议，是一种常见的商务交往活动。与其他会议相比，洽谈会能够直接为企业创造价值、实现利益诉求，商务色彩最为浓厚。正因为洽谈会关系利益，与会各方必须精心筹备、据"利"力争。

一、洽谈会概说

召开洽谈会的目的是建立和维护商务合作，而商务合作的核心是利益。更进一步地说，洽谈会的理想效果是消除洽谈双方或多方之间的分歧，处理争端，达成共识，最终实现互惠共赢。与会各方应怀着真诚合作的态度，换位思考，开放协商，相互妥协。商务洽谈不是一场零和博弈，只有各方的利益都得到了实现，合作才能进行得愉快而长久。

根据洽谈会与会方的数量和构成，洽谈会可以分为双边洽谈和多边洽谈（一对一、一对多、多对多）。举行双边洽谈时一般使用长桌或椭圆形桌子，主持人独坐一端，宾主分坐两侧，以面门、居右的一侧为上，请客方入座。主谈人员在自己的一侧居中而坐，其余人员按照右高左低的原则，依职位高低自近而远地分别坐于主谈人员的两侧。如果有翻译员，应坐在主谈人员的右边、仅次于主谈人员的位置。如果是多边洽谈，应使用圆桌，淡化座位的尊卑色彩。

二、洽谈会主持技巧

（一）洽谈会主持人角色定位

洽谈会一般是由东道主一方派人主持，或双方请第三方参加作为主持人。不同于常规会议，洽谈会主持人主要负责推进会议的议程、维护会场的秩序。主持人应尽量保持冷静的态度，坚持客观公正的立场，实事求是地说话。主持人应尽可能替洽谈双方着想，主动为双方保留一定的利益，力争和谐融洽。主持人应排除一切干扰，始终如一地促进各方以理服人、对事不对人,不应过度表现自我,干扰双方谈判人员。谈判会的气氛虽然有时会剑拔弩张,但主持人应带头保持好君子风度,只有这样才能为各方所认可。

(二)洽谈会的具体流程

第一,导入阶段,这是进入正式谈判的前奏。参与谈判的人员通过自我介绍、互换名片、摆放名签相互认识。主持人可从一些轻松的话题开始,营造一种良好的谈判氛围,适时自然地将话题带入正式谈判。注意不要费时过多。第二,概说阶段。洽谈双方亮出己方的基本想法、意图及目的,打开局面,塑造良好的初步印象。表达应简单明了,不必反复解释,以免引起对方反感;也不要将己方的底线和盘托出,要留有余地;注意观察、分析对方的反应。第三,明示阶段。明确各方要求,及早将分歧摆到桌面上共同协商解决。掩饰或"挤牙膏"的做法不仅会使对方怀疑你的诚意,也不利于日后工作的开展。主持人可做好总结,找出主要的矛盾分歧和达成共识的基础。第四,交锋阶段。谈判各方举出事实和理由说服、反驳对方,希冀对方理解并接受己方的意愿,同时根据施受原则从中寻求符合各方利益的妥善方案。谈判各方之间的对立状态在这个阶段真正显现出来,气氛趋向紧张。主持人要注意适时出手,缓和气氛;如果双方的交锋针对性不够,主持人也要予以提醒。第五,妥协阶段。此时谈判的结果逐渐明朗,各方已经把握了可能妥协的范围,开始进行局部问题的讨价还价。第六,协议阶段。各方对妥协方案表示认可,并以文字形式形成协议书,由各方代表签字,使其具有法律效力,必要时还应进行公证。会后还可以安排一个较正式的签字仪式和小型庆祝活动。

如果是推介会或是宣讲会类的洽谈会,主持人应表现出热情真诚的态度,调动与会者的积极性,使他们对本单位的产品、项目产生兴趣。主持人应以良好的形象、得体的举止,维护本单位的整体形象。洽谈会既然是围绕利益进行的,主持人就要学会根据潜在合作伙伴的心理需要,找出产品或项目的主要优势作为宣传点,说服与会者继续深入地了解。

三、洽谈会主持应用

China Permanent Fair 法兰克福中国招商洽谈会

主持人:各位领导、各位嘉宾,首先非常感谢大家能够莅临香格里拉大酒店,参加

CPF法兰克福中国商品欧洲展览中心、CPF法兰克福中国招商洽谈会。在会议开始时,首先感谢温州各位商界的同仁以及温州中小企业发展促进会的×××会长、×××副会长的到来。先把掌声送给各位领导。这次活动的主办方是由CPF上海地区授权代理的上海××国际互动有限公司,今天到场的有……欢迎!还有CPF中国区海外联络处×××总监,以及市场部的×××总监,欢迎你们!首先我们有请温州中小企业发展促进会的×××会长为大家致辞,掌声欢迎!

主持人:好,再次感谢×××会长热情洋溢的致辞。刚才周会长用他的亲身经历,在当今国际上经济形势日益严峻的情况下,为大家准备了新的方向。今天来我们就是要就CPF项目进行深入沟通的。下面我们将展示自己制作的关于CPF的影片,大家可以通过这部影片来了解CPF项目的情况。

主持人:好,相信通过刚才的影片,大家对我们的CPF项目有了更深入的了解。下面就有请CPF中国商品常年展会的董事长助理兼市场部总监×××先生为我们介绍CPF项目,大家掌声有请!

主持人:好,感谢刚才×××给我们介绍CPF项目。我觉得听他这么一说啊,大家应该是对我们这个项目有了更深入的了解。其实刚刚×××有点儿谦虚,他们其实有一个非常厉害的促销团队,他们服务的企业,据我手里的资料可以给大家稍微说一下,有爱普生、三星、西门子、英特尔、苹果……这些都是大家非常熟悉的企业了。好,我们下面有请CPF项目上海联络处的×××总经理为大家再深入地讲一下CPF项目,掌声有请!

主持人:也再次感谢×××。刚才他用自身的优势以及自身对CPF的理解和大家进行了交流。下面这个环节是今天晚上大家非常关心的一个环节,我们讲了那么多CPF,大家心里面肯定有很多想问的问题和想得到的信息。下面这个环节由市场部的×××来为大家解答疑问,希望大家能够把心里面的困惑都拿出来讨论,利用好这个平台。现在大家可以通过举手的形式提问,我这边有话筒递给您,由×××进行回答,下面就进入这个环节。

主持人:我们今天提问的第一个嘉宾,有一个很大的礼物。

主持人:这个回答您满意吗?如果不满意,您还可以继续问。

主持人:刚刚我说过您有一个大奖,现在来揭晓一下。我也是做CPF项目的,只是我在西南,我会留给您一张名片,您到了成都旅游,我负责您全部的行程。好,下面还有谁继续提问?我觉得咱们温州的商人在中国商业史上有非常重要的作用,就是因为他们非常大胆。好,您先。

主持人:好,我们再提两个问题,然后晚餐时再进行讨论。两次机会,请大家举手。

主持人：好,这位漂亮的女士非常腼腆,让我代为提问,就是……(问题)

主持人：是不是还有很多问题想要问的?时间限制,我们不妨换一种方式,轻松一下,因为我们已经在这里进行了一个下午。今天晚上(CPF上海项目部)为大家准备了丰盛的晚宴,希望大家可以边吃边交流。另外,我们CPF北京项目部的同事也在这边,大家认识一下,吃饭的时候可以多多交流讨论。最后,还是感谢各位商界的精英能够莅临今天的洽谈会,我代表CPF项目总部向大家深深地鞠上一躬,谢谢大家！

(根据视频资料整理,略有删改)

第四节　报告会与观摩会主持

为了学习先进的知识和技术、借鉴同行的成功经验,一些企事业单位常常会组织各种形式的观摩会,为自己的员工提供直接的学习机会。被学习的单位为了树立良好的社会形象,宣传产品和服务的优势,也乐于满足兄弟单位和合作对象的观摩要求。报告会是就优秀事迹、先进经验或者重要事项进行专门的书面说明和交流的会议,以求快速统一、深入翔实地向全体与会者汇报、传达精神。两种会议都有学习、借鉴的意味,并且在日常生活中也总是联系在一起。实地观摩常以报告会的方式收尾,报告会也常常会加入现场观摩的环节,便于与会者更加直观地学习经验。

一、报告会及主持

报告会是一种由报告人或者报告团围绕某一主题对受众进行说明、宣传或劝说的面对面的传播形式。[①] 常见的报告会主题有三种,分别是时政型报告会、学术型报告会和事迹型报告会。

时政型报告会的主题围绕时事政治、经济形势、国家政策等内容,目的在于向受众分析国内外政治经济形势,宣传国家政策,加强受众对国情的了解,增强其历史使命感和责任感。报告人多为政府部门工作人员、政策分析研究员或是政治经济领域的专家学者。

学术型报告会是为了向受众展示、传播某一领域的某项研究成果而召开的。报告人必须是该领域的专家学者,参加报告会的受众也多为该领域的专业人员。

---

① 曹佳音.报告会的传播价值和效能探析[J].新闻世界,2011(06):248-249.

事迹型报告会通过宣传先进人物的感人事迹,号召广大群众学习,是对受众进行爱国主义和集体主义精神教育的常见方式。报告人可以是典型人物自己,也可以是其身边的人或是参与典型事件的人,一场报告会可以有多名报告人。

报告会这种传播形式在我国由来已久,虽然有单向性、宣传色彩过于浓厚等不足,仍然有其独特的传播魅力。特别是先进事迹报告会上,受众以团体和共同身份形式聚集在一起,在神圣的仪式氛围中,可以获得一定的归属感和认同感,得到心灵的净化、情感的满足和精神的升华。

报告会的主持人需要有一定的身份、职务或地位。为了维护报告会的仪式感,主持人应保持庄重严肃、朴素正直的形象,语言简短,重点突出,语气真挚,让人感到真实可信。主持人应事先熟悉报告人的报告内容,与报告人深入交流,以便在会议中抓住精髓予以强调。主持人不应太过突出自我,将自己的主观意识强加于受众,使报告会成为严重的单向宣传。

二、观摩会及主持

在现实社会中,可供参观学习的内容非常广泛:各种文艺活动、农业技术、教学经验、军事体育、安全宣传等都可以列入观摩会学习的范围。应根据不同的观摩内容,选择最佳的具体组织形式。观摩会的形式有四种:第一,现场式,观摩者亲临现场来进行观摩,农业技术观摩会就常常在田间地头展开。第二,放映式,以放映电影、录像的方式组织的观摩,这种方式能够跨越时间和空间的限制,普及率很高。第三,静态式,观摩者坐在观众席上进行观摩,不与观摩对象进行交流互动。第四,动态式,观摩者在观摩学习的同时,与观摩对象交流互动。

要想组织好一场观摩会,首先要明确观摩的本质是通过观看实现交流经验、学习技能的目标,会议的功能要集观、思、学、议、写于一体。其次,精心挑选观摩项目,保证观摩的内容有较高的水平。因为观摩会主要依靠观摩项目的表演和展现,与观众实现思想精神上的沟通。再次,观摩会的内容最主要的是切合观众的需求,能给人以指导。组织者可以事先进行问卷调查或者访谈了解观众的要求,并据此安排观摩会的具体内容。最后,控制参加观摩的人数。考虑到场地大小、管理方的组织水平、表演者的发挥以及观摩者的学习效果,观摩会的人数应控制在合理的范围之内。

观摩会主持人要有较强的组织能力和现场指挥能力。一方面,要组织好观摩活动的表演者,合理安排观摩会的程序;另一方面也要维持好观摩现场的秩序,向现场观摩者提出问题和要求。观摩会结束后,主持人可以对观摩会做一个小结,邀请部分观摩人员发言，谈谈自己的心得体会。因为观摩会的内容涉及先进、优秀的经验和技术，现场主持人是沟通观摩者和表演项目的重要桥梁，所以，主持人一定要事先多做功课，掌握相关的知识。这样才能不被现场观众的问题难倒，并能与观摩者进行互动、启发观摩者，对观摩者的体会进行评价，从而达到观摩学习的现场效果。

不同内容的观摩会采取不同的主持风格。文艺活动类观摩会的主持人应多用一些明快的语言，在衣着上活泼明快靓丽一些。体育类观摩会的主持人应具备该项体育项目的专业知识，主持时语言节奏应快，体现出迅捷热烈的风格，衣着装扮或正统或轻松运动。农业方面观摩会的主持人应富有亲和力，说话深入浅出、清楚明白、生动形象，衣着和风格可轻松随意一些。专业技术型观摩会的主持人应有较强的专业技术知识，主持风格应认真严肃，忌调侃、嬉戏，衣着上应严肃庄重，等等。

三、报告会主持应用

杨善洲同志先进事迹报告会

主持人：同志们，今天下午部机关举行杨善洲同志先进事迹报告会。杨善洲同志1927年出生，云南省施甸县人。1951年参加工作，1952年入党，曾先后任施甸区县主要领导，保山地委副书记、书记。1988年从领导岗位上退休后主动放弃进省城安享晚年的机会，扎根大山，义务植树22年，建成了约5.6万亩的大亮山林场，把昔日的荒山变成一望无际的大森林。

2009年4月，他把3亿多元的大亮山农场无偿地交给国家。2010年10月因病逝世。杨善洲同志的先进事迹在中央媒体宣传后，在社会上引起强烈的反响。中央组织部、中央宣传部、中央创先争优活动领导小组，云南省委于2011年2月25日在人民大会堂举行了杨善洲同志的先进事迹报告会。报告会前，习近平同志专门会见杨善洲同志先进事迹报告团成员，并发表重要讲话。他高度评价杨善洲同志是创先争优的先进典型，是老有所为的优秀代表，是党员领导干部的学习楷模。

今天我们特意请报告团成员来部机关作报告，现在我向大家介绍一下报告团的成员……下面，请工作人员向报告团成员献花。

现在请报告团成员做报告。

刚才，我们一起聆听了杨善洲同志先进事迹的报告。5位报告团成员从不同角度,讲述了杨善洲感人至深的事迹,给我们上了一堂生动的党课,使我们深受教育和感动,备受鼓舞和鞭策。让我们再次以热烈的掌声,对报告团成员生动感人的报告表示衷心感谢!

现在,请×××同志讲话。

刚才,×××同志高度评价杨善洲同志是用一辈子的先进行为坚守了共产党人的精神家园,是党员干部的一本生动的教科书,要求我们中组部机关的干部要带头向杨善洲同志学习,像他那样从政、做事、为人,一辈子按共产党员的觉悟办事,始终践行共产党人的信仰和使命。

我们要按照×××同志的讲话要求,深入学习杨善洲同志的先进事迹和崇高精神,大力弘扬党的优良传统和作风,以杨善洲同志为榜样,坚定信念、牢记宗旨,创先争优、无私奉献,自觉讲党性、重品行、作表率,做一名党和人民满意的组工干部。

今天的报告会就到这里,我们再次感谢报告会成员。先欢送报告会成员。(台下掌声欢送主席台上人员退场)报告会到此结束,散会。

(据新华网报道整理)

第五节 其他类型会议主持

在现代社会,按照主题、规模、会期、与会者等的不同,会议可以划分出很多种类。由于划分的依据并不具有绝对的排他性和独立性,各种类型的会议也常常混合在一起,难以严格地界定开来,要想面面俱到、列举穷尽所有的会议类型既不可能,也实无必要。除了前面已经介绍过的几种会议,下面简单介绍赞助会、慰问会、听证会等其他比较常见的会议类型及主持。

一、赞助会及主持

赞助是现代社会慈善事业的重要组成部分之一。某一单位拿出自己的资金、物品对其他单位或者个人进行帮助和支持,不仅可以扶危济困,体现出高度的社会责任感,也有助于树立企业良好的公众形象,提高知名度和美誉度。为了扩大影响,企业在公开进行赞助活动的时候,往往会专门举行一次正式的会议,这种以赞助为主题的会议,就是赞助会。一般来说,企业乐于赞助的事项大致有以下十类:公益事业、慈善事业、教育事业、科研活动、专著出版、医疗卫生事业、文化活动、展览画廊、体育运动以及娱乐休闲。赞助的形式包括提供现金、实物、义卖和义工。

赞助会通常由受赞助者或者中间人出面承办，赞助者予以支持。赞助方要在前期论证研究的基础上，根据既定的赞助政策和赞助方向认真制订赞助计划；而受赞助方即主办单位要了解赞助计划的具体内容，并进行审核。审核的内容主要有：赞助方的资质、赞助能力和所参与的赞助项目；赞助方是否符合赞助活动的主旨，是否合法；赞助的具体方式是否得当；赞助方提出的赞助要求能否接受；时机是否恰当；如果是实物，是否合乎受助者需要等。最后，要对赞助活动产生的社会影响进行估计。

赞助会的举行地点，一般选择受赞助单位的会议厅或租用社会上的会议厅，布置得简单庄重即可，不要铺张，给人以"作秀"之感。主席台正上方需悬挂一条大红横幅，印上"××单位赞助××项目大会"或者"××项目赞助仪式"的字样。除赞助单位、受赞助者双方的主要负责人及员工代表之外，赞助会应当重点邀请政府代表、社区代表、群众代表以及新闻界人士参加。

赞助会的一般流程是：与会者各就各位，贵宾到主席台上就座后主持人宣布会议开始；奏国歌，之后可以演奏本单位标志性歌曲；主持人请赞助方代表首先出场，赞助单位宣布赞助的方式和数额，阐述赞助目的和动机，也可对本单位进行简略介绍；随后受助方代表上场，双方用标有一定金额的巨型支票或实物清单进行简单的交接；受赞助单位代表发言，表达对赞助单位的感激、将赞助物资落到实处的决心和举措；来宾代表发言，或者邀请政府有关部门的负责人讲话，主要是肯定赞助单位的义举，同时呼吁全社会积极倡导这种互助互爱的美德；赞助会宣告结束，主持人与赞助单位、受赞助单位的主要代表和主要来宾一起合影。赞助会结束后不安排宴会，来宾与主办方稍事晤谈后即可告辞。主持人要注意把握时间、推进议程，全程不要超过一个小时。

赞助会主持人一般都是由受赞助单位的负责人或公关人员担任，有时也会请形象良好、热心公益的社会知名人士担任。除了一些原定的赞助，也会有现场拉赞助的可能，至少是呼吁社会的关注和支持。因此，主持人要把对赞助方的感激之情用言语表达出来，还要调动现场与会者的积极性，激发人们的道德责任感，制造支援受助方的气氛。主持人的举止也要严肃认真，穿着正式、落落大方。

二、慰问会及主持

慰问会是企事业单位、社会团体对组织内部或者社会上的弱势群体或其他特殊群体进行抚慰的会议。通过慰问，主办单位和有关部门可以直观地了解慰问对象的生活状态、心理状态以及家庭状况,了解他们的实际困难和需求,并且提供一些力所能及、落到实处的帮助,从而达到激励受慰问群体的目的,安抚他们的情绪。

慰问会的对象一般是社会上的弱势群体或特殊群体,大致有以下几类:孤寡老人,"五保户",军烈属,老干部、老工人、老科学家,杰出人物、劳动模范、有特殊贡献的人,伤病员,长期在野外工作的人员及驻外工作人员家属,在工作、家庭、个人生活方面遇到不幸或较大挫折的人。

慰问会主要有四种形式:①集中式,即将慰问对象集中于一处统一进行慰问。当慰问对象比较多,且恰逢节假日时,有条件的单位可以组织集中式的慰问。②走访式。当慰问对象身份比较特殊,或身体状况较差、有必要专门去看望问候时,可由组织者带领慰问人员上门走访。③交谈式。对于家庭条件较好,年纪不是很大的慰问对象,采用交谈式慰问更能与之沟通思想。④劳务相助式。对于年事已高、生活需他人帮助料理的慰问对象,应采取这种形式,给予慰问对象劳务性的帮助。慰问会还可以与宴会、茶话会、文艺晚会等结合起来,用轻松欢乐的气氛感染每一位慰问对象。无论采取哪种形式进行慰问,都不应流于形式,而要力求务实。

慰问前的准备工作包括:确定慰问对象的人选,了解基本的背景信息;确定要代表单位进行慰问的人员;挑选合适的时间,以免妨碍慰问对象的正常生活;如去灾区、贫困地区、医院、学校进行慰问,还应筹集一些物资;具体设计慰问会的程序和操作方案,准备好讲话稿,进一步落实工作;尽早将相关情况通知慰问对象,获得其同意才可进行。

慰问会一般由单位领导人或负责人亲自主持。在举办大型的慰问会演出时,可以聘请专职主持人。一般来说,慰问会主要是以精神安抚为主,常常会安排主持人(组织单位的负责人)讲话。主持人要根据慰问对象的现实状况、期望值、可接受水平、个性特征等,采取不同的发言方式,多说亲情式的慰问之言、同病相怜式的宽慰之言、心理补偿式的慰藉之言、激励式的勉慰之言。如果能当场公布一些令人振奋的消息,对于达成慰问的目的大有裨益。要说得恰如其分,引起慰问对象的共鸣。不要说官话套话,使慰问对象感觉缺乏诚意;也不要关心过度,显得自己高高在上;更不要厚此薄彼,使慰问对象心生不平。总而言之,慰问会的主持人要真正地尊重慰问对象,设身处地为他们着想,热情大方、和蔼亲切,以诚相待、平易近人。

三、听证会及主持

听证会源起于英国古老的"自然公正"原则,美国于 1946 年颁布的《联邦行政程序法》最早在法律上确立了听证制度。我国于1996年通过《中华人民共和国行政处罚法》,首次规定了听证制度(具体行政行为听证制度);1997年通过《中华人民共和国价格法》,规定了价格听证制度(行政决策听证制度);2000年通过《中华人民共和国立法法》;2002年国务院发布《行政法规制定程序条例》和《规章制定程序条例》,分别规定了国家立法和行政立法听证制度。随着国家对立法、行政决策公开化的持续推进以及公民权利意识的不断觉醒,听证会必将为公民参与社会公共管理发挥更大、更广泛的作用。

听证会的人员构成一般包括听证会主持人、听证员、陈述人、听证代表、旁听人员和记录员。听证会主持人负责听证活动的组织和调控工作,使听证会按照法定程序顺利完成。听证员由政府指定的工作人员或聘请的社会人士担当,代表政府专门听取意见。陈述人负责详细说明听证事项、所主张的意见及理由。听证代表是受政策影响的直接相关人和社会代表,应具有一定的代表性和广泛性。旁听人员主要是社会公众和媒体;记录员负责记录会议内容,检查听证参加人的到场情况等。

听证会的一般程序是:第一,确认听证参加人的身份和到会情况符合规定后,听证会开始。主持人介绍听证员、记录员,说明听证事项,宣布听证规则、纪律,告知听证参加人的权利和义务。第二,陈述人向各方介绍、阐释己方对听证事项的主张、理由、依据。第三,听证代表发表意见。第四,陈述人、听证代表在主持人的组织下,就存在分歧的部分有序地进行辩论。第五,经主持人许可,听证旁听人可就听证事项发言,如未获许可,可在会后向听证组织单位提交书面意见。第六,听证主持人进行总结性发言,听证会结束。第七,签署听证笔录。在听证会结束之后,听证组织单位应及时将听证意见、采纳情况及理由,以书面形式告知听证陈述人,并以适当形式向社会公布。

听证会的主持人必须保持中立。无利害关系是各国对听证主持人资格的普遍规定,一些国家还专门设立听证法官以维持听证会的公正性。我国一般规定听证会的主持人由政府主管部门的负责人担任,并注明了回避条款。主持人不仅应在实质上保持中立,也要让每个参加人在听证过程中感受到公正。听证主持人应当安排好陈述人的发言顺序,保证每个陈述人都有必要的发言时间。听证参加人认为听证程序违反规定制度并向主持人提出时,主持人应当对听证陈述人提出的异议予以答复。主持人的形象应自然朴实,语言要庄重规范、简洁明了,除了要具备较高的政治素养外,也应掌握相应的法律法规和专业知识,做好事前准备。

参考文献

王朝彦.主持人语言艺术[M].武汉:华中科技大学出版社,2007.
吴郁.主持人的语言艺术[M].北京:北京广播学院出版社,1999.
蒋育秀.主持人形象塑造艺术[M].北京:中国广播电视出版社,2003.
魏南江.节目主持艺术学[M].北京:中国广播电视出版社,2006.
徐莉,毕凤飞.主持人口语表达艺术[M].北京:中国广播电视出版社,2003.
马克强.语言交际艺术[M].北京:中国社会科学出版社,2006.
薛可,余明阳.人际传播学[M].上海:同济大学出版社,2007.
李敬一.节目主持概论[M].武汉:华中科技大学出版社,2004.
应天常.节目主持人通论[M].武汉:武汉大学出版社,2007.
刘洁.电视节目主持人[M].武汉:武汉大学出版社,2004.
段建军,李伟.写作思维学导论[M].北京:中国社会科学出版社,2004.
刘晖,张彩霞,阎琦.完美口才训练教程[M].成都:电子工业出版社,2009.
罗爽.实用口才技巧与训练[M].北京:机械工业出版社,2009.
刘伯奎.口才交际能力训练[M].北京:中国人民大学出版社,2011.
吴郁.主持人思维与语言能力训练路径[M].北京:中国广播电视出版社,2005.
应天常.节目主持语用学[M].北京:北京广播学院出版社,2003.
俞虹.节目主持人通论[M].北京:中国广播电视出版社,2004.
彭吉象.艺术学概论[M].北京:北京大学出版社,2006.
陆锡初.节目主持人概论[M].北京:中国广播电视出版社,2006.
李元授,廖声武.节目主持人概论[M].武汉:华中科技大学出版社,2005.
肖沛雄.节目主持人语言传播艺术[M].广州:暨南大学出版社,2009.
郭红玲,杨涛.非节目主持艺术[M].北京:中国广播电视出版社,2003.
陈枫.主持人现场发挥与礼仪口才[M].北京:中央编译出版社,2004.
碧泠,陈枫.主持人是怎样炼成的[M].北京:北京工业大学出版社,2005.
张弘.潇洒主持人的诞生——节目主持的艺术与技巧[M].呼和浩特:内蒙古人民出版社,2001.

马玉坤,高峰强.播音主持心理学教程[M].北京:北京大学出版社,2008.

郑务广,陈静和.社交礼仪与服务礼宾艺术[M].厦门:厦门大学出版社,2002.

云牧心.社交与礼仪知识全集[M].北京:北京工业大学出版社,2006.

易彬.媒体娱乐口才[M].长沙:湖南人民出版社,2003.

江左浩.做人办事口才一本全[M].北京:石油工业出版社,2004.

王金星,谭国应.现当代应用写作[M].成都:四川大学出版社,2007.

薛澜,张强,钟开斌.危机管理[M].北京:清华大学出版社,2003.

谢伦浩.即兴说话技巧[M].北京:中国社会出版社,1999.

谢伦浩.演讲写作技巧[M].北京:石油工业出版社,2006.

谢伦浩.应用主持艺术[M].北京:新华出版社,2013.

谢伦浩.文学作品朗诵艺术[M].北京:中国广播电视出版社,2009.

谢伦浩.乐在幽默——幽默表达技巧[M].海口:海南出版社,1997.

谢伦浩.青少年朗诵手册[M].北京:中国社会出版社,2000.

谢伦浩.青少年论辩手册[M].北京:石油工业出版社,2001.

谢伦浩.实用演讲技巧[M].北京:同心出版社,1999.

谢伦浩.演讲语调变化技巧[M].北京:石油工业出版社,2004.

谢伦浩.演讲态势表达技巧[M].北京:石油工业出版社,2004.

谢伦浩.学生主持艺术[M].北京:石油工业出版社,2015.

谢伦浩.学生朗诵艺术[M].北京:石油工业出版社,2013.

谢伦浩.学生口才艺术[M].北京:石油工业出版社,2013.

谢伦浩.语言艺术水平考级教程[M].北京:石油工业出版社,2017.

谢伦浩.演讲比赛与活动指南[M].北京:石油工业出版社,2015.

谢伦浩.朗诵比赛与活动指南[M].北京:石油工业出版社,2015.

谢伦浩.论辩比赛与活动指南[M].北京:石油工业出版社,2015.

谢伦浩.副语言的文化意蕴[M].武汉:华中师范大学,2006.

谢伦浩.主持人历史溯源[J].现代传播,2014(11).

谢伦浩.社交礼仪主持特征分析[J].现代传播,2015(5).

谢伦浩.播音主持副语言的学理定位[J].现代传播,2016(5).

谢伦浩.论主持人的类语言传播形式[J].当代传播,2012(2).

谢伦浩.论体语传播的文化渗透[J].求索,2012(7).

谢伦浩.论副语言的社会交际功能[J].湖南社会科学,2002(6).

后 记

人类从诞生起,必有交际,有交际必有活动,有活动必要主持。主持活动历史悠久、形式多样,遍及政治、经济、文化、宗教、艺术等生活领域、活动场所,可谓无处不在,比如舞台活动、仪式庆典、婚丧祝寿、舞会宴会、会议聚会等。这种在不同场合的主持样态我们统称为场境主持或礼仪主持,是适应场境的应用主持艺术形式。随着广播电视的产生,广播电视节目主持应运而生。发展至今,广播电视主持艺术在教育教学、人才培养、学科体系、社会市场、工作业态、形式样态等方面都已趋于成熟。相对来说,在我们生活、工作中,经常遇到的如生日宴会主持、婚礼主持、公司会议主持、文艺活动主持等这些生活礼仪、人际交往、社会语境、政治生活大量需求的礼仪主持艺术却很少被关注,理论体系尚未构建,工作规范和从业标准尚未规范。因此,礼仪主持艺术的应用与研究应该成为一个新的课题。

对此,笔者心存关注,担任播音系主任时一直重视该学科的教学与研究,并制订计划以"晚会主持"和"应用主持艺术"的课程名称在播音系与全校本科公选开列此课,深受学生好评。同时笔者也对此课题认真调研,力求建构礼仪主持艺术的理论体系,并一直努力,经过近两年写作,终于草创成型,定名《礼仪主持艺术教程》。虽然学理框架、技巧思路还不尽完善,权且算是一个垦荒除棘、抛砖引玉的先行思路,希望能引起更多学者、专家、主持人的重视,让礼仪主持能尽早建立一套完整的学科体系,以便更好地指导我们的礼仪主持活动与实践。也希望在不久之后出版学理更为完善的《应用主持学》。

付梓之时,感激之情溢于言表。

感谢中国广播电视学会节目主持人委员会理事长、中国电视艺术家协会主持人专业委员会常务副主任兼秘书长白谦诚老师,白老师一直关心该书的写作,是对后学巨大的激励和鞭策。

  感谢本书的副主编,他们是我的同行和研究生,他们认真搜集资料,参加部分内容编写,使书稿得以完成。

  感谢中国传媒大学出版社的大力支持。

  感谢责任编辑的辛勤付出。

  感谢我的各位领导、同事、亲人、朋友对我的关心与帮助。

  最后,衷心感谢读者朋友们!

谢伦浩

2013 年 3 月

第二版后记

自《礼仪主持艺术教程》于2013年8月面世后,担心多于兴奋,因为它毕竟是该课程的第一本教材。编写时力求理论体系完整、技巧方法实用、典型案例生动,出版后则以一种期待的心情等待着读者的检验与评判。几年过去,读者的肯定让笔者吃了定心丸。

首先,本书力求廓清礼仪主持艺术的性质特点、类型功能、形成发展、主体客体等基本理论,阐释礼仪主持艺术语言和副语言的运用技巧,详尽解说不同礼仪主持类型的基本特点与主持程序,以"理论—技巧—应用"的主体框架,为读者搭建一个完备系统的理论体系。其次,本书注重应用性与可操作性,相关章节设有知识链接,便于读者全面把握相关知识与前沿信息。最后,本书所选材料尽量贴近时代、贴近生活,具有丰富的人文韵味,平易而不乏文采,活泼而富有哲理,力求做到取例生动、典型,使读者不仅能强化对知识技巧的理解,也能获取全面的人文信息、人生哲理。该书出版后,被高校播音主持相关专业选作课程教材,也被广大播音主持从业人员添为专业指导读本,为读者喜爱和关注。

为了更好的适应时代的需求和学科专业的发展,对该书进行修订也势在必行,在出版社的提议下,经过努力,终于完成了修订。这次修订,并未调整全书框架,主要在文字润色、技巧完善、案例更换方面做了努力。剔除陈旧、压缩篇幅,使内容更加精炼,紧跟社会发展;思路归一,使对应各章节更加条目化、专题化;更换增加大量针对性更强的案例,使本书紧随时代,实用性强。

在写作和修订过程中,我们参阅了有关方面的著作、论文和网络资料,吸收了一些专家学者的研究成果和资料,部分已作为注释或参考文献列出,限于篇幅,有些未能一一加注,特此说明,并对原作者致以衷心的感谢。

本书编委会成员都是相关工作第一线的播音员主持人和高校从事专业教学与科研的教师，他们有丰富的实践、教学经验，第二版修订队伍在原有基础上又有了扩大，这是一次愉快的专业合作与学术交流经历。

　　在《礼仪主持艺术教程（第二版）》出版之时，感谢业界与学界的先贤同仁，是大家的智慧、践行与研究，滋养了本书的学术工作；感谢中国传媒大学出版社赵欣主任与高卓毓编辑，她们认真细致的敬业精神堪称学习楷模；感谢使用本书的教师、学生及所有读者朋友，你们的厚爱与关注是本书进一步完善的动力。

　　书稿虽几经反复，历时多年，但由于笔者学力有限，全书错误与缺陷在所难免，我们期待着专家、读者的一切批评指正。

谢伦浩

2021 年 4 月

图书在版编目(CIP)数据

礼仪主持艺术教程／谢伦浩主编. -- 2版. -- 北京：中国传媒大学出版社，2021.5（2024.5重印）
普通高等教育"十四五"规划教材. 播音与主持艺术专业核心教材
ISBN 978-7-5657-2908-9

Ⅰ.①礼…　Ⅱ.①谢…　Ⅲ.①主持人—高等学校—教材　Ⅳ.①G222.2

中国版本图书馆 CIP 数据核字（2021）第 049047 号

礼仪主持艺术教程(第二版)
LIYI ZHUCHI YISHU JIAOCHENG(DI-ER BAN)

主　　编	谢伦浩
策划编辑	赵　欣
责任编辑	赵　欣　高卓毓
责任印制	李志鹏
封面设计	拓美设计

出版发行	中国传媒大学出版社		
社　　址	北京市朝阳区定福庄东街1号	邮　编	100024
电　　话	86-10-65450528　65450532	传　真	65779405
网　　址	http://cucp.cuc.edu.cn		
经　　销	全国新华书店		
印　　刷	三河市东方印刷有限公司		
开　　本	787mm×1092mm　1/16		
印　　张	15.25		
字　　数	306千字		
版　　次	2021年5月第2版		
印　　次	2024年5月第4次印刷		
书　　号	ISBN 978-7-5657-2908-9/G·2908	定　价	52.00元

本社法律顾问：北京嘉润律师事务所　郭建平